丛书名题签：陈炜湛

作者简介

何国强

　　藏名坚赞才旦，中山大学民族学博士，人类学教授、博士生导师。主要研究方向为政治人类学、社会与文化理论、区域文化，长期跋涉于少数民族地区，尤其是藏族农牧区，收集、整理资料技能娴熟，擅长理论分析，能熟练运用英语。主持国家社科基金项目、教育部课题和出国交流项目等多项。出版学术著作、译著等 50 余部，发表调查报告、论文和译文 103 篇，总计超过 1 700 万字。指导青藏高原研究硕士、博士论文 24 篇，荣获中山大学蔡冠深奖励金等教书育人奖励多项。

青藏高原东部边缘民族多样性研究

何国强　总主编

国家出版基金项目
NATIONAL PUBLICATION FOUNDATION

天涯寸心

གནམ་མཐའི་བར་མཚམས།

西藏东南
田野纪实研究

何国强　著

暨南大学出版社
JINAN UNIVERSITY PRESS

中国·广州

图书在版编目（CIP）数据

天涯寸心：西藏东南田野纪实研究 / 何国强著.
广州：暨南大学出版社，2024. 10. -- （青藏高原东部边
缘民族多样性研究 / 何国强总主编）.
ISBN 978-7-5668-3503-1

Ⅰ. D668

中国国家版本馆 CIP 数据核字第 20246C5V83 号

天涯寸心：西藏东南田野纪实研究
TIANYA CUNXIN：XIZANG DONGNAN TIANYE JISHI YANJIU
著　者：何国强

出 版 人：阳　翼
责任编辑：黄圣英　冯　琳　郑晓玲
责任校对：苏　洁
责任印制：周一丹　郑玉婷

出版发行：暨南大学出版社（511434）
电　　话：总编室（8620）31105261
　　　　　营销部（8620）37331682　37331689
传　　真：（8620）31105289（办公室）　37331684（营销部）
网　　址：http：//www. jnupress. com
排　　版：广州市新晨文化发展有限公司
印　　刷：深圳市新联美术印刷有限公司
开　　本：787mm×1092mm　1/16
印　　张：17. 75
字　　数：310 千
版　　次：2024 年 10 月第 1 版
印　　次：2024 年 10 月第 1 次
定　　价：86. 00 元

（暨大版图书如有印装质量问题，请与出版社总编室联系调换）

总　序

　　文化是人类适应环境的基本方式。藏族与睦邻的纳西、门巴、珞巴、独龙等民族共同适应青藏高原的大环境和各自区域的小环境，创造了特定的文化。自 1996 年始，本人在川、滇、藏交界区调研民族文化，起初独自一人，后来带学生奔波，前后指导了 20 多篇学位论文。我把学生带到边陲，避免在东部扎堆，完成学术接力，为他们夯实发展的基础，不少人毕业后申请课题、发表论著，我自己也在积累经验，不断追求新目标，把研究范围扩大到川、青、藏交界区。

　　最近数年间，我组织调研、汇集书稿。2013 年，推出"芜野东南的民族"丛书第一系列 7 册①，分简体字和繁体字两个版本；2016 年，推出第二系列 4 册，为简体字版本。两个系列约 400 万字，展示了喜马拉雅与横断山区的绚丽文化。然而，一套丛书的容量有限。专家诚恳地建议我们做下去。我们也想做下去，就继续调研、总结经验②、坚持写作。在国家出版基金管理委员会的支持、主管部门的关怀以及暨南大学出版社的组织安排下，"青藏高原东部边缘民族多样性研究"丛书终于落地生根。可以说以上成果为"守正创新"③劲风所赐，使我们得以回报社会各界的支持。

　　多年的栉风沐雨带来满目的春华秋实，因此不能不提到作者们付出的心血。静态地看，有三套丛书的储量。动态地看，知识向四面八方传递不可计量。犹如向湖心抛入巨石，起初引起水波，继而泛起涟漪，很长时间，水面不平静，每位作者的故事还在演绎：调查中的实在品质，如耐心记录、细致观察，获得原始资料的喜悦，以及发现问题、精巧构思、层层铺垫，形成厚实的民族志，里面有对社会结构的描绘，有对动力因素的探索，力

---

①　简体版获第四届中国大学出版社图书奖优秀学术著作一等奖，并引出 3 篇论文评价，即黄淑娉《论青藏高原东部和东南部民族研究的推陈出新》[《青海民族大学学报（社会科学版）》2014 年第 2 期]、徐诗荣和嵇春霞《原生态画卷：青藏高原东南部的民族文化——评"芜野东南的民族"丛书》（《出版发行研究》2014 年第 8 期）、胡鸿保《"芜野东南的民族"丛书赞》（《共识》2014 秋刊）。对此网络媒介也有报道。

②　参见何国强：《我们是怎么申请到这个项目的》，载《书里书外》，广州：中山大学出版社，2014 年。

③　朱侠：《坚持守正创新，勇担使命任务》，国家出版基金网站，2020 年 1 月 15 日，https：//www. npf. org. cn/detail. html？id = 1962&categoryId = 26。

图使民族映像清晰化，谋求历史逻辑统一。这就是研究西藏所需要的不怕吃苦、执着干练的科学精神，不仅要有勤奋坚韧的品格，还需要友情与互助。除了作者自身的因素和亲友的鼓励，其他因素，包括编辑的专业素养、调查地友好人士的支持，也值得珍惜、怀念。

本套丛书当中，有的是在博士学位论文基础上的再研究，有的是专题写作。坎坷的研究经历使我们深切地感到，一本书要能接地气，讲真话，不经过艰辛的精神劳动就不可能诞生，学术水平的高低不仅是社会环境的造就——与政治经济、理论方法及时代需求有关，也是作者本人的造诣——与研究者的主观努力分不开。整套丛书至少有三个令人鼓舞的闪光点：

1. 坚持实证研究，奉献一手资料和田野感悟

19 世纪中叶，国际学界开始涉足青藏高原东部地区。中华人民共和国成立后，分别于 20 世纪 50 年代、80 年代和 90 年代组队到该地区进行民族识别和社会历史调查，丰富了《民族问题五种丛书》的内容。新资料、新方法打开了人们的眼界，但是带着旧思维看问题的境外人士仍不在少数。改革开放以后，至今川、滇、藏与川、青、藏两个交界区某些地方依然谢绝外籍人士，收集资料的重任落到国内学者身上，我就是在这种情形下进藏的。环顾四周，当年的同道已不知所向，幸好凝聚了一批新生力量，绳锯木断、水滴石穿，不言放弃。通过田野调查获得的原始资料和珍稀感受为写作提供了优质素材，这使本套丛书能够以真实性塑造科学性，以学术性深化思想性，达到材料翔实、学理坚固、观点新颖、描述全面。

2. 体现人类学知识的应用与普及

最近 20 年来，国家加大了对人文与社会科学的投入，各门学科取得长足的发展，这是毫无疑问的。然而伴随着专利、论文数量的增长，一些不尽如人意的事情也出现了：文章浅尝辄止，漫然下笔的多，周密论证的少，还有重复研究等浪费资源的现象。人类学倾向微观考察，对充实中观、引导宏观有所作为，中山大学自从复办人类学系以来，格勒率先走上青藏高原，紧跟着就是我们的团队。

本套丛书是西藏研究的新产品。作者们博采众长，引入相关概念，借助人类学理论方法的指导凝视问题，通盘考虑，揭示内涵。虽然各册研究目标不一，但是在弄清事实、逻辑排比、分析综合、评判断义，以及疏密叙述等项上一起用力，展示自己的德、才、学、识。有些问题提出来亟待深化，如应该如何凸显民族志对于区域文化研究的重要作用，应该如何发挥民族志的特长，等等。

目前，理论与实际脱节的现象正在转变，自发的、自觉的研究队伍扩大了，这是对我们已经做出努力的积极回应，也是"青藏高原东部边缘民族多样性研究"丛书充满生命力的证据。这项研究继续向纵深发展，必然要求研究者保持多读书、尚调查、勤思考、免空谈的学风。

3. 突出出版界和人文与社会科学界的精诚合作

本套丛书凸显了一个浅显的道理：多年积累的田野资料不会自动转化为社会公认的产品，需要紧扣"民族特色"提炼选题，科学搭配，形成整体效应。所以丛书各册保持自身特色，如文化源流、田野实践、社会分工与异化劳动、传统生计、地方与国家、不同资源的合理利用、小民族大跨越等，同时贯穿了再造区域民族志的主旋律。一句话，把各册放在青藏高原东部民族多样性的大题目下合成整体色彩，依靠国家出版基金的扶持，实现"好纱织好布""好料做好菜"的目标，达到"雪中送炭""锦上添花"的双重效果，对出版人与研究者都是双赢。

总之，本套丛书具有继往开来、别开生面的寓意，弥补了同类作品的某些不足，激励着新人奔向祖国最需要的地方，关注各民族在历史上与现实中与自然、社会发生关系的过程，推动顶层设计，产出有效政策，建设西南边陲。当然，我们也应清醒地看到本套丛书的不足，保持虚心接受意见、不断追求高品质的诚恳态度。

古文字学家陈炜湛教授乃治学、书艺两全的专家，一向支持我的田野研究，多次题写书名给予奖掖。为了表达对本套丛书作者实地研究西藏的钦佩，肯定编辑人员的辛勤劳动，陈教授特用甲骨文和金文写成书名。看到丛书名十五字，字体淳厚中正、古意盎然，我由衷感激。

何国强

2022 年 2 月

于中山大学康乐园榕树头

前　言

用志书形式展示科学议题，把学者的亲身经历作为题材，以理论方法贯之，乍一看，好像不足为奇，然而，具体到某一领域深究下去，如西藏东南的田野工作，则须另当别论。本书在勾画一位异文化调查员成功实现逆袭的同时，表达了主观精神与客观环境的互动，通过弥足珍贵的回忆，烘托出坚守"慎思、明辨、笃行"原则的必要，彰显了学术追求的价值观，不禁让人浮想联翩，这种介于"诗学和实证"的文本又是不多见的。正因为如此，这本民族志就成为雅俗共赏的作品，它由很多人物、情节组成，有些很简单，有些则很复杂，甚至有点错综迷离。无论如何，读者都可以从中抽取出具有共性的意义与原则，因而具有分享的价值。本书的主要内容，一是记载我在青藏高原东南做田野调查的点滴回忆，二是总结经验并表达建设性意见，因而既可面向学者，也可面向大众。

本书展示了喜马拉雅与横断两条山脉交汇处的人文景观。这一带主要由冰峰、高原面、湖盆阶地和高山峡谷交错镶嵌组成。其中除低缓盆谷地带生态稳定性较强外，其他大面积的干、寒、荒、高、陡地区均是生态脆弱区。"干"即干燥或干旱地带；"寒"是属寒温带气候带、年均温 0℃ 以下、最暖月均温 10℃ 以下地区；"荒"是草被覆盖度 50% 以下、灌丛覆盖度 25% 以下或区域性森林覆盖度 5% 以下地区，以及砾石滩或沼泽草甸；"高"是海拔 3 500 米以上地区；"陡"是根据西藏情况而定的坡度 40° 以上地区。[①] 人在这个环境中显得特别渺小，很少留下活动成果。

在世界屋脊上生活，常会思考一对范畴，那就是生与死。它们作为人生的起点与终点是不可选择的，但两者之间的行为是可以选择的，尽管包含着一些无奈。所以，有人使自己成为懦夫，选择退却或逃跑，有人把自己变成英雄，选择坚持或勇往直前。责任感就是每个人都该为自己的行为负责。人从不会选择时父母长辈替他选择，到逐步学会分析经验，总结教训，提高认识，自我选择，提炼出丰富的人生哲理，激励自己，教育他人，

---

① 徐凤翔：《论生态经济效益与森林永续利用的一致性——兼及西藏林区生态经济型森林经理实施的企望》，《生态经济》1992 年第 6 期，第 28 页。

为黑暗中的求索者带来光亮，为孤寂者送去温暖。

我最初选择研究西藏，后来把研究范围扩展到青藏高原。我从小事做起，持之以恒，终成西藏研究里手，同时也接近了美好的人生目标。站在这个制高点上回顾以往，所见之处不仅有爱学习、善思考、不怕苦、乐观向上的品质，而且有生活的策略：先要学会抗争，然后才会放弃；先要懂得有为，然后才可无为。因为生命的抛物线有上下两个相位，人应该在不同相位做不同的事情，只会追寻而不懂舍弃或者一味舍弃而不懂追寻，往往会事与愿违。

青藏高原是自然物争奇斗艳的地方。当看到鹰雀展翅，做出敛翼俯冲、翻飞翔翔的惊险动作，我不禁连声赞叹：适者生存、自强不息是生物界共有的生存法则。鹰击长空的弧线与我的奋斗轨迹何其相似，其间起伏与平稳、平滑与曲折、坎坷与坦途交相错落，共同营造出生活的意义。

我少年立志，青年励志，中年求索，老年中庸。我自幼得到"干大事者要先经受磨炼"的训诫，启蒙后又习得"少壮不努力，老大徒伤悲"的事理，浅显的道理滋润着我的心田。小时候祖母给我们兄弟姊妹讲家史，我时常听完心潮澎湃。我还从父亲那里得知了祖父在安源、汉口、重庆和昆明的往事。我自幼懂得自我释怀，每当遇到困难，就扪心自问：我来世上究竟是为了什么？正是这番追问使我得以自我安慰、自我鼓励，完成人生定位。

我早在少年阶段就开始了阅读。那种开卷有益的感觉我深有体会。从小到大我都在两条路径中提高自我：一是以跑步、游泳、习武来锻炼身体与意志；二是干活勤快，不怕脏累，这也是锻炼身体与意志的诀窍。我干完活以后，能得到一本书或一点吃食，便觉得是最大的奖赏。我的消化能力很强，饭量很大，体力甚佳。我认为"男人嘴大吃四方"有道理，这是"好男儿志在四方"的禀赋。良好的心理素质、健康的身体、丰富的知识积累确实是做大事的先决条件。

我喜欢高尔基的作品，曾暗中与他比较一番。高尔基的挚爱是外祖母，我也有祖母与姑祖母的呵护。高尔基11岁当学徒，我16岁当学徒。高尔基的童年充满苦涩，到青年时期几近绝望，最终写出传世之作。这说明没有为生活痛哭过不足以论人生，没有经历艰辛不可能创作出优秀的作品。我的童年也是灰色的，挨过骂，被棍棒打过，被抽过嘴巴，被拧过耳朵与脸蛋，被骑在胯下打，被推下水。这不仅带给我肉体上的痛苦，而且引起我的心灵之巅。我目睹周围的钩心斗角，经历的残酷事情实在太多。少年高尔基发现，读书是自我提升的唯一途径。我同样体认到这一点，于是不断努力，争取出人头地。

我在西藏东南部调查时还去过甘青川滇的藏区。它们与西藏统称青藏高原地区，平均海拔3 800米。各地区虽高低有别，但都具有低气压、低氧气浓度、阳光强烈、日照时间长、昼夜温差大的特点。最近20年，西藏全境建设加快，进藏的旅行者越来越多。他们或去找工作；或因失业、失恋、失意，心怀悲伤，寻求解脱，释放自我。我刚进藏时，当地还很落后，旅行者很少。当地宗教氛围很浓，历史文化与汉族地区有差别。不过，从孩提时期到青年时期，我就有一种意念，企图贴近荒凉，追求真我，要说因缘，也许这就是，严格来说只能算作远因。近因则是人到中年，已有较高学术地位，希冀找到新资源来发展自己。

作为民族学工作者，我所追求的无非是一些原始的资料、蛮荒的足迹、遥远而朦胧的记忆罢了。它们在一些人眼里可能微不足道，可是也要有自信才能获得：一是身体与精神上的自信，二是知识与眼界上的自信。虽然在其他地区做调查也需要同样的品质，但是在青藏高原地区更加需要。这两点自信源于我的长期训练。早期的方式是听故事，后来的方式则是锻炼技能、把握方向，用理论透析现象、洞察社会，探究事物的本质。我起初单枪匹马地调查，摸清情况后，才带研究生去，迄今已深入青藏高原地区二十余次。

1996年夏天，我初次进藏。后来多次往返，每次回来后都充满使命感，为下次进藏做准备，继续把西藏田野调查的剧情推向新的一幕。迄今为止我主要做了四件事：一是探索了兄弟共妻制之谜；二是探索了三岩文化之谜；三是推进了峡谷社会的动力学研究；四是探索了青藏高原的泉盐（分囊谦盐区和芒康盐区）。要做到一件事都不容易，何况四件事？每一件都有一批代表性论著或学位论文。这需要多大的毅力和信念啊！每次调研我都有新的体验，无论是在匆匆而过的地方还是在长时间停留的地方。早先，我所到之处只有一半通土路，全部村庄都不通电，因此我的背包里经常带着火柴、蜡烛和手电筒。虽然西藏的城市条件好些，但是晚上商店不营业，街道上很少人。如今西藏实现了跨越式发展，农牧民的生活水平有了很大提高，产业结构逐渐多元化。对比26年前，前后两幅画面实在令人感慨！我在不同的际遇中追求自我，表面上追求的是新鲜的民族学资料，内在追求的是领悟人性，也就是把握汉藏民族的共同意识。

初次进藏时，我看到几种珍稀的婚俗，犹如勘探队员发现了矿脉。二次进藏时，了解到这种婚俗的活态非遗性与岌岌可危性，结合传统社会的许多文化因子曾经面临的处境，"赶快抢救活态资料、组织力量展开研究"的计划随即浮上我的脑际。由此引出若干心思：①要想好怎么沿着这条道路走下去。②若要一门心思坚持下去，需要获得家里人的支持，处理好事业与家庭的关系。③为了保持研究的独立性和有充裕的时间，不能受雇于人，要设法争取研究经费。④自己能力有限，要组建研究团队，把所带研究生的论文选题集中于青藏高原地区，壮大研究力量。

如果说童年聪颖、少年多舛、青年励志、中年修成是人生的四个节点，那么我已跨入第五个节点，即世界卫生组织划定的"年轻老年人"阶段。我站在人生的第五个节点上，对德才精力与年龄身体的配位有了更深的体会。以前，我曾奉献了一些学术材料；现在，我想以自身阅历为引线，通过展示鲜为人知的材料，梳理出一些有趣的观点，以期对后起之秀有所裨益。

西藏调查是由确定性与不确定性组成的，粗线条的研究计划是确定的，细致的填充是不确定的，因此，除了调查技术之外，还需要忍辱负重、明辨笃行的"牦牛精神"。本书再现了"两性编织"的过程。外出调研时，我观察敏锐、悉心揣摩、坚持记录，回到住地后无论多么劳累，当日的笔记必须整理完毕，脑海的印象必须写下来，之后再整理成文，妥善保管。从事田野工作必备的素质加深了我对当地人民的感情以及对民族文化的热爱，同时也是进行自我修炼的最好方式。由于这些回忆都是我日常工作与生活的实录，因而也就有了民间档案的性质。

为求生动、具体，本书采取的写作技法有：一是以顺叙的叙事结构，让已发生的事情在时间轴上顺次再现。二是穿插三种叙述方式：①白描，用朴素简练的文字不加渲染地叙述对象，还原当时的语气和语调；②通过多重视角、多个环境、多种际遇，让读者发现人物的不同内涵，使人物形象由平面变为立体；③借助外表、景物、想象、独白凸显人物情感与本书主题。三者都起烘托作用。生动性与真实性是本书的特点。本书借鉴了西方史学要点记述的手法。我的西藏经历是独特的，要挖掘瑰宝，避免记录琐碎。揪要点、巧串联，合理谋篇布局，就能杜绝流水账。

我思考这些经历，构成历史与现实的交汇，在交汇点上放大事件，不是简单地回忆昨天，而是身临其境地浸润其中，把握整体，重塑细节。我对多次出入高海拔地区接触到的不同人、事、物进行编排，夹叙夹议，有跨文化比较，有对藏族社会不同维度的观察，实质上是一种纪实性的再研究，希望从回忆中找到确定的答案。

　　简言之，本书记录了我作为一名民族学田野调查员的西藏经历，再现了往事种种，分析了过程与原因，包含求索途中的踯躅和企及地平线的喜悦，力求用普通的生活素材反映出学科的价值，实际提出了"怎样才能成为合格的民族学工作者"这个问题，一定程度上展现了大学人文与社会科学的人才培养、使用机制。本书以我个人的田野工作为研究对象，里面有成功的经验，也有失误的教训，可以从中概括出学理，凸显西藏研究所需的敬业精神和调查技术，以便与同行分享，为后学提供借鉴。

何国强

2022 年 6 月

于中山大学康乐园榕树头

目录
Contents

天涯寸心
西藏东南田野纪实研究

第一章 进藏志向早铺垫

西藏东南自然雄奇，人文多样。每当看到鹰雀敛翼俯冲都会禁不住连声赞叹，觉得要是能把鸟儿翻飞翱翔的动作绘成弧线，就可图示"适者生存"的自然规律了。类似的规律在社会领域也可看到。我的早期经历就是一个明证，许多年过去了，这条坎坷的轨迹被挤压成线团，将之徐徐展开，理出头绪，发现与鹰雀展翅的弧线何其相似！足见人要经受磨炼才能长大，逆境是最好的磨炼。我从小就受到"要争气"的告诫，几乎可磨破耳膜。忆及家史，伴随着心潮起伏总会有点滴彻悟，它塑造着我的人格与思想，铺垫着我的无意识底层。

一、家世与家风

在西藏做调查的时候，偶尔有人问我："是否早年就立下志向，长大要去西藏调研？"我支吾地说："也许吧！"看见他们欲言又止，我知道他们想问："难道其他地方不能享受到田野工作的乐趣吗？"当然，相较之下，在西藏与那些农牧民相处时，我能够更深层次地体会到不同文化的魅力，确立人生的追求。只有我自己才知道，这种追求与我早期的经历息息相关。

我原籍湖南星沙（长沙县之别称）东乡锦绣都，此地今为长沙市开福区沙坪街道竹坡村。我出身于工人家庭，祖父是电工，父亲是钳工，母亲是抽纱工。我上有兄，下有弟、妹，都在工厂做过——兄是铣工，弟是电焊工，妹是化验工，兄、妹后来成为工程师，弟直到退休都是电焊工，我上大学之前当了 9 年机修工。

锦绣都为湘绣产区，也是富裕之乡。明初，先祖从江西吉安泰和迁来，在东乡六甲紫云台（今竹坡村白石嘴组）开基建房。我家数代务农，到曾祖父时，家世发生转折，他将家中的十几亩薄地租给他人，自己靠裁缝手艺谋食。曾祖母朱氏婚后几年无嗣，曾祖父便续娶梅氏为妾。光绪二十年（1894），梅氏生一子，取名"德生"。光绪二十二年（1896），梅氏又生一女，此女无名。光绪二十三年（1897），朱氏也产一子，取名"福生"。

德生、无名、福生三人为同父异母关系，他们长大后，何刘两家换婚，无名过门到刘家，为福生换回一个童养媳，姓"刘"，名"桂林"，光绪三十四年（1908）出生，过门后称"何刘氏"，她是我祖母，福生则是我祖父。刘家有二子，无名嫁给刘家的长子，称"刘何氏"。民国四年（1915），政府登记户口，无名给自己取名，姓"何"，名"惠林"，她是我的姑祖母。民间称这种亲上加亲的链式婚姻为"小姑换嫂子"，它节省了穷人结婚的费用，也换来两人的通俗称呼，大嫂叫"刘何氏"，小姑叫"何刘氏"。

德生子承父业，也做裁缝。福生则去安源路矿谋事，当时 16 岁，为民国二年（1913）。"安源路矿"是株萍铁路和萍乡煤矿的合称，株洲至萍乡的铁路是用来运输煤炭的。萍乡煤矿与汉阳铁厂、大冶铁矿组成汉冶萍公司，此乃中国第一代钢铁联合企业，里面的工人多为来自湘、鄂、赣三省的农民。福生先在萍乡机务段电工房做学徒，后到萍乡煤矿做电工。离乡前，曾祖父与曾祖母朱氏给福生领了一个童养媳，她就是方才提到的何刘氏，与刘何氏以姑嫂相称，两人相差 12 岁，嫂子将小姑带大，情同手足。

安源路矿的工人最多时有 1.3 万人。他们在帝国主义、封建势力和官僚买办的压榨下，过着悲惨的生活。封建包工头不仅强迫工人每天工作 12 个小时以上，还任意敲诈勒索。矿局则以发行矿票、拖欠工资等方式剥削工人，私设矿警、法庭、监狱压制工人的反抗。从 1901 年到 1919 年，工人自发开展了 7 次较大规模的斗争，皆因缺乏先进政党的领导而失败。几次工潮福生都参加了。1921 年底，李立三来安源，成立工人俱乐部，组织纠察团，福生任纠察队队长。1922 年 9 月，刘少奇来安源，福生负责安全工作，这时他入了党。1925 年秋，形势骤变，资本家勾结军阀，封闭俱乐部，搜捕积极分子，开除 5 000 多名工人，武装押解出矿区。福生在此时回到家乡，他 28 岁，何刘氏 17 岁，夫妻圆房。婚后数月，他离家去了武昌，在汉阳兵工厂电机分厂谋到一份工。1926 年 10 月，中华全国总工会从广州迁来，福生任刘少奇的警卫人员。

我家到祖父时已变成工人之家。德生与福生兄富弟贫。兄终生未娶，弟传承香火。日伪时期（1938—1945），德生与人合开被服厂，制作军需民用品，赚到钱后，曾资助同父异母的福生养家。

1927 年 7 月，汪精卫发动政变，大肆搜捕、屠杀共产党员。刘少奇及时转入地下，来不及通知身边的纠察队队员，福生不仅上了黑名单，还失去了与党组织的联系。幸得同事替他开脱干系，于是厂方没有开除他，全家保住了饭碗。

福生同父异母的姐姐刘何氏多年无嗣，来到汉阳纺织厂做工，抱养了一个幼女。刘何氏将工资一分为三：一份寄给公婆，一份供自己和养女生活，一份帮助福生。她把公婆接到汉口，住在福生家半年多。

"七七事变"后，京汉铁路沿线逃难者甚多，火车车厢顶上都是人。福生把家属送回老家，自己返回工厂坚守。他月入 30 多元，自己留下五六元，其余悉数寄回家。半年后，工厂奉命西迁，人员与器材分成两批，先行迁渝，后续迁辰溪。福生回老家把家属接到辰溪。1944 年初，厂方奉命遣散职工家属，仅留技师、熟练技工，连同器材一并迁渝。福生全家 8 人领到遣散费，考虑到要是回乡没有田耕也是死路一条，不如跟随工厂到渝谋生，遂将足以购买十两黄金的遣散费存入银行。1947 年，福生在渝新纱厂找到工作，从银行取钱时，因货币贬值，遣散费只够买四两黄金。

1950 年，福生与党组织取得联系，重新申请入党，并很快通过了。1959 年，我国国民经济出现困难，福生因营养不良患了"水肿病"，4 月去世，享年 62 岁。

以上是我祖辈成为工人家庭的第一代的足迹。我祖父穷则思变，靠近先进组织，跟着共产党走，对家庭负责的态度对我父亲一辈的影响很大。下面来说第二代的足迹。

我父亲名为"汉庆"，1928 年 8 月生于汉口，5 岁入读汉阳兵工厂子弟小学。"七七事变"后回乡，续读于东乡斐光小学，高小毕业，又在该校初中班读了一年。1942 年 2 月，到辰溪十一厂钳工组做学徒。十一厂又称"孝坪兵工厂"，是汉口、巩县、长沙、安化的三四家兵工厂于 1938 年 6 月先后迁到湘西辰溪的组合，各厂在锦江左岸山下散开，绵延十余公里，至 1939 年 5 月相继恢复生产。按军政部兵工署所辖兵工厂序数排，时汉阳兵工厂名"第一工厂"，河南巩县兵工厂名"第十一工厂"。各厂合并后，总厂在今潭湾镇南庄坪，沿用"第十一工厂"名称。该厂于 1945 年底迁渝。父亲高大魁梧，眉宇间透着一股英气。他白天学技术，晚上读夜校，衣裤鞋袜打满补丁，这就是新中国成立前的工人形象。

1944 年春，祖父带着全家来到重庆，父亲进了郭家沱五十厂工具所，仍做钳工。五十厂原名"广东第二兵工厂"，简称"粤二厂"，又称"琶江炮厂"，由陈济棠于民国二十年（1931）筹建，厂址在清远县琶江口，今飞来峡镇江口开发区企湖塘村，民国二十三年（1934）建成。1936 年陈济棠下野，该厂被国民政府军政部兵工署接收。民国二十七年（1938）春，全厂人员奉命迁渝，乘火车经粤汉铁路，越湘江，过洞庭，溯长江，分四站迁到铜锣峡，耗时一年。重新恢复生产时，兵工署发文，将该厂更名为"第五十工厂"，1957 年又更名为"国营望江机器厂"。父亲喜欢看书，晚上常到职工夜校学习。时荣毅仁在余家背开设豫丰机器厂[1]，实行计件工资制，善待工人，广纳人才。1946 年 2 月，该厂招工，有几十人报名应试，父亲也报名了。他考进厂后，在生产上动脑筋，出点子，获得了表彰和奖

---

[1] 参见张平：《豫丰纱厂始末》，《中州今古》2002 年第 5 期，第 26－29 页。

励，拿到双倍甚至三倍月薪。1946 年 4 月 25 日，父亲因参与组织罢工被密告，厂里共 15 名骨干被抓到太平门看守所，后因证据不足被无罪释放。父亲仍旧回豫丰机器厂，直到 1949 年 4 月下旬才离厂。

1949 年底，父亲被抽调到重庆公安局学习。1950 年秋，又被派到西南化工局，转介到重庆水泥厂修理制造所当钳工，兼任厂团总支书。厂里给他分了房，刘何氏来住了一年，小姑何松英也来了，就读于本厂子弟小学。1951 年夏，父亲被派去西南人民革命大学（西南政法学院前身）学习，在那里入了党。1952 年 5 月，他回厂任修理制造所副所长，才一个月就转为所长；6 月，任厂技术安全科副科长，半年后又升为科长。1957 年 4 月，他被平调到昆明水泥厂，带着祖父母及我们全家离开了重庆。

父亲有上进心、爱学习、工作细心、做事认真，这些优点对我们兄弟妹都有影响。从 1949 年冬到 1957 年春，他得到四次提拔。然而，他的档案中有一份文件不见了，那是他在豫丰机器厂参与组织罢工被抓后获得无罪释放的证明。他调到昆明后得不到提拔皆与此有关。1958 年 4 月，组织上以支援地方工业为由，将他从省属的水泥厂调到市属的模具厂（后称轴承厂）任副厂长。1963 年秋，父亲申请调往离家近的灯头厂并最终如愿以偿。

母亲邓玉坤，1930 年 1 月生于四川省合川县。郑州豫丰纱厂迁渝时，为了免受日机轰炸造成损失，将其中 115 万个纱锭迁至合川县东津沱①合川分厂，招收当地青年妇女进厂。1943 年，13 岁的玉坤和 15 岁的姨妈离开农村，先到豫丰合川分厂，1950 年转到重庆小龙坎豫丰纱厂。后来该厂改名为"六一〇厂"，与祖父所在的渝新纱厂都在小龙坎。1952 年秋，豫丰纱厂的玉坤成了何家长媳。重庆水泥厂在长江南岸，父亲每周都会回小龙坎探望家人。到 1957 年秋，已有四个孩子出世，一家老小在昆明市西郊定居下来。

父母从小受苦，对他们的子女也就不会娇生惯养。作为子女，耳濡目染，自然不会饭来张口、衣来伸手，而是勤劳动、爱劳动，在劳动中强筋健骨，磨炼品质。

二、灰色的童年

我常想，一个人要认识自己在宇宙中的位置，不回溯"从哪里来，又

---

① 东津沱原为合川县重镇，也是工矿区，抗日战争时期，沦陷区许多工厂迁移至此，现为重庆市合川区南津街街道下面的一个社区。

到哪里去"的足迹是不行的。1976 年，黑人作家哈利出版家史小说《根》，我读后心里很不平静，对他鞭挞奴隶制度，宣扬个人在家世、家风影响下奋斗的描写极为赞同。回眸蹉跎岁月，我要借鉴这种叙事方法，在梦想中踩着水面的石头，一步步回到河对岸去。

我家在车家壁工人村，那是四个单位共同使用的家属区，内有一套服务系统，如百货、蔬菜、粮油、茶馆、补衣、修鞋。还有一所工人子弟小学，我们兄弟妹四人都在此读书。家中还有祖母何刘氏和姑祖母刘何氏。姑祖母性情直率，战争年代成为寡妇，1952 年从九江来重庆投奔我父亲。

自来到昆明后，母亲到水泥厂医务室工作，几年后，调到化验室。父亲每月工资 110 元，母亲也有 60 元。家里共有八口人。母亲开荒种地，祖母勤俭持家，姑祖母做咸菜、捡柴火、拾煤渣、捏煤球、采野菜，三个女人合作有序，一家子的生活过得颇有滋味。我 6 岁就跟着姑祖母捡煤渣，9 岁种自留地。家里饲养鸡、鸭、鸽、兔，还与邻居合伙养猪，我们兄弟妹从小就帮大人干活，兄弟三人主要负责打柴、钓鱼。劳动虽辛苦，但可培养人踏实细致的作风，还可感受自由空气，自得其乐。

父亲每周骑单车回来一趟，星期六晚饭时间赶回来，星期一早晨 6 点就走。父亲在家见事做事，如劈柴、扫地、洗涤、刮锅底烟灰。常有邻居找他写家信。他喜欢游泳，衣着得体，待人有礼。父亲爱学习、工作细心、做事认真的态度对我们兄弟妹都有影响。他从不乱花一分钱。一次，我们父子两人上街，走路又热又渴，我掏钱准备买两瓶汽水，他却说："我不喝。你自己喝吧！"于是我也没买，两人回到家喝凉开水。事情虽小，却像涓涓细流在我心中汇成一条永不枯竭的江河，使我终身受益。

我排行第二，母亲对我较为严厉，环境造人，我很早就学会自制，不在弟妹面前争宠，也不在父母面前谈笑。我属于"先天不足，后天弥补"一类，从小爱看科普读物，对人生的发凡和自然界持有新鲜感。我外表木讷，内心聪颖，生存的需要使我懂得随机应变。

祖母对孙辈的管教也很严格，言行举止，从不迁就。如饭前要回家，尊重师长，说话温和，不吵嘴打架。我 6 岁启蒙，握管写毛笔字，先在报纸上练，再在描红本上写。上学后，每逢期末考试前十天，天还没亮就起床学习。冬天，窗外一片白霜，屋里也很冷，我的手冻僵了，照常温习功课。祖母睡在床上闭目倾听我们琅琅的读书声，之后起身做早餐，让我们吃饱上学。祖母是慈祥而严厉的，她相信"棍棒底下出孝子"。严格的家教使我们在外不犯错，但有社交恐惧症，害怕与人接触，不会维护自己的利益，在外面吃了亏，回到家中也不敢说出来。所以，父母一再要求祖母不要管得太紧，以免孙辈胆小懦弱。

1960年，小姑从重庆中专毕业，到杨家坪制造枪械的建设厂（前身是汉阳兵工厂）工作，母亲把化验室的周姓技术员介绍给她。他是江苏省太仓县人，为人低调，爱钻研，无不良嗜好。那时我们称他"周叔叔"。小姑、姑丈婚后与我们家住在同一栋楼房，曾在一起开伙。他们常带我们出外玩耍，有时遇到我被家长教训，总是出手相劝，我因此少挨了不少打。

后来我知道了法国管理学家格拉丘纳斯关于人数按算术级数增长、关系复杂程度按几何级数增长的原理，觉得同样适合于家庭，确实"家家有本难念的经"。我们这个主干家庭长幼三代八口，有时矛盾激化，有时平缓。家庭不睦触发了我幼年的悲情。我常常伫立原野，沐浴微风，仰望浮云，回味甘苦，非常认同"孤帆远影碧空尽，唯见长江天际流"的诗句。那"孤帆"实为托着我的亲人，载着我的理想的意识流。心灵需要震颤的空间，思想需要想象的空间，因此我的情怀趋向于广阔与纵深。作文时我饱蘸感情，甚至噙着泪水。我很早就意识到精神的苦难比肉体的苦难更持久。

工人村有个木工房，里面装了一台圆盘电锯，通电后，锯盘飞速旋转，轨道车载着圆木送入，随着刺耳的声音，改出一块块木板。木工师傅下班后，我和小伙伴会钻进去玩耍。在我9岁那年，有一天，我坐上轨道车，任车子来回推动，只顾着低头托腮，思绪漫游。突然，一个大男孩拍我一掌，我抬眼一看，锋利的锯齿离头颅只有4米远，慌忙偏过身子！虽捡回一条命，但每当想起这事总有点后怕。这是我第一次面对死亡的恐惧。

我10岁那年春天身患重症，发高烧，扁桃体肿大，三天水米不沾，在诊所看了几次，查不出病情。我又躺了两天，感到快不行了。第6天，母亲请了一天假，带我去市区检查，马上诊断出白喉，送到传染科隔离。母亲安顿好我后，依依不舍地走了。翌日早晨，姑祖母坐车进城，一路问到我所在病房。医生开恩，允许祖孙同睡一张病床。住院第7天，我喉咙里的白色伪膜脱落，医生挑出来，说再晚一步就封喉了，我默默流泪。这是我第二次面对死亡的恐惧。

一日，二叔带我坐公交车去远郊游玩，从杨家坪到九龙坡，车开得飞快，突然一个急刹，乘客东倒西歪。车停下，全体乘客下车，我跟二叔去车后十几米处察看：一个孩子匍匐在地，头颅被压扁了。我吓出一身鸡皮疙瘩。这是我第三次面对死亡的恐惧。

心理学认为，死亡会赋予生命新的价值，那就是重生。一个人活着，其实心已死，精神麻木，冷不丁面对死亡会惊醒过来，重新面对人生。

1969年秋，国内战备升级，动员城镇闲余人口疏散至农村。姑祖母被疏散到富民县款庄公社马街大队。我目送她远去，心情格外沮丧。两年间，我和弟弟常去看望她。她从疏散地回厂后，住在祖母替她租赁的一间农舍，翌年5月去世。那时我未满17岁，当我接过她留给我的300多元存折时，泣不成声。

悲剧和喜剧，当然悲剧更有价值，喜剧只令人笑笑而已，悲剧集聚了悲情，迸发出更大的能量，令人深思，催人自新。少年时代的我，经历的悲剧要比喜剧多，为我今后的发展集聚了正能量。

家庭虽有矛盾，但总体上是温馨的。我们三兄弟在外劳作、玩耍，累了，回到家，祖母会端来热气腾腾的饭菜，嘘寒问暖，说到底还是家里好。外出久了，格外思念亲人。我们偶尔受坏孩子欺负，于是习武强身，坏孩子便不敢招惹我们了。

鼓励学习是各位亲长的共识。父亲常告诫我们没有文化的坏处。一次，我朗读课文，读到《水浒传》，因不会读"浒"字，又懒得查字典，就有意漏掉偏旁，念成"许"字。父亲立刻纠正，我因此涨红了脸。又有一次，父亲回家后，祖母端来饭菜，他拿出二叔的来信叫我念给祖母听，我不谙潦草字，信上说二叔去了一趟丰都，我心想只有成都，哪有丰都，不敢正确地念"丰"字，便念为"成"字。父亲放下碗筷就是一顿训斥。祖母连忙喝住他，让他别把我吓坏了。这两件事给我留下极深的印象，告诫我凡事要认真，不要蒙混过关。

三、青春的足迹

车家壁是城乡接合部，我自幼蜗居在工人村，张眼尽是芸芸众生的蝇头小利，所闻皆是底层社会的事迹，这幅充满生活气息的画卷触动着我的神经，引起我的反思：难道我这辈子就是扎根乡土的命吗？何时能够跳出这个狭小的环境？我对李白"大道如青天，我独不得出"的诗句深有同感。我又想，韩信在逆境时甘愿从别人胯下爬过去，难道我连韩信都不如？同一个环境，就看你怎么识别、怎么利用。

20世纪50年代，学生复课，知识青年上山下乡，在课堂上要学书本知识，课外要学工、学农、学军，也要批判资产阶级。① 工人子女很少奢望上大学，只求学得一技之长。我受"读书无用论"的影响，也想当个手艺人。但是父母对我的期待没有变，他们常喃喃细语，希望将来子女能读大学。

1968 年 7 月 21 日，毛主席在《人民日报》中指出："学制要缩短，教育要革命，要无产阶级政治挂帅……要从有实践经验的工人农民中间选拔学生，到学校学几年以后，又回到生产实践中去。"这成为工厂创办大学的指导纲领。

1970 年 8 月下旬，我们兄弟三人同时进厂。兄 17 岁，我 16 岁，弟 15 岁。哥哥在灯头厂当学徒，我和弟弟到水泥厂。我在机修车间钳工组上白班，弟弟到烧成车间上三班（白班、中班、夜班）。我逃脱了当知青的命运，跟粉尘、油污打交道，下班仍回家住，行动不自由。其实为了离开家，我宁愿上山下乡也不愿当工人。

1966 年取消高考。1970 年，大专院校重新招生，入学者被称为"工农兵大学生"。我有三位熟人获得推荐保送的机会。那时我羡慕他们既能学文化，又能不受家庭约束。这时，我经历了第四次面对死亡的恐惧。

一个夏日，我下班后径直回家。前方是一道坡，一辆公交车从上往下驶。突然，一个老妇人从坡脚横穿公路。司机刹不住车，慌得急打方向盘，车直向我冲来。下面是一条壕沟，我本能地向另一边逃生。那一瞬，我眼前一黑，一个念头蓦然升起：完了。还好，公交车没有碾到我，只是把我撞飞。几分钟后，我睁开眼，爬起来，在四五米远处找回鞋子穿上，算是捡回一条命。

1972 年，又发生一件惨事，差点弄瞎我的右眼。那天早晨，我在钳台上干活，不知对面钳台何时来了一个新手，他违规操作，夹紧铁板，挥锤铲凿，铁屑飞溅，戳到了我的右眼，一股热血顿时遮住我的眼帘。我赶紧往医务室跑，路上想：完了，瞎了！医生处理好伤口后告诉我，铁屑陷在眼睑下，只差 2 毫米就碰到眼珠，真是不幸中的大幸。

我曾误以为自己小小年纪命运多舛，全是前世引来的横祸。但科学知识使我放弃命定论的解释，学会积极看待，坚信早期多磨难，之后就不会跑歪，能永走正道。我因此更加珍惜机会。

自从进厂后，我放松了学习，不久后，认识到混日子不行，遂找棋书

---

① 毛泽东著，中共中央文献研究室编：《毛泽东文集》第 7 卷，北京：人民出版社，1999 年，第 226 页。

来看，几近痴迷，为此与父亲发生了激烈的冲突，准备搬到工厂单身宿舍去住。后来，我听从小姑与周叔叔的劝解，将兴趣转移到技术书籍上。每当工友围成一圈玩耍时，我就捧起一本书，无视别人的揶揄。这时接触到的文学作品影响了我的人格。我喜欢高尔基的作品。高尔基的挚爱是外祖母，我也有祖母与姑祖母的呵护。高尔基11岁当学徒，我16岁当学徒。高尔基的童年充满苦涩，到青年时期几近绝望。我的童年也是灰色的，挨过骂，被棍棒打过，被抽过嘴巴，被拧过耳朵与脸蛋，被骑在胯下打，被推下水。这不仅带给我肉体上的痛苦，而且引起我的心灵之颤。高尔基发现，读书是自我提升的唯一途径。我同样体认到这一点。

"七二一指示"发布后，我们工厂也办起一所大学，学生来自各车间，学制两年，毕业后仍回去工作。机修车间有6个名额。我递交了申请，心想没有机会读正规大学，就读一个职工大学吧。不巧，组里的杨师傅也写了申请。车间领导经过讨论，认为杨师傅年过半百，求知欲如此旺盛难能可贵，应该鼓励，至于年轻人嘛，还有机会。我被拦下了。

在"读万卷书"的自学过程中，我也想走出工厂，去"行万里路"。当时我还没有向往西藏的意识，待40岁以后，确立了研究目标，有了专业需求，才跨出这一步。

1977年恢复高考，我没有考上，认识到自己的不足。为了备考，翌年春，我报名上夜校，每天下班后骑车来回10公里路程，1979年考上了省属重点大学。我填报志愿时很纠结，可能由于文史类作品看得多，历史考了90分、政治考了78分，但我觉得自己的禀赋还是在哲学，就报了这个专业。

上大学后，我是开始每周回家一次，大三以后为了有更多时间专注学习，接触老师与同学，锻炼身体，回家的次数有所减少。那四年对我来说是很困难的，亲友给予了许多帮助。

我到研究生阶段又读了三年哲学，逐渐感到这门学科有点枯燥。好在老师循循善诱，反复强调理论联系实际的重要性。本科生阶段我曾到宜良县草甸公社后所大队实习，研究生阶段又去了粤北山区、粤中平原。有一次，在从恩平赴中山的途中，客车上一位农村青年无钱买票，我却没有勇气掏钱替他补票，眼睁睁地看着他被驱赶下车，扛着重物行走在骄阳下。每当想起这事，我就自责，认为自己胆小、幼稚、不了解社会。因此我的头脑清醒了很多，不想用钻故纸堆的方法来写学位论文，想找一个现实问题，用贴切的理论来解释。

1987 年暑期，我去云南调查，先到昆明市西山区观音山白族乡，再到宁蒗彝族自治县永宁区，收集写论文的素材。回到昆明后，我拜访了江应樑先生，表明自己想从哲学转向人类学，以"论巫术的联想思维和文化功能"为论文选题，分析巫术与操作者的思维及其条件，划清巫术同科学、巫术同欺骗的界限。这一想法得到江先生的认同，推动了我向人类学靠拢。在我通过学位论文答辩后，导师梁钊楷让我留校任教，我主动提出备一门新课——"政治人类学"。这时，我还萌生了报考本校博士研究生的想法。但因梁钊韬先生逝世，该博士点 5 年没招生。1993 年，黄淑娉先生获得资格，情况大为改观。我找了两位资深教授写推荐信，理由是促进相邻学科渗透，扩大交叉领域。[①] 1994 年春季，我如愿以偿得到黄先生的亲炙，不仅学到调查技巧与方法，而且继承了中国人类学重实际、讲理论、忠于职守、敢于创新的传统。多年来我一直与黄先生保持师生情谊，每年都要拜访她（见图 1 - 1）。

图 1 - 1　我与黄淑娉先生（摄于 1999 年 10 月）

回想起来，祖父早年因参加安源大罢工被驱逐，后来投身武昌起义又遭到通缉；父亲参加工人运动被拘留；而我侥幸能上大学，专业是马克思主义哲学，可以去党政部门发展，可谓时势造人。但是，我认为步入仕途并不安全，以前在厂里是学点手艺，钻研技术，现在有机会在高校任教，培养学术兴趣，也许是避开凶险、寻求安稳的最好方式。囿于当时的认知

---

① 徐杰舜：《崎岖山路上的攀登人——人类学学者访谈录之二十二》，《广西民族学院学报（哲学社会科学版）》2003 年第 3 期，第 42 页。

水平与时代的局限，我从消极意义上总结长辈的经验教训，现在看来未必就好，也未必不好。

四、迟到的感悟

在人生的抛物线上，攀升时需要持续的动力，不能急于求成；回落时要把握好重心，防止硬着陆。没有亲身经历切莫紧张，面对各种挑战不要胆怯，要在应战中学会积累经验，经历曲折有什么不好？它往往能令人大彻大悟，躲过劫数后往往韧性十足。我有过四次面对死亡的恐惧，还有眼睛差点致残的后怕，在极端的生活经验中窥见了积极的意义。

我之所以研究西藏，直接原因是不想在东部扎堆，要去西部寻找新鲜资料，何况已获得最高学位，非要做出功名，便像绝壁上的猿猴，瞥见一条山缝，便钻了进去；间接原因是从孩提到青年就有探险人生的意念，这种返璞归真的感觉有利于研究遥远的民族，况且我在云贵高原长大，那是我国阶梯状地势的第二级，再走上第一级身体适应不成问题。早期经历在我后来的选择中发挥了几点作用：

（1）家世的熏陶。祖父穷则思变，参加工运，靠近党组织，对子女负责任，这种态度对后辈有积极影响。我从小目睹长辈的辛劳，心智成熟早，在家庭劳动中体会到幸福来之不易，培养了任劳任怨、珍惜生活、奋发向上的品质。这些要素有利于我的人格塑形，在我的青藏高原调研中起到增强信心的作用。

我拥有健全的家庭，虽然温馨的母爱所获不多，严厉的父爱却获得不少。父母给予我生命，从不同维度影响我，有鼓励，有疏忽，也有冷漠，我既顺从父母，又心存叛逆。有时我认为可能是自己不好才惹得父母不喜欢，于是产生要争气的想法，学习加倍努力；当我不那么认为时又会产生负气出走的想法。这种正反相合、上下求索的表现，先是学技术获得某种造诣，后是读大学获得最高学历，在谋取了安稳工作后，保持进取心，继续攀登在青藏高原。

（2）家风的洗礼。父母的疼爱与教诲、祖母和姑祖母演绎的人生故事，共同为我启蒙。周边发生的各种矛盾，现实的善与恶、爱与恨，在我心头留下深刻的印象，塑造了我同情、勤奋、好学的品性，推动我用生命来编织梦想，这正是人生的辩证法。

古有"立志在先，践行在后，百折不悔"的说法。最初我的志向不是做官、挣钱，也不是读书向学，而是当一名工匠。在生活的锤炼中，这一志向从部分质变到根本质变，成为憧憬藏文化的深层动力。

早期的志向虽然模糊，但确实存在。以实现志向为深层动力，我做好三项准备，即锻炼身体、锤炼意志、增长知识。我从十几岁开始锻炼，直到现在也不松弛。我从小养成吃饭不挑食、做事勤快的习惯，食量比别人多一倍。我在青少年时代读有字之书，有海绵般兼收并蓄的求学态度，热爱经验材料，喜欢以理论把握现实；从中年开始读无字之书，加强自己在田野调查方面的历练，延续良好的心理素质、健康的身体与渊博的学识。我选择从事西藏研究后，带着炽热的兴趣关注当地民族，抱着同情心去理解地方文化，在青藏高原坚守着，与孤寂与艰辛为伴。

（3）经历的影响。与死神擦肩而过的经历构成我理解生命的一个基点，使我对许多事情的看法更为深刻。别人把艰难困苦、忧愁悲伤、吃亏受损看得重于一切时，我却轻描淡写地带过；别人对于契机、台阶等感到无所谓时，我却倍加珍惜。有时我的看法与别人相同，别人可能是从书本上得知或者由他人转告，而我是经受切肤之痛感觉到的，这种认识更加深刻。

在青藏高原上调查，很容易感受到自然界的循环，高原上夜晚的银河特别明亮，有"手可摘星辰"之感。西藏环境脆弱，条件艰苦，出事的风险高，常会让人思考到生死。要把安全放在田野工作的首位，提前做好资料、器材、心理方面的准备，还要打前仗，摸熟路径。

（4）老师的栽培。前辈学者一身正气、两袖清风，为后辈做出榜样。我读本科考了两次，读硕士又是两次，读博士还是两次，出国也是经过两次失利才迈出国门。每上一个台阶都要摔倒一次，不耻乞求、不怕失败的经验不仅为我后来的百折不挠奠定了基础，而且换来老师在三级平台上对我的栽培，我又将老师言传身教的优点传予青年学生。我从不嫌弃失败的学生，甚至招收研究生时青睐有过失败经历的学生，认为他们对成功的理解更深，更珍惜来之不易的机会。一代做给一代看，这是在潜移默化中传承务实求真的传统。

下一章将开始叙述我的西藏研究经历，再现真实的过去，力求从生活素材中反映出科学价值，展现我的外部境遇与内在积累，以及前赴后继的研究风气。

第二章　一探江雄河谷

事业赖兴趣与机缘而成就。兴趣是锥尖，机缘是推力。锥尖向前，推力顶后。有志者如布袋里的锥子，稍不留神就会露出尖头。当我的兴趣从哲学、政治学等转到民族学上时，往昔的知识熏陶变成一种推力，附和了今日的追求。在接受学科系统训练的基础上，在诸多良师益友的帮助下，我就像花城五月木棉树的棉絮，脱离母树的枝杈，不断借助风力（兴趣与机缘）把自己送向天边，降落在西藏腹地。

一、不知是美差还是苦差

1994 年春，我开始接受黄淑娉等诸位先生的教诲，理论知识与调查能力大为提升，信心日益增强。仲夏，黄先生约了本系龚佩华与万先进两位教授，我们一行 4 人来到广东省五华县文葵镇里江管理区万屋寨。① 那是个客家山村，也是万教授的家乡，他在行走间常驻足四顾，喃喃自语，爱乡之情不胜言表。黄、龚两位先生则谈论其他话题。我跟随在后，生怕漏掉一句话，犹如久旱得甘霖的大地，贪婪地汲取知识营养。

此次调查始于座谈，开了两次会倾听村情，然后查看户口簿，一边讨论，一边抄写，进行了 3 天，接着入户调查。三步走完之后，询问的内容已很有针对性，这就是磨刀不误砍柴工的道理。我不禁想起以前在昆明市观音山白族乡调查时也曾向村委会索取户口簿，却看不懂里面的信息。当时不知自己会走上民族学之路，没有积极主动地学习，这一次才掌握查户口的技术。

同窗周大鸣与柯子平是老乡，柯在香港浸会大学读博士研究生，导师是政治与国际关系学系的全小辰教授。周与格勒相熟，格勒是研究员，在中国藏学研究中心（以下简称"藏研中心"）待了 10 年，时为社会经济研究所所长。周、柯、全、格，他们 4 人正在酝酿一项研究计划。

1996 年春天，藏研中心与香港浸会大学共同提出"中国藏族地区的传统文化与现代化研究"这一课题。调查目的是通过了解各主要藏区的社会与经济，摸清其现状和影响因子，提出切实可行的发展策略。经费筹集方式是：一部分由格勒负责，于 1996 年春向国家社会科学基金申请重点项目资助，6 月获得立项；另一部分由全小辰负责，向香港浸会大学申请经费。

问卷调查在西藏自治区与甘南、川西进行。这三个地区各选两个样点，

---

① 何国强：《态度决定成败——小议黄淑娉先生的精神财富》，《青海民族大学学报（社会科学版）》2020 年第 1 期，第 5 - 6 页。

一城一乡（村）。每个样点派发 150～200 份问卷，按每份付给报道人 5 元误工补贴。西藏的两个样点定在拉萨市与山南地区乃东县农村，甘肃的定在甘南藏族自治州夏河县城乡，四川的定在甘孜藏族自治州康定县城乡。

藏研中心与香港浸会大学各募人手，交叉组队，共制问卷。先采集资料，再分析数据，最后形成结论。成果（含资料）共享，如用英文在国外发表，署名香港浸会大学资助，如用中文在国内发表，署名藏研中心资助。启动调查前，柯子平先到北京与格勒协商问卷事宜，再由三个调查组带着问卷奔赴指定地区，并且声明各组问卷交由官隐鸿统一用软件包处理，分析结果共享。各组完成任务后，到拉萨团结新村一区 128 号集合交流。

第一组（西藏组）由格勒、柯子平、次央、官隐鸿、黎涛、龙东林和我组成，还有一位是郦雨秋，为在读研究生，原说自费随队，后因参与问卷调查，由课题组负担其在西藏的开销[①]；第二组（甘肃组）成员有周大鸣、达哇才仁、万德卡尔以及一位女研究生；第三组（四川组）成员有扎呷、张建世、多尔吉、卢梅。每组成员均来自不同的单位。

周、柯、官和我是仝小辰招募的，主要负责实地问卷调查、统计分析、收集材料撰写专题报告。通过这次参与，我了解到做课题研究的基本步骤，更重要的是认识到合作研究的学术规范：调查数据是集体劳动成果，个人不能抢先发表。

奔赴西藏是我的少年梦，它若隐若现，既像星辰一样遥远，又像种子埋于我的心田，汲取营养，慢慢生根、发芽、长叶，成为我意志磨炼和知识积累的持续引导。如今这个梦居然呼之欲出，似乎就要成为现实。

夏天到了，周建议我参加问卷调查。我征求黄先生的意见，她听后不语。我察觉她可能不太支持，毕竟与博士论文关系不大。但是参加这个项目可以了解西藏，开阔眼界，同时有几千元的野外补贴，可节省下来用于博士论文的田野调查。我希望快去快回，不让导师失望。

7 月 12 日凌晨 5 点半，一辆面包车载着我、黎涛和前几天抵达的 6 位人士向双流机场驶去。飞机在空中时，我听了一曲藏歌——《向往神鹰》，有点飘然之感。10 点，飞机冲出云层，逆着江流降落，机翼下面，江水闪亮，雅鲁藏布江北岸的多吉扎寺露出模糊的轮廓，这是宁玛派（红教）的重要寺庙。当看见修建在雅鲁藏布江谷地的贡嘎机场时，飞机已经着陆。从机场到拉萨市区 92 公里（现在的高速公路仅 67 公里），公路贴着河岸，

---

① 《中国藏学研究中心历年重要科研项目及活动》，《中国藏学》2011 年第 S2 期，第 10 页。

景色醉人。

藏研中心在拉萨市团结新村一区建有工作站，那是一栋两层楼房。我们8人下榻于此，次央与龙东林先行一步，已经入住了。我觉得有点胸闷，后脑勺隐隐作痛。幸好我在昆明长大，那里海拔1700多米，而拉萨海拔3650米，因此我的高原反应不算强烈，一个星期后，上述症状就消失了。

拉萨市内汉、回两族的外来人口较多。汉族人中，温州人补鞋；湖南人搞复印；四川人卖瓜果蔬菜、蹬三轮车送煤气罐。回族人则卖食品、经营百货等。可见他们是自然分工，受地缘、方言和价值规律的支配。街上有卡拉OK厅，免不了藏污纳垢。同行的4位女性几天后到日喀则去了，次央因故不参加问卷调查。7月16日正式开始问卷调查，官、黎、龙、郦和我去八廓街。那里有4个居委会、2859户、5898人（2435名男性，3463名女性），家庭规模很小（户均2人）。我发现问卷没有区分年龄段，针对性不强。我认为应通过查户口建立人口金字塔，才能得知男性比女性少1000多人的原因，同时要查看是否老年妇女较多，而不能停留于街道办事处的笼统回答："青年男子外出较多。"我们5人负责发放问卷，问卷内容涉及衣食住行、医疗卫生、宗教消费等。我想，若是采用参与观察法，无须询问，睁开眼睛就是材料。就这样调查了5天，该转移到山南去派发问卷了。

黎涛曾在拉萨调查过，认拉姆为干亲。这次刚来不久，她就带着我和官、龙、郦去拜访拉姆，此时拉姆已被提升为西藏自治区统计局局长。黎涛请拉姆与山南调查队联系，拨几个队员协助问卷调查。

我们一行下榻在山南行署招待所，在饭馆用餐，白天在山南调查队的协助下派问卷，晚上自己看书，不时开碰头会。山南是藏文化的发祥地，我曾利用闲暇的周日爬了一座高山，从半山腰俯视整座城镇，印象极深。

一周后，问卷告罄。黎涛给山南调查队买了一箱啤酒表示感谢。我们4人在拉萨与泽当两地共回收问卷500份，按各点派发150～200份的计划，超额完成任务。但是，我们每人还要额外提交一篇调查报告。因格勒、扎呷与柯子平未到达，我们不必赶回拉萨，就留在原地思考选题，或到党政部门找材料，或到书店买书，或找人访谈。

二、在杰德秀邂逅罗布顿珠

民族学倾向单人独马式调查，可进藏半个月未体验到这种滋味，于是我对龙、官、黎说："可否让我单独去一个村庄收集材料？"龙关切地问：

"你想去哪里?"我说:"杰德秀。"三人对视一眼没吭声。官说:"单独行动,费用不好报销。"我说:"我费用自理吧,保证不出安全问题。"三人同意了。龙东林带我到山南行署办公室,用汉、藏文字开介绍信,按规程只能介绍到贡嘎县。明天就要离开集体,孤身面对陌生的环境,面临许多不确定因素,自己能行吗?我有点发怵。

我选杰德秀镇作为调查点基于三点考虑:第一,它在"拉(拉萨)-泽(泽当)"公路旁边,村庄密集,人气旺盛。第二,它在江雄河谷入口,整条河谷犹如一个封闭的实验室,容易辨别文化的内生性与外依性。河谷居民既从事农牧,亦从事手工染织,从早到晚机杼声不绝于耳,用羊毛织帮典(藏式短围腰)、地毯。河谷尽头30公里处还有一乡,名为"朗杰学",也从事氆氇①、地毯、唐卡(壁毯)的纺织,曾是向达赖王宫进贡织品的基层单位。这两个乡镇首尾相顾,都擅长纺织,杰德秀还是羊毛和纺织品的集散地。第三,它是山南与拉萨的中转站,历史传统深厚,旧时为山南基巧的地方市场,每年藏历六月初十至十五要举办"亚落从堆物交会",各地商客常慕名前来。德秀村有条鲁康街,排列着几十家店铺。

45天暑假已耗去半个月,在杰德秀待半个月,留半个月回粤调查,有个参照系来对比客家文化,对推进博士论文的研究有益,因此值得尝试。

早晨9点,我挎着行囊从泽当出发。10点半,车到杰德秀,前面9公里处是县城。带着侥幸心理,我想下车碰运气,如果镇政府能够接纳我,就住下后再去县政府补办手续。镇长嘎玛次仁接待了我。他身材魁伟,头发浓密,双眸有神,出生在与杰德秀一江之隔的昌果乡。他瞥了一眼介绍信,说:"你不能凭这个东西直接到乡下,需要县里签个意见。"我本应在贡嘎县城下车,赶在12点之前办手续,只因贪图省事,越级犯忌,只好返回县城,三步并作两步进了政府大楼。这时已11点半,人们三三两两地走出办公室。幸好办公室主任胡洪舟没走,他是内地派来的援藏干部,不敢自作主张,表示需要请示领导。等到下午2点半,机关人员陆续来了,又等了半小时,负责同志来了,在介绍信上批了意见,加盖公章。

下午4点半,嘎玛次仁为我斟上酥油茶,徐徐开口:"你有什么要求?"我说:"我想住到村民家。"他摇摇头:"藏人的饮食与你们汉人不同,不行!"

嘎玛次仁讲的不无道理,也有可能在考验我是否知难而退。想到这一

---

① 氆氇是粗缕手工织品。

点，我便解释说自己想参与到村民中间，同吃同住，看藏族农民怎么生产、怎么生活，通过体验获得实感，虽然镇干部熟悉情况，可以向他们了解，但毕竟隔了一层，由此获得的不是直接材料。

他终于答应我参与观察的要求，让我先住在镇政府大院门口的一间空房，里面有一张床，卡垫、棉被都有，待他联系到合适的人家我再搬走。当晚，清风送爽，我踏着月光走出院门。

公路边有一户人家在放录像，主人在门口收钱。观众中年轻人与妇女居多。当时西藏缺电，农牧区尤是。每晚镇政府的柴油发电机工作两小时送电，村民可以在灯下做活计、看电视、听广播。这家放录像的主人买了小型发电机。

出了村口，远处是林卡，火光闪烁，歌声缥缈。我朝篝火走去，见到七八位"普嫫"①。见到生人，她们的歌声戛然而止，有人小声叫"叔叔"——藏族人称呼汉族男子的俗语。我本能地拾起刚学会的几句藏语与之交谈。她们比较害羞。我在一个姑娘身边坐下，她马上挪开。她们还是挺淘气的，彼此嬉笑打趣。我感到今晚自己成了被议论的主角。她们都很开朗，高矮有别，显得黑瘦，手上有泥，衣服不太整洁，好像刚放下活计。我清了清嗓子，唱了一首《北京的金山上》，歌毕，凝固的气氛放松了。她们问我姓名、此行目的、准备待多久，当月亮被一朵云彩遮住时，我与她们道别。走在路上时，我兴奋地想，也许明天村民就知道来了一位人类学工作者。

翌日早晨，副镇长达瓦来见我。他30岁出头，个子不高，身体健壮，从林芝农业技术学校毕业分配到本镇，分管农业。我不失时机地向他了解情况，得知当地广泛种植青稞和小麦。原本外来的良种小麦难以推广，主要存在消化快、不耐饿（所含热量只占本地小麦的80%）和口感差的不足，因此村民很少吃面粉，小麦主要种来喂牲口。后来由于新技术带来新型烹饪方法，口感变好了。1970年，手摇式和面机、手摇式擀面机传入，高压锅、铝锅、铝皮蒸笼等接踵而来，村民学会用机器做面条、和面蒸馒头。同样的小麦，虽然不经饿，但味道好，很受欢迎。

当地极少懂汉语的人，我在这样的环境中工作，深感掌握藏语的重要性，因此在笔记本上注满各种词汇的音标。

两天来，我接触到的村民朴素大方，对我抱着浓厚的兴趣前来调研心

---

① "普嫫"或"卜嫫"指姑娘，"普"或"卜"指小伙子，各地藏语发音会有一些差异。过去称解放军"金珠玛米"，现在称"蛇甲"，称地方干部"哦甲"。蛇甲是黄汉人的意思，哦甲则指蓝汉人。藏族人以服装颜色来区分汉族人。

存感激，觉得是因为他们的生活方式和整体文化有吸引力，所以发自内心地帮助我了解情况。

晚上，嘎玛次仁高兴地对我说："找到了一户合适的人家，明天有人来接你。"支付标准他已经替我讲好了。我担心晚上冷，就向镇里租借了一床被子。

第二天上午10点，一位穿黑背心、戴宽边毡帽、年过三十的男子来镇政府大院搬行李。他叫罗布顿珠，在林芝当过3年兵，复员后在村里管电，兼任民兵队队长。我跟着他走街串巷，他用在部队学的河南话与我沟通，同时用藏语与熟人打招呼。8月的乡村，清凉翠绿，我庆幸自己步入这个简单的社会，迈向严格意义上的田野调查。

杰德秀的民宅分平房和楼房，通常楼房的第一层是关牲口的。罗布家是中等经济条件。他和母亲白玛住平房，牲口圈与住所分开。妹妹昌吉离婚后带着5岁的女儿米玛前来投靠。弟弟贡久婚后分户。罗布是再婚，给克西村当上门女婿，平时在家住。他把我安顿在经房，那是神圣的地方，中等经济条件及以上的家庭都有，一般不给外人住，更不允许在此过夫妻生活。

翌日上午，我爬上高坡目测村子大小，在草图上标出它与周遭景物的空间距离。山脚有位少女正在剃头，看来准备出家。

江雄河谷蜿蜒曲折，最宽处20公里，最窄处200米，分为主谷和岔谷。主谷南起浪卡子县界海拔5 600米的大山，翻过大山，便到达羊卓雍措（"措"即湖，俗称"羊湖"）。河谷间有一水，称"朗杰雄曲"（"曲"指河流）。它发源于普布扎维山脉，是雅江中游右岸的一级支流，全长36公里，流经朗杰学乡、克西乡、杰德秀镇，注入雅鲁藏布江。巴纳村靠近朗杰雄曲发源地，那里有一个名为"江雄"的水库。杰德秀外的拉泽公路下方有条1.5公里长的渠道，将雅江水引至山脚，水泵将水提升到10多米高的盘山渠道，流向各条山脊灌溉。西藏气候干燥，灌溉发挥着重要的作用。我读过马克思、恩格斯关于印度、中国、秘鲁的描写，也看过魏特夫的《东方专制主义》，相信水利是了解社会制度的关键，修建水利需要大型组织。1966年，西藏各地成立人民公社，随之大兴水利建设。

杰德秀居民日不闭户，夜仍锁门，存在防范心理。村妇勤快，晨起第一件事就是挤奶，然后背水、烧火、打扫庭院，接着打酥油茶，吃毕喝足之后去割草，待背着沉重的草捆回到家时已近中午，吃点东西又开始工作，不是梳羊毛就是捻毛线、制酥油、打场等。掌门面的工作归男人做，包括处理家事，参与公事，如炒青稞、磨糌粑、外出经商、务工等。有些工作不分男女，谁都可以做，如煮饭、捻毛线、织氆氇、耕耘、收获等。

除了自然分工、社会分工和一天的常规作业之外，我还要了解村民的饮食结构。当地人很少吃蔬菜。杰德秀与县城之间原有一个农场，后来被河南农民承包来种大棚菜，收获后运到附近乡镇摆卖。但汉族人不多，消费有限，多余的产品会被晒成菜干或腌制成咸菜。藏族人后来逐渐尝试青辣椒等各种蔬菜。

山坡草地有旱獭与老鼠，江边柳林是兔子的乐园。它们到处打洞，掘食草根，祸害畜牧业。当地的主要生计是半农半牧兼商，食品结构以粮为主，以肉奶类为辅，采集品点缀。采集对象是蕨麻、然巴草籽①和蘑菇。蘑菇主要是黄、红两个品种，黄蘑菇口感好，红蘑菇口感稍逊一筹。肉，只吃牛、羊、猪、鸡等畜禽的，不吃其他动物的。吃，也并非随时杀生，通常数月不吃鲜肉，这与他们的信仰有关。

夏天草地上生长出各种蘑菇，除上述黄、红二色以外，其余的任其自生自灭。牲畜也吃蘑菇。我的肠胃不适应酥油茶与青稞酒，尽量少饮。一天，我请饭馆加工蘑菇，女主人愉快地答应了。我顺路采回一筐以前自己经常吃的白蘑菇，女主人一见却反悔了，推说会影响生意，其他食客会嫌弃装过白蘑菇的锅碗瓢盆。我只好付双倍价钱，租借一只锅和几个器皿自己加工。我身边围满了人，投来惊异的眼光。

村里的卫生条件谈不上好，到处是粪便，苍蝇孳生。麻雀在屋檐上叫个不停，常飞入屋里啄食。饮茶时要用指头拈走掉进水里的苍蝇，不然可能喝下肚。

来到杰德秀后，我第一步是画好村庄布局图，第二步是看户口簿。我在广东客家地区调查时注意到一般有两套户口簿，一套在派出所，一套在村治保委员手里。西藏情况特殊，农牧民居住分散，一个派出所往往要管两三个乡镇。幸运的是所里有户口簿，并同意让我查阅。户口簿文字是藏文，两位警员一页页地读给我听，记录的全是一夫一妻制家庭。第三步是到村干部家访谈，要是碰到他们在开会，我也进去听。两天后，村干部带我入户调查。我在背包里装上香烟、圆珠笔、橡皮擦等小礼物，便于调查时送出。去到贫穷人家，要是有残疾人或病人，则不送小礼物，而是捐点钱，通常不能少于5元。

---

① 然巴草籽如芝麻大小，味微甜，呈红色，晒干后磨成粉，掺入奶子或酸奶，混合均匀，一坨坨拿出来晒干，这时称"然曲"，可直接食用。制作方法与奶渣相同，奶渣称"曲那"。

镇里有所完全小学，教师懂汉语，了解很多信息。拉巴校长是西藏自治区人大代表，他在与我闲聊时透露，村里有 3 户一夫多妻的人家，每户男主人各有两妻。我记得人类学著作中描述过一妻多夫制，就问拉巴有没有这种情况，答曰："也有两家。"我原以为书上说的东西已经消逝，不料还存在于现实中，为什么户口簿没显示呢，难道看漏了吗？我心有不甘地返回派出所，找出那 5 户人家的户口簿。上次并没看错，都是一夫一妻制家庭啊！我思之再三方明白过来：户籍表的设计必须以法律为基础，婚姻法的前提是一夫一妻制，多数场合是适应的，极少数特殊婚制，如某些偏僻地方还有多偶制残余，对于兄弟共妻或姐妹共夫的家庭，配偶栏只能填一个人，其余配偶只能作为"亲戚"填写，于是家庭人口没变，亲属关系变了。所以，在解读户籍时要考虑文化特殊性，否则将得出错误结论。可见，查阅户口是一组连环动作，要把户口簿与实际访谈结合起来。

方才说，我选择杰德秀镇基于三点考虑，主要是本着整体论来调查当地物质生活资料的生产方式，重面不重点，在实际调研中，好奇心、学术敏锐性起到很大的作用，帮助我从拉巴校长的报道中解析出人口生产的制度文化，从而把观察点移到婚姻家庭上来。我问罗布："江雄河谷哪些村庄有多偶制家庭？"答曰："大多是一夫一妻制，少数是多偶制，其中兄弟共妻家庭多于姊妹共夫家庭，都在克西乡境内，分布在左右两条岔谷，一条岔谷称'果吉'，另一条称'秀吾'，朗杰学也有类似情况，但没有果吉村与秀吾村突出。"

三、罗布的续妻央金卓嘎

我央求罗布带路向果吉村进发。半路上我的解放鞋后跟通底了，我常要驻足脱鞋抖沙子，西藏乡村土路的石子太锋利，这双新鞋才穿了三周啊。走了 3 个多小时，果吉村不远了，罗布拦住一辆手扶拖拉机，载着我们进了村。村里不见青壮，只有童叟，没有拍到一张多偶婚的全家福。我们两人忍住饥渴走出村外，向克西乡政府驻地走去，沿途不敢喝生水，怕拉肚子。

夏日的河谷，雨水汇合山顶融化的雪水注入朗杰雄曲。河水刺骨，我们两人脱下长裤，顶着衣物蹚水而过。穿过绿油油的土豆地，拐入白康村，进了一栋民宅，进去后有两个男孩赤裸下身，见到陌生人吓得躲到墙角。这家人很贫穷，孩子连裤子都没有，但主人心肠很好，捧出新鲜的酥油茶给我们。我们喝毕出门，又经过一户，家里两女一男，年龄在五旬上下。罗布与之打招呼，过后对我说："这家人弟弟是哑巴，姐姐出家后还俗，妹妹有病，父母去世后，因家境贫寒，三姐弟决定不结婚，彼此厮守。"我感受到了西藏人民的疾苦。

跨过主谷，来到克西村，乡政府大院门口有个小卖部，兼收购村民的鸡蛋，货架上只有方便面和压缩饼干，与杰德秀村的鲁康街对比鲜明。罗布的续妻——央金家就在克西二组。推开院门，只见牛正在圈里吃草，鸡在墙边啄食，苍蝇在屋里嗡嗡乱飞，罗布的岳母益西与妻弟班觉笑容可掬，19岁的央金抱着一个女婴，她矮小瘦弱，脸上有污迹，眉宇间有一股秀气。

克西乡有五个组，一个大村算一个组，大村有20多户，小村有两三户。下午4点多，太阳已偏西，罗布建议只去克西三组的卓久布村和苏诺林村，这两村的一妻多夫家庭各有好几户。我说先看本村的一妻多夫家庭，有时间再去那两个村子。我们来到克西村那户一妻多夫的人家，只见丈夫，不见妻子，决定黄昏再来，遂向村外走去。沿着秀吾岔谷，山上是卓久布庵和苏诺林寺，对面远处是果吉岔谷，走了半小时也未出克西村，足见村民居住之分散。终于进入另一户，也是兄弟共妻家庭，只有老父在家。克西村的两户兄弟共妻家庭都得黄昏折返时来探望。

1959年民主改革以前，江雄盛行兄弟不分家合娶一妻的风俗。妇女出门要戴面罩，有些人还将面部割破，涂以黑灰，变成黑疤，类似于毁容。妇女看见喇嘛要退避三舍，来不及规避者应就地转身，背对喇嘛，否则会被视为不道德。要是喇嘛对一名眉目清秀的女子产生欲念，人们会认为错不在他而在这名女子，并把她送去尼姑庵以减少诱因。山上的卓久布庵住满尼姑，不乏年轻俊美者。

我们走了一个半小时来到卓久布村，入户短暂访问后，又向苏诺林村进发，在村里找到两户兄弟共妻家庭，照了全家福。傍晚，时针指向6点，我们折返。西藏的日照时间长，看着夕阳普照山谷，我真想到此隐居几年，孤身一人亲历当地文化，然后用厚实的资料完成著作，把江雄展示在世人面前。但是，这样做对家庭不负责任，况且我还有教学任务，对学生也不负责任。不能轻易起誓，要考虑现实，研究计划一定要设想周全。

那天早上8点出发，晚上11点半才到家，走了40多公里路。从克西村回来的路上，满天星斗，只有从喧闹城市中出来的人才能感受到田野工作的刺激。

我们两人饥肠辘辘地推开门。白玛已蒸好馒头，正在等候。她60岁出头，身体单薄，患有眼疾，丈夫10年前去世。她自己不吃蔬菜，买了青辣椒与白糖，炒熟给客人和儿子配馒头。她每日从早忙到晚，手脚不闲。闲聊间，我答应寄眼药水给她。昌吉带着女儿米玛和母亲睡在厅里，身下垫毛毡，上面盖被子，再把白天穿的衣服搭上去。昌吉是干活的一把好手，好几次我见她弯腰驼背负重，米玛一蹦一跳地跟在身后。

白玛端来馒头，灯下，她脸上的皱纹凸显。我似乎对"令人惭漂母，三谢不能餐"的诗句有了深刻的体认。目睹藏族人民终日辛劳，我拿着热馒头，带着一饭之恩的感激，难以下咽。

夜里，我辗转反侧，白天与罗布所聊的内容挥之不去：罗布复员回乡后，与一位村姑组建家庭，生下一子，夫妻相敬如宾。不料他疟疾发作，卧床不起，住院期间病情反复。一年后两人解除婚约，孩子共同抚养。

罗布大病痊愈后借钱买拖拉机搞运输。每次他跑拉萨，母亲白天倚门相送，晚上站在村口等候。为了不让母亲担心，只要当天能够赶回家，他就绝不在外歇息。满 30 岁那年，罗布认识了 16 岁的央金。她所在的村，即克西二组有一间炒青稞的公房，还有一间磨糌粑的水磨房，制作糌粑难度大，无论是炒还是磨，罗布都来帮忙。央金的母亲认同他诚恳与务实的态度，遂将其招上门做女婿（见图 2-1）。

图 2-1　罗布与续妻央金和女儿（摄于 1996 年 8 月）

11 天后，我返回拉萨。工作站热闹异常，格、全、周、柯、扎呷等人都在。格勒邀请了一对美国夫妇前来，并对我的田野工作大加赞扬。

回穗后，我投入大量精力在整理杰德秀的田野素材上面，撰文投稿一家名刊，未通过评审。我没气馁，继续调查，丰富材料，提炼观点，改投他刊，得以发表。

四、初次进藏的经验教训

这次进藏的最大收获是迎接了江雄河谷的挑战。如果没有早期生活的锤炼，体质与意志不允许我单人独马地应战；如果不啃人类学著作，不钻研民族学，就没有知识的支撑，见到当地的珍贵资料也会熟视无睹；如果没有跟导师做过田野工作，就不会用户籍方法深入调查，获得入门的向导，进而发现理想的研究场地。以上三点认识是通过这次田野调查得到的。

初次进藏的收获如下：

第一，通过接触实际感受到活生生的文化机体，使书本知识与现实问题建立了联系，认识到藏族是世界上实行多偶婚俗人数最多的群体，青藏高原是研究这一婚俗的宝地。我发现了两条多偶婚数量较多的岔谷，即秀吾与果杰，犹如勘探队员发现了矿脉，实属有幸。我要像前辈学者一样孜孜不倦地研究，抓住机会，争取突破，用事实与观点说话。

第二，体会到问卷调查的优点与缺点，创造性地把在汉族农村的调查经验移到西藏，如基于三点依托（人气旺盛，便于观察询问；生活与交通方便；历史与文化积淀深厚）选择调查点，初步了解了西藏的自然与社会情况，为今后的跟进树立了信心。

第三，研究者要有自强不息的奋斗精神，要关心他人、善结良缘，不要有负欠心理而回避他人的帮助，要懂得处理关系资源。既要交朋友，惺惺相惜，又要淡然处之，保持恒温。

第四，敬业是最重要的职业道德。八廓街的旺堆书记小时候流浪到拉萨，饿得奄奄一息，被路过的解放军所救，后来还培养他当干部。他对共产党知恩图报，积极推动各项工作，给予此次问卷调查极大支持。我们在泽当镇开展问卷调查时，山南调查队接受上级安排，积极协助我们完成任务。以上两例都是敬业的表现。我去江雄河谷摸底，不辞劳苦，也体现了敬业精神。

在完成预定任务的前提下，旁及民族学调查，看到珍稀婚俗的活态非遗性与岌岌可危性，联想到传统社会的许多文化因子曾经面临的处境，萌生了一种抢救意识，由此带出若干想法：①要想好怎么沿着这条道路走下去。②若要一门心思坚持下去，需要获得家里人的支持，处理好事业与家庭的关系。③为了保持研究的独立性和有充裕的时间，不能受雇于人，要设法争取研究经费。④自己能力有限，要组建研究团队，把所带研究生的论文选题集中于青藏高原地区，壮大研究力量。

第三章　二探江雄河谷

调查员犹如观赏万花筒的孩子，每次参与观察都带着浓郁的好奇心，都有一番新的体验，能够寻踪觅迹地收集材料，因此在理解（understand）和解读（interpret）时既要凭理论，又要凭感受，舍此二要素则不能获得客观而全面的第一手资料。调查场地越是遥远偏僻，调查对象越是独特，这种情形就越明显。

一、蛰伏在昌都宾馆

就高校与科研机构的从业者而言，要长足发展，就要有高学历，就得有主持课题、发表论文、出版专著甚至出国交流的经历。我想跻身教授行列，自然得考虑这些条件。"往事不可追，来者犹可待"，我随时告诫自己，要珍惜今夕，为未来奋斗。

我获得博士学位后，照常给学生上课，每学年带学生实习，指导他们写论文，自己也在提升，在博士论文的基础上，做两三年补充调查，出版了一部专著①，又出国访学，收集前沿材料。我深谙理论训练、田野经历、教学实践、外语工具四项一起抓的重要性。

我多次向香港中山大学高等学术研究中心申请经费，用于粤北、桂东与西藏的田野调查。1999 年 7 月中旬，我再次参加格勒组织的西藏调查，打算重返秀吾岔谷调查兄弟共妻制。恩格斯说："根据唯物主义观点，历史中的决定性因素，归根结蒂是直接生活的生产和再生产。但是，生产本身又有两种。一方面是生活资料，即食物、衣服、住房以及为此所必需的工具的生产；另一方面是人类自身的生产，即种的蕃衍。"② 这种婚制以奇异的方式反映出两种生产关系。学者们从不同的角度进行了探索。例如，利奇从婚姻赋予夫妻的权利与义务来探索③，然而光靠理论、假说和灵感解释不了这种婚制，需要综合多种因素才行。

这次调查由扎呷带队，同行者有官川与李锦，三人均来自四川。我们 4 位调查员的年龄呈梯级：30 岁、35 岁、36 岁和 45 岁。扎呷矮小敦实，与格勒一样，是四川省甘孜州人，17 岁从中等师范学校毕业，在家乡任小学

---

① 何国强：《围屋里的宗族社会：广东客家族群生计模式研究》，南宁：广西民族出版社，2002 年。

② 马克思、恩格斯著，中共中央马克思恩格斯列宁斯大林著作编译局译：《家庭、私有制和国家的起源·第一版序言》，《马克思恩格斯全集》（第二十一卷），北京：人民出版社，1965 年。

③ ［英］埃德蒙·R. 利奇著，何国强译：《再谈婚姻的定义：尤以一妻多夫制、继承权及僧伽罗人的习惯法为例》，《西藏研究》2018 年第 2 期，第 82 - 89 页。

教师，20岁调入县中学，21岁考上中央民族学院，24岁毕业后进了位于北京的中国藏学研究中心，29岁上研究生班，31岁毕业。1996年夏天，他与我在拉萨相识，时为格勒的助手。李锦出生在四川省阿坝州红原县，1977年随父母迁到成都，16岁参加高考，1985年毕业于四川大学历史系，1993年到四川省民族研究所工作。[①] 官川瘦弱文静，17岁从乐山考入四川师范学院历史系，毕业后到中山大学史学系跟随张荣芳教授读研，1995年转跟蔡鸿生教授读博，毕业后留校，后来调回成都工作。

7月18日下午，我抵达昌都宾馆，屁股还没有坐热，扎呷、官川就到了。这时，身材中等、体型微胖的李锦也来了。她住在成都家里，其他人则住宾馆。扎呷向我们传达了格勒的话，大意是诚挚地邀请我们参加一项有关西藏农村的研究计划。

第二天，格勒（见图3-1）从北京赶来。他气定神闲地要求我们结合各自承担的任务，参考有关文献，撰写调查提纲后交给他审核。我撰写的内容是新中国成立50年来西藏社会组织的变迁。我与60余岁的张世伦合住一间，他刚从昌都政协副主席职位上退下来，阅历丰富，给我介绍了很多情况。

图3-1 格勒在我家做客（摄于1999年10月）

我整天憋在宾馆里，每次问格勒几时动身，他都说"再等等"。孤独感不免使我想起广州。我家在中山大学校园里，那里草坪宽广、鸟语花香、

---

① 李志英、李锦：《社会使命与学术研究：人类学华西学派研究传统的影响力——人类学学者访谈录之八十九》，《广西民族大学学报（哲学社会科学版）》2019年第6期，第1、35-40页。

古树参天，间有红墙绿瓦。校内有陈序经、陈寅恪、姜立夫等人的故居，有八角亭、进士坊、惺亭、"广寒宫"、模范村，加上一尊尊石质、铜质雕像，古朴幽雅，还有田径场、游泳池、体育馆等现代建筑。如今住在昌都宾馆犹如关禁闭，外边是大街，白天车水马龙，夜晚灯红酒绿，十分嘈杂。

八一建军节过去了，格勒那边依然没有响动。我心中漾起一丝悲催，已待了半个月，终于等来行动的那一刻。8月6日上午，格勒宣布扎呷任组长，明天进藏，我对将要采取的调查手段有点不以为然，它完全是上级咨询部门到下级地方部门巡视，找人汇报，索取资料。格勒见状，就找我谈心，让我别对这种收集材料的方式感到惊奇，藏研中心每年有很多调研任务，不能采用严格意义上的田野作业方式。

8月7日上午11点，我们到达贡嘎机场，西藏自治区党委统战部已派车来接。下午1点，我们来到团结新村一区128号门口。扎呷是位出色的领队，极富人情味，宣布放假三天，恰逢北京安贞医院（藏研中心的挂靠医院）来了五六个人，格勒要求扎呷陪同，他组织我们游览色拉寺、甘当寺和罗布林卡。调查开始那周，王文长和一对夫妻同时到达。那对夫妻中的女士名叫李玲艳，是全国哲学社会科学规划办公室秘书，是格勒专门请来的，协助处理申报事宜。王文长主要从事民族经济学研究，几乎每年来一趟西藏，他提出"家庭婚姻结构与特定社会环境下的利益关系相适应"①，与我的观点一致。

团结新村一区128号的管理员是一对老夫少妻，四川人。男的姓刘，名跃海，是复员干部，为拉萨工作站的炊事员兼司机；女的姓杨，农村妇女，任保洁员。门口养了一条藏狗。我们三拨人在工作站吃住。晚饭后我常去布达拉宫广场，在散步途中习惯性地默诵英语。外语是交流的工具，专业知识是交流的内容，如果能把研究西藏的经历带到国外，展示新颖的田野资料，贯穿理论分析，形成独特观点，其意义就非同一般了。

我在拉萨市区跑了半个月，又认识了一些人：李皓，西藏自治区民族宗教局机要秘书，31岁，上有姊下有妹，原籍四川，在山南出生和长大，曾在阿里地委工作，1993年调回拉萨。她是学中文的，喜欢业余创作。边珍，20岁出头的藏族姑娘，性格开朗，纯朴大方。尊珠朗杰，《西藏研究》的老编辑。我那篇报道江雄河谷亲属称谓的文章，投稿前曾请他和李皓复

---

① 王文长：《对藏东藏族家庭婚姻结构的经济分析》，《西藏研究》2000年第2期，第56－60页。

核过。还有位 84 岁的高僧坚赞夏加，已获色拉寺格西。我曾向他拜师求得赐名，但未皈依佛门。拉萨还有我的大学同学七令江初（潘建生），他在西藏自治区委党校工作，15 岁读大学，31 岁调到拉萨，52 岁退休。

一天，我对扎呷说："文献上的社会组织变迁有资料了，现实中的组织是什么样子我还不清楚，我可以去实地搜集资料吗？"扎呷想都没想就说："我们一起去吧！"他向西藏自治区党委统战部申请了一辆小车，下午，车子载着他、我、官、李 4 人驶入贡嘎县政府大院。看着三年前来过的地方，我不禁感慨万千：人生在世就是匆匆过客，山不转水转，这不又转回来了。我们办好手续，当晚在招待所住了一宿，翌日清早驱车到杰德秀镇。扎呷计划先将我送到调查点，他们三个人再去山南泽当调查。

二、秀吾岔谷十三天

我在杰德秀政府大院见到一位新书记，他名叫贡嘎坚赞，原在甲竹林乡工作。我从他那里得知嘎玛次仁镇长已调回老家——雅江北岸的昌果乡。据贡嘎书记介绍，过去江雄是个豁卡（大庄园），1959 年建区，1987 年从南到北将河谷一分为三，上段杰德秀，中段克西，下段朗杰学。克西乡辖 6 个村民小组、297 户、1 715 人（劳动力占一半），耕地 3 000 亩，人工草场 1 700 亩，林地 1 400 亩，小学、卫生所、寺庙各一。耕地面积大于草场，说明是农区。

听完贡嘎书记的介绍，扎呷请他上车。路上，我看着窗外熟悉的景象，激动地大喊："江雄，我回来了！"车在原克西乡政府大院门口停下，来到三年前我多次路过的那栋建筑，现为杰德秀镇的工作站，两位助理员丹达和尼玛、一位卫生员洛桑住在里面。丹达从武警复员，个子矮小、皮肤黝黑，妻子巴果矮小壮实、皮肤暗黑，家在克西村。丹达分到一间大房。尼玛中等身材、长相英俊，单身，住一间小房。洛桑是瘦高个，妻子巴桑卓嘎身材苗条。洛桑分到一大一小两间房。小房朝向村干道，被改造成小卖部，由巴桑卓嘎经营。两对夫妇各有 1 个不满周岁的孩子。贡嘎书记要求两位助理员陪同我入村调查，并让我跟尼玛同住。

两位助理员轮流陪我，协助我摸清秀吾岔谷的多偶家庭分布。研究一个民族就要通晓它的语言。我向他们学说藏语，在本子上密密麻麻地记满日常会话。跟着两位助理员跑了一周，我已能用藏语打招呼，问及年龄、性别、家庭构成等情况。我希望自己随着调查的进展能娴熟地掌握藏语。

丹达、尼玛和洛桑的房间有电视机、收音机、电炉。他们着汉装，饮食半藏半汉，既吃糌粑、酥油茶，又吃米饭。原料一样，有土豆、青稞、小麦、甜玉米等，烹饪方式不同。譬如，用土豆炒菜，就可配牛羊肉或辣椒。他们的衣食住行明显有文化交融的痕迹。奇怪的是人们对个性的东西谈得多，对共性的东西谈得少，对造成文化共性的途径更少涉及，此乃民族学工作者最大的不足，应引以为戒。

河谷里村子比较稀落，从克西乡政府大院到最远的村子走得快要 4 个小时，走得慢要大半天。我由译员带路进村，来到熟人家里，主人捧来热茶，闲聊几句，便进入正题。起身告辞时，主人客气相送。总是那些问题，只是提问顺序不同，半天可调查四五家，译员觉得枯燥，我们结束工作，离开一村，向另一村进发。路上，田间地头，男人裸露头发，妇女裹着头巾，劳动姿态万千。收土豆时，主要是妇女下地。收割青稞时，地皮软的用手连根拔起，地皮硬的用镰刀割。运送麦秸（当地叫"散巴"）时，人、畜、机器并用。青稞登场后，要赶毛驴踩，或用碌碡碾，打场的农具有桑杈、本杈、齿耙、推板，之后以幡飘动判别风向，用杈扬场，将青稞粒与碎草分离，继而装袋储藏。

江雄河谷气候干燥，风沙大，年降水量不超过 360 毫米，多集中在夏季。一年只要忙过春耕秋收，多数劳力赋闲在家。每年各村要组织劳力外出。洛桑经常带队到外县务工，负责工程队的医疗、伙食、证件办理以及对外沟通等事务。有一年他带了全村 300 个劳力到昌都某县做工，半年后才返回。

他给我介绍当地的计划生育情况。医务室有避孕药，免费向已婚夫妇发放，名称为"复方 18 甲口服避孕药"，每板 12 片，分长效与短效。长效 1 年领 1 板，短效 1 年领 2 板。夫妇一起来才领得到药。如果不小心怀孕，3 个月内可去医院做流产手术。这种情况表明科技已经介入人口生产。与此同时，外地民工可以结交本地姑娘，不会受到村里的同龄男子阻碍。有几个陕西籍民工请人介绍姑娘谈恋爱，工程结束后一起离开，先后已有两位出嫁者回来生孩子。民族间通婚一向被认为是文化交融最重要的内容。

河谷居民患沙眼、结膜炎与白内障的发生率较高。这也是青藏高原居民的通病。据山南人民医院调查，各种眼疾与大环境有关，日光强、日照量大、风沙大，对眼睛的刺激大；也与小环境有关，屋内烟熏火燎，水源缺乏，人们很少洗手、洗脸，揉眼时易带入细菌。[1] 据我观察，就室内而言，以下原因会引起较多烟尘：①燃料问题。农家烧火做饭主要用干牛粪，有时也用柴薪，

---

① 陈振谦、妮妮、次旦：《西藏乃东县农村眼病调查分析》，《实用眼科杂志》1986 年第 8 期，第 501－504 页。

燃烧时往往产生较多烟尘，很快塞满烟道，尤其是烟囱连接处，锅烟子最多，经常堆积结块，造成烟囱通风不良，而干牛粪或柴薪燃烧后产生的灰烬较多，很快填满储灰室，影响氧气输送，导致燃料燃烧不充分，烟火倒窜至灶门，解决的办法是经常清理灶膛、烟道。②灶膛、烟道设计不合理。燃烧的原理是一样的，只是由于制作师傅技术高低有别，砌出的炉灶好坏不同，好灶烟少、省柴，坏灶烟火回流、费柴。有些炉灶不砌回烟道，居民不懂，将就使用，解决的办法是请经验丰富的师傅改造灶膛。③建筑结构问题。较大的民宅为两层式，牲口圈进一楼，二楼住人，中小民宅为平房。房子无论大小，周围的自然环境是一样的，用火功能大体相同。青藏高原气压低、温度低、风沙大，门窗较小，且不开窗，以便保暖，楼道弯曲，不易散烟。用火之处通常有两个，一是专门的厨房，二是大厅中央设立的炉灶。无论何处，用火时间都很长，居民入睡后灶膛还有火种，经常烟雾缭绕。

要了解藏族的婚姻形态与家庭结构，必须结合传统西藏的阶级结构。1959 年实行民主改革以前，西藏只有农奴主和农奴两大对立阶级。农奴主指三部分人：宗本以上的官家、贵族和寺院上层僧侣，简称"三大领主"。农奴指朗生，又可细分为两部分人：一是平民阶层；二是家奴和贱民。1950年，解放军进藏，以达赖喇嘛为首的噶厦政府向军代表呈献的资料显示西藏户籍人口为 100 万人，农奴阶级占西藏总人口的 95%。① 他们丧失了基本生产资料，依附于农奴主。脆弱的自然环境，严酷的社会制度，把劳动者束缚在土地上。不可否认，它们在造成不平等的同时也为多偶婚的形成提供了特殊土壤。

兄弟共妻制与姊妹共夫制在吐蕃时期制定的各种法律②中均有体现，如《玉周卓巴十五法》和《十六法典》中的亲属离异律、奸污罚锾律等。凡涉及亲属关系（夫、妻、子、女等）的条款，字面上都应视为统称，判案时根据实际情形做出判决，当事人要是行单偶婚则按单偶制判，要是行多偶婚则按多偶制判，从而表明各种婚姻制度的合法性。虽然如此，但三大领主对兄弟共妻制的态度不一。官家、贵族担心血缘混乱，不予支持，也不明确反对，因为每年需要大量平民支乌拉差（徭役）与服兵役。寺院则予以支持，将其视为经济基础，因为僧侣要向农奴征税，希望有一种温和的婚制发挥多个功能：一是抑制人口增长；二是避免民众陷于贫困，铤而走

① ［美］沈己尧：《西藏问题探索》，中山大学亚太研究中心，内部资料，2020 年，第 5 页。
② 参见恰贝·次旦平措主编：《西藏历代法规选编》，拉萨：西藏人民出版社，1989 年。

险抗拒寺院的捐税要求；三是令家庭不断滋生矛盾，造成夫妻不和或兄弟不和，迫使个别男性出家，补充僧侣的不足。

农奴阶级也可分为三个层次，各占西藏总人口的比例依次为：上层5%，中层50%，下层35%。此外还有方才提到的家奴与贱民，二者合占西藏总人口的5%。① 这95%的人口都是劳动人民。其中农奴最基本的组成部分是中、下层。中层在藏语中叫"差巴"，下层叫"堆穷"。差巴为支差者，是领种领主的份地并为其所属农奴主支差的人，地位高于堆穷。堆穷意为小户，主要指耕种农奴主及其代理人分给的少量份地并为其支差的农奴，他们没有剩余产品，要额外做工才能维持生活。堆穷有小块的土地、少量的牲口等。差巴是主要的赋税承担者：支乌拉差、服兵役、提交农牧产品（实物税）、给贵族养绵羊②、编织氆氇。随着阶级分化，差巴可下降为堆穷，堆穷也可上升为差巴，堆穷破产后下降为家奴或贱民。堆穷有向上爬的欲望，同时又有下跌的恐惧。差巴也有恐惧心理，担心降为堆穷。如果不分家产，就可提高抵御风险的能力，因此这两个阶层的兄弟共妻家庭较多，劳力充沛的家庭才可应付。

与中等户最怕分家故多行兄弟共妻制不同，官家、贵族等富裕户不怕分家，较少行兄弟共妻制。社会底层的草根阶层一无所有，无家产可分，也很少行兄弟共妻制，贱民便是如此。克西村有两个屠户，原是一家人，父母双亡后子女分门立户，人称"鲜巴"。他们兄妹都行等级内婚，与另一村的屠户子女结婚，因为整个社会都认为他们的血液不干净，其他人不敢与之结婚。故贱民中很少有兄弟共妻。

根据整体论，每一种婚姻形态都是一块方格，如单偶制与多偶制、多偶制中的兄弟共妻与姊妹共夫，每块方格如马赛克般拼合，彼此互补，离开了社会背景就不好解读。若非亲眼所见，很难相信一条河谷的婚姻形态如此多种多样，既有单偶婚，也有多偶婚，多偶婚中既有兄弟共妻，亦有姊妹共夫。此外，娶入式、入赘式、转房、收继等婚俗如梅花间竹，几乎每一个村落都可看到婚姻杂糅的图景，清一色的婚制几乎没有。村中劳力多的家庭几乎都是大房子，兄弟共妻家庭包括在内。姊妹共夫家庭基本上是中等房子。兄弟共妻家庭生育少，人们的评价高。姊妹共夫家庭生育多，丈夫忙不过来，人们的评价低。因此，在多偶婚中，兄弟共妻婚远多于姊

---

① ［美］皮德罗·卡拉斯科著，陈永国译：《西藏的土地与政体》，西藏社会科学院西藏学汉文文献编辑室，1985 年，第 238 页。

② 山羊能爬山，不挑食，连草根都刨出来吃，对环境破坏很大，故多数地方养绵羊而不养山羊。

妹共夫婚，二者的作用无法彼此抵消。兄弟共妻婚限制了人口增长，减少了自然界的人口承载量，这可能是脆弱的自然环境下的特殊选择。

在当地人看来，婚姻与性爱不是一回事。婚姻有若干目的，根本上是为了生育，养大孩子，完成劳力与家产的传递。性爱则是情感的宣泄，既可以是通向婚姻的桥梁，也可以不通向婚姻。相关实例因已有专著介绍，故此处不赘述。①

较之于单偶家庭，在多偶家庭中，无论是兄弟共妻还是姊妹共夫，利弊都显而易见，矛盾也多些。就姊妹共夫而言，利在可聚集劳力实行分工，提高工效，如看孩子、做家务由一人负责，其他人负责劳动；弊在妻子哺乳期间家里缺乏劳力，且孩子多，负担重，还有丈夫的偏爱、女性的妒忌会导致姊妹不和。正确的处理方式是丈夫一碗水端平。就兄弟共妻而言，利在劳力多、孩子少，家庭经济好；弊在妻子可能因偏爱某位丈夫而损害到全家的利益。有印度人类学家在研究金萨人的村庄时发现不少相关案例②，我在西藏看过不少。江雄河谷很少发生家庭不睦的情况，共夫圈的姊妹、共妻圈的兄弟，彼此都很谦让，每个人都清楚嫉妒的消极影响，把它压制在萌芽状态。

我找到罗布时，他正在克西村的磨坊戴着口罩磨青稞。石磨是藏族加工粮食的工具，分手推与水推两种。手磨每家都有，属于私产。使用时，一手转磨，一手不间断地往磨孔里填入粮食。水磨利用绿色能源加工粮食，如青稞、小麦、玉米及豆类。磨坊一般建在水量稳定且水流湍急、水位落差较大的台地上，每个村庄有两三座，属于集体财产，由大家共同维护。水流冲击石磨下的木叶轮，叶轮通过主轴带动下磨盘，以上磨盘不转、下磨盘旋转的方式运作。石磨尺寸大小不同，磨坊面积也不一样，通常为14平方米，室内光线和空气流通较好。

1996年8月，我离开杰德秀回到广州后给罗布写了两封信。我相信，即使罗布不谙汉字，他也会找人念信。此番再见，他变得沉默了。我询问近况，他说以后再聊。我问起信件，他说没有收到。我问起孩子，他眼睛红了，说："拉肚子，送县医院迟了一步。"当地的情况是小病很少吃药；大病请喇嘛念经，喇嘛会给一些香灰，有时也给一些药片，一起服下。肠

① 参见坚赞才旦、许韶明：《青藏高原的婚姻和土地：引入兄弟共妻制的分析》，广州：中山大学出版社，2013年，第29、308、326页。

② [印度]阿尼玛·慕克吉著，何国强译：《金萨人的村庄治理模式》，《青藏高原论坛》2018年第4期，第46页。

胃病是孩子的大敌。罗布叹了一口气，说："要是还活着，已经满地跑了。"他接过我带给白玛的眼药水，说："我家祸不单行，孩子才死1年，母亲也走了，是病死的，什么病不知道，她说心口痛。给尸体裹了白布，送入雅鲁藏布江水葬。"我的心咯噔一下，沉重得喘不过气来。随后，我见到他1岁的女儿，是央金生的第二胎。

一天，我和尼玛外出拜访村民，到晚上9点，我们还在山路上行走，双腿像灌了铅，快走不动了，又坚持半小时，终于看到山坳上的灯光。进了小山村，我们敲开一户人家的房门，讨了点白糖，兑了一碗糖水。喝毕，户主拿出肉干，我们和着糌粑吃下，慢慢恢复了体力。那个漆黑的夜晚、温暖的被褥，是我终生难忘的。

调查者与报道人互为主客体，彼此由陌生到相识。过去我在粤东北客家农村调查从未遇到这么大的挑战，现在的困难是以往的几倍，唯有努力适应环境，尽力与当地人沟通。

我在秀吾岔谷调查了将近半个月，观察了20多户，记录家庭琐事，拍摄全家福。可惜的是，白天多数家庭成员外出干活，拍到的全家福照片委实有限。就是在这种无怨无悔的求索中，我积累了许多原始资料，经过梳理分类，同其他地方的研究做比较，提炼新观点或理论模型。

这次我是在江雄河谷中段活动，调查了秀吾岔谷，相关内容记满了厚厚的笔记本，拍摄了十来个胶卷，为写文章、做讲座准备了鲜活的材料，并与村民建立了联系，为继续调研打了基础，下次可循旧路追访这些人家。我坐着手扶拖拉机从克西回杰德秀，一路上别提有多高兴。不过也有遗憾，那就是未去果吉岔谷调查，接下来要进行弥补，还要到江雄河谷下段的朗杰学乡。

我回到拉萨，听说李锦已归蓉，她才来了10天就回去了。9月上旬，我与官川同时启程。返穗后，我们各自整理材料。年底，格勒来广州开会，与我们见面，给每人发了一点购书费。翌年初，我提交了长篇调查报告，阐述西藏的官方组织与民间组织，对当地社会组织进行传统与现代的交叉分析。完成规定任务后，我才动笔撰写关于江雄的论文。

三、援藏干部李登贵

1999年8月，我在拉萨团结新村认识了李登贵。他年逾四旬，额头宽厚，头发微谢，1989年考到北京大学读研究生，毕业后在中国社会科学院哲学研究所办刊。我见到他时，他刚援藏1年，被任命为《西藏研究》汉编部的执行编辑。他告诉我们："西藏社科院清出许多旧书刊。"

翌日下午，官川拉着我去找他，我们两人各自选购了一些书。从此我与李登贵来往渐密，谈吐中觉得他颇有抱负。

当时李登贵想提升刊物质量，但苦于很少有真才实学的稿件。他看到我蹲守村里调查，那么接地气，不禁眼前一亮，告诉我，该刊创办了18年，专门发表藏学研究成果，是了解西藏和藏学研究成果的交流园地。他鼓励我多写，还告诉我他的几点创新：第一步，从提高编辑人员的鉴别能力和编校水平入手，每期组织一次讲评会，剖析编审工作中出现的问题；第二步，制定规章，量化编辑工作，配合奖惩措施，扭转吃"大锅饭"的局面；第三步，实行追校制，将"关系稿"与责任编辑的考评挂钩，改变以往由个人拍板的审稿制，让稿件置于编辑部共同监督之下，堵住来路不正的稿件；第四步，减少刊物的虚高印数，减轻库存压力，降低印刷成本，节省下来的经费用于提高稿酬和编辑待遇。他把内地办刊经验搬到了边疆，减少了空洞乏味的稿子，增加了学术稿件的比例。他还下功夫抓细节，如封面与版式设计、下厂送稿跟校、签发稿酬、邮寄样刊等。

李登贵的住所门口有个花园，我们曾在那里讨论学术问题（见图3-2）。我看得出他很在乎稿子，就向他介绍赴藏的调查内容。我说多偶婚是个古老而常新的话题，我在江雄的田野研究可为国内外学者开拓一片天地，还具体介绍了自己如何走上婚姻家庭、亲属关系研究之路，谈到从家庭结构与社会结构去研究多偶婚的意义。他听得眼睛发亮，打算在《西藏研究》上开辟论坛，刊登婚姻家庭方面的文章。

图3-2 我与李登贵（摄于1999年9月）

多年来我时常告诫自己：勤于动笔，"勿以善小而不为"。为了写报告要多写短文，为了写论文要多写报告。可是，当我驾轻就熟时，文章却发不出来。《西藏研究》虽属地方刊物，但专业性极强，同样需要好文章。承蒙有人看得起，我要珍惜，不令其失望。经过深思熟虑，我从抽屉里找出一篇陈稿，用新的调查材料糅合，熔炼出一篇新作①。我将此文交给李登贵后，他全文照登。我再接再厉，用新材料写成两篇文章②，他照登不误，足见对我的信任。我的田野调查在投入与产出上有了一个良好的开端。通过这个事例可以看到，各行业的相互提携对于各自的发展是多么重要。

李登贵援藏已经两届，打算 2002 年期满就回内地。他手头还有我的一篇译作③，也在他负责的最后一期发表了。由于《西藏研究》上刊登了我的几篇文章，编辑们对我耳熟能详。在他离开后，该刊还用了我的 3 篇译作④。

2005 年，我接到他的电话，称正在撰写一部长篇小说⑤，内容是在西藏碰到的各类人物趣事，已有几人答应提供素材，希望我也慷慨支持。这个电话开启了我的灵感：何不写一本对西藏田野工作的反思作品呢？

回穗后，我仔细考虑了上述想法，轻轻地吐了个字："干！""亡羊补牢，犹未迟也。"我决定先把上次与本次调查的经历记录下来，之后每次调查都要坚持对过程的复述，留下原始素材，才有可能写自传。当时我比较年轻，任重道远，深知应专注于调研，不仅要关注多偶婚，也要顾及其他文化因子，开展抢救性调查，个人的经历只是副产品。这两项任务长期而艰巨，需要家人的理解与支持，并且不能再受雇于人，要独立申请研究项目。

---

① 坚赞才旦：《论兄弟型限制性一妻多夫家庭组织与生态动因——以真曲河谷为案例的实证分析》，《西藏研究》2000 年第 3 期，第 9 – 22 页。
② 坚赞才旦：《真曲河谷一妻多夫家庭组织探微》，《西藏研究》2001 年第 3 期，第 28 – 34 页；坚赞才旦：《真曲河谷亲属称谓制探微》，《西藏研究》2001 年第 4 期，第 10 – 18 页。
③ ［美］戈尔斯坦著，坚赞才旦译：《利米半农半牧的藏语族群对喜马拉雅山区的适应策略》，《西藏研究》2002 年第 3 期，第 113 – 120 页。
④ ［美］戈尔斯坦著，何国强译：《巴哈里与西藏的一妻多夫制度新探》，《西藏研究》2003 年第 2 期，第 107 – 119 页；［美］辛西亚·M. 比尔、戈尔斯坦著，坚赞才旦译：《西藏的兄弟共妻：社会生物学理论的试验》，《西藏研究》2015 年第 6 期，第 54 – 62 页；［英］埃德蒙·R. 利奇著，何国强译：《再谈婚姻的定义：尤以一妻多夫制、继承权及僧伽罗人的习惯法为例》，《西藏研究》2018 年第 2 期，第 82 – 89 页。
⑤ 穆戈：《藏漂》，北京：东方出版社，2012 年。

四、二次进藏的反思

西藏的田野调查周期长，需要远见笃行的素质，以毅力为支撑，拿得起放得下。过去我在粤东北客家地区时，就有到了调查地给家里报平安后便心无旁骛的习惯，西藏遥远，更需要排除干扰，何况我是去偏僻的地方，信号不灵，手机打不通，客观上也必须安心；所以我长期不用手机。我深知自己实证经历少的不足，"吃了秤砣铁了心"要弥补。田野工作者要像潜水员那样，背着氧气瓶下水一沉到底，完成任务才浮上来，如果经常出水换气，就会事倍功半。

我16岁当学徒，23岁考本科，29岁考硕士，40岁考博士。本、硕、博各考了2次，计6次。我求学曲折，做学问亦然。趋利避害为人之本性，谁不怕山高路遥，谁会想自讨苦吃？在西藏做调查经常会碰到危险，愿意吃苦与注意安全不矛盾，应怀揣一颗平常心，胆大心细，克服前怕狼后怕虎的心态。我自幼数次与死神擦肩而过，如今心态坦然，即使走在悬崖峭壁的羊肠鸟道上，也不会想太多。所以，过不了心理关就别去西藏做调查。

不少学者去到了西藏，可是局限在城市，我却向往乡村，住便宜旅店，搭便车。我还带着针线包，扣子掉了，衣服破了，自己缝补。凡事讲效率，走路一阵风。我不喜欢粗枝大叶者，但不轻易批评对方，自己做好就行了。西藏空气含氧量低，初期我患了支气管炎，胸部憋闷，吐痰带血丝，吃不惯糌粑、酥油，经常腹泻。即使如此，我也不会怨天尤人，而是细心摸索出一套做法：租当地人的卡垫休息；自带高压锅，在当地购粮，借当地人的炉灶煮饭，少吃藏民的食物，减少肠胃压力。

联想到带学生的情景，见到有的人贪生畏死，知难而退，自有一番恨铁不成钢的感受。所幸也发现几个好苗子，师生志同道合，共同追求理想，内心漾起一丝满足。

这次进藏我已45岁。回想起来，有人年近四十就想安定，不愿奔波，其中不少人头上顶着耀眼的光环。有人年近五十已经发福，不愿沉湎于田野场景。我有志于学术，自幼锻炼，身体精干，可随时下乡。我年近五旬时，已在研究领域提出独立观点，因此出国访学时颇有底气。有人曾问我："你经常外出，家人意见大吗？"其实我家人对田野工作的困难心领神会，都有个适应过程。事业与家庭之间的关系是辩证的。我们一家三口，各有目标，各人照顾好自己，尽量不牵累他人。我很少陪孩子去公园，时感内疚，夫人帮我弥补了这个缺憾。我注重培养孩子的自爱与自立，引导其树立正确的价值观，在成长关键期多与其沟通。我置身于西藏时，想到家里一切安康，工作起来便更加专心。

幸福与成功的测量尺度不能只看金钱与权力，不是有车、有房、有存款就好，还要从主观感受出发，毕竟鞋子是穿在自己脚上，个人偏重事业就事业优先、偏重家庭就家庭优先。优先不等于排斥其他。我钟情于田野研究，努力使事业和家庭并驾齐驱。以事业引导家庭，以家庭支撑事业。要进藏调研，写出厚重的作品，就必须忍辱负重，受挫时想到顺利，受冷落时想到热情，受制肘时想到支持，空手而返时想到满载而归。总之，人要有点乐观精神，才能活得超凡脱俗。

如果说单凭毅力就能进藏调查，那是错误的，很大程度上要靠专业，包括理论知识、调查技术、分析解读能力。

田野调查是一种阅读技巧。不同的人阅读同一个对象文本时，因条件的变化，结论可一致，也可不同。个人必须在文化的层层包裹中不被埋没，在强势文化与弱势文化的格局中站稳脚跟，保持中立性。藏族人研究本族文化，具备母语和体能优势，可能汉文与外文运用能力有所欠缺，如能补齐短板，跻身学术界赢得话语权是没有问题的。西学传入中国以来皆以汉文为载体，书籍刊物多是采用汉文，所以汉文与外文对中国任何民族的学者都一样重要。汉族研究他族文化，本身就有新鲜感，如果拥有懂得几种语言文字的优势，加强体能、毅力、作风和技术上的训练，肯定会做出成绩。语言、思维与技术彼此相维。每个人想要掌握除母语之外的语言文字都很难，这是平等的。无论是谁，都要老老实实地学，刻苦锻炼才能成功。

田野调查对专业提升大有裨益。我在讲学时喜欢铺陈事实，略微带点理论总结。我掌握的资料较多，汉、藏文献都有，唯独英文文献较少，所以想出国交流，带回前沿资料。每学期我都做几次讲座，与学生分享成果，期末让学生任意选专题完成作业。我的教学心得：一是注重基础训练，包括理论知识、动手能力和专业志向，动手能力和专业志向可以推动理论知识的学习。当然，这三项是应该同步培养的。二是培养研究志向，如每个学生撰写分报告或微型论文，在老师指点下开展研究。学与教共融就是师生共同劳动、共同挖掘问题的内涵，最终提升学生的思维，从不理解到理解。田野调查使毅力与技术一炉共冶。毅力差，技术不可能好。技术好，毅力也要强才能显示出技术来。

我在成都等待进藏时思考了研究风气的问题。做事抓紧，持之以恒，这是好习惯。前松后紧或前紧后松都不好。其中，前松后紧更加普遍，因为工作刚起步时还快不起来，所以时间资源损耗大，劳动效率不高，后续需努力抢回失去的时间。

西藏与内地之间有几条古驿道：出藏北羌塘草原，经唐古拉山和昆仑山；出林芝经独龙江、怒江到保山，再到昆明；出昌都南经澜沧江到德钦，过金沙江到中甸，再到昆明；循南北线跨澜沧江，再跨金沙江，进四川。后三条路线皆要通过横断山。从西藏到内地的路非常难走，原生态文化保留较多，这是我将研究重心由雅江转移到三江并流地区的原因。

我对格勒的印象颇深。作为藏研中心的领导之一，他必须为单位职工的健康负责，做好挂靠医院领导层的工作。作为学者，他必须"找米下锅"，研究经费到位后，若仅靠自身力量完成不了，还要请外人来帮忙。可见，今日的学者自有一番苦涩，因为做学问已不是昨日那种书斋式，而是既要甘于坐冷板凳，又要走出去全方位竞争。学者型的领导亦如此。我两次进藏都是受雇于人，自有一番酸甜苦辣的滋味。我在帮助人家做课题的同时，能够兼顾到自己的兴趣，萌生独立申请课题的想法，应该说是比较幸运的。由于认识到汉、藏研究者的优、劣势，了解到特殊婚俗的存在境况，我坚定了独立研究的信念。

马克思提到生产方式与生活方式的基本关系。生产方式包含生产力与生产关系两套内容：生产力指人们作用于自然的能力；生产关系指人们在生产中的关系——主要是所有制。生产方式有好多种，它们共存于一个社会，一个为主，其他为从。各种生产方式在发展上前后替代，在功能上互相弥补。生活方式建立在生产方式之上，有物质、制度和精神等方面的内容，全部由生产方式所决定并与之相适应，有什么样的生产方式就有什么样的生活方式。① 前面提到恩格斯阐发了两种生产理论：一种是人类生产物质生活资料，以满足人的生物需求（衣食住行）；另一种是人类生产人本身，以实现种的繁衍和社会延续。在任何社会，这两种生产都是紧密交织的，社会愈发达，第一种生产的比例愈大；社会愈不发达，对第二种生产，即血缘关系的依赖愈大。第二种生产需要婚姻制度作为保障，人类创造了多种婚姻形态，每一种归根结底都是由生产方式所决定的。② 所以家庭是婚

① ［德］马克思：《政治经济学批判》（第一分册），马克思、恩格斯著，中共中央马克思恩格斯列宁斯大林著作编译局译：《家庭、私有制和国家的起源·第一版序言》，《马克思恩格斯全集》（第三十一卷），北京：人民出版社，1998 年，第 412 页。

② 马克思、恩格斯著，中共中央马克思恩格斯列宁斯大林著作编译局译：《家庭、私有制和国家的起源·第一版序言》，《马克思恩格斯全集》（第二十一卷），北京：人民出版社，1965 年。

姻的庇护所。妇女生儿育女不仅延续着她们自己的生命，也是维持她们在家庭中地位的保证。婚姻属于上层建筑，家产属于经济基础，保持家产的完整性是兄弟共妻婚的客观需要，维持家产的完整传递是婚姻服务于生产方式的必然要求。

以上就是我此番进藏的思想收获。每迈一小步，都像童年时代过生日吃煮鸡蛋一样高兴；每迈一中步，都像儿时独立解出一道数理化题目一样兴奋；迈大步的感觉暂时未有。小步、中步孕育着对未来的祈求，也是积累自信和勇往直前的动力。

第四章　三探江雄河谷

跨越理想与现实的鸿沟，万里长驱赴西藏是实现美好愿望的新尝试，使我得到了想要的素材，获得了珍贵的感受。沿途的插曲增添了调查的情趣：无论是感受大山的沉默、拦车的幸运，还是骑毛驴的意外、在次旺家过夜、在惹拉山口看到的羊卓雍措仙境……一切的一切，都是我辛劳田野工作的点缀。

一、那曲草原的刻骨铭心

在教学单位，有的人"双肩挑"，一头挑科研，另一头挑行政。我也"双肩挑"，挑的是教学与科研。教学上讲理论，田野工作讲实际。二者彼此穿插，同时在汉、藏地区开展。藏族的先研究传统婚俗，汉族的始于客家生计模式，将来如有可能再行扩大。进藏需要充裕的时间，每次调查至少一个月，客家研究则可"零存整取"——以机动灵活的短暂调查，积少成多。任务多样，要学会"弹钢琴"，轻重缓急巧安排。

粤东北丰顺、五华与揭西三县交界的八乡山区有一种情人制度值得挖掘①，2000 年寒假，我指导两名本科生前往调研。不久，我也去到当地调查，通过复原历史背景和解构文化功能，解开这一制度的哑谜，为多种婚俗的比较提供了案例。暑假我有别的事情要忙，新学期伊始，通过加课、补课，我从教学活动中匀出 35 天，拖到 9 月底才进藏。

此次进藏有小学同窗老涂同行。他对摄影情有独钟，以前在陇西当兵，此番先寻找大西北的记忆，再进藏采风。我们是中秋节后离穗的，坐绿皮火车硬卧，第三天上午到兰州，在黄河上的中山桥边看白塔，下午登上开往西宁的列车，8 点半抵埗。

青海省社科院的拉毛措帮我们订好房间。翌日是周六，早晨，我们两人去了塔尔寺。周日下午，拉毛措约我们在清真餐馆见面。周一下午，我们参加了她主持的座谈会，与会者是该院藏文化研究人员。穆兴天（穆赤·云登嘉措）讲了自己在果洛的经历。他说白天报道人放牧去了，自己独自在帐篷等候，等到晚上牧民回来再进行访谈，可谈不了几句话，对方因为劳累就入睡了。我对他提出的问题做了回答，建议他看英文版的《田野调查技术手册》。他直言自己英语不行。他的话如锤子般敲击着我的心，

---

① 参见何国强：《1950 年前后八乡山区的情人风与改嫁潮》，《客家研究辑刊》2000 年第 2 期，第 61 - 69 页。

推动我后来翻译此书①。当晚，我们又乘绿皮火车，于周二上午抵达格尔木。

我们一出站就被拉客仔带到柴达木第二运输公司，买了两张到那曲的汽车票，老涂又买了个氧气枕。长途车在山谷中穿行，晚上停在西大滩，饭后继续上路。夜深了，乘客昏睡，车子无声无息地越过海拔4 767米的昆仑山口。9月19日早晨，车入雁石坪，海拔特高，引擎轰鸣，乘客反应强烈，车内一片呕吐，只有我、老涂和另外两位藏族人反应正常。窗外天气晴朗，雪山连绵，车内臭气熏天，有人推开窗玻璃换气，刺骨的空气"嗖"地钻进来，全车人一阵骚动，那人赶紧关严车窗。我转头望去，老涂脸色苍白，抱着氧气枕，把塑料管插入鼻孔补氧，车过海拔5 231米的唐古拉山口时，他已无力说话了。

一路下坡，早晨9点半，车停在一家饭店门口，前面30公里处是安多县城。远眺羌塘高原，雪峰连绵，荒原里散落着牛羊。下午5点，抵达黑河，此程还算顺利。

黑河又名"那曲"，处在丁字路口上，是藏北重镇，南北连接拉萨与格尔木，东接昌都。全镇有万余人，基础设施健全，饮食业"三分天下"，主要是藏餐馆（甜茶馆）、清真餐馆与川菜馆，少量是陇、陕、豫、滇等地菜色的小食馆。不久前，那曲药材公司派人到广州搞推销活动，老涂与单位同事接待了他们。今天，礼尚往来，对方领导招待我们吃晚饭，然后把我们送回旅店。待他们离去后，我们上街找澡堂，因那曲只有个小煤窑，燃料紧缺，旅店热水不足。

由于担心买不到车票，我们第二天起床后急忙赶往客运站，还好买到去拉萨的车票。上午9点半，我们坐上了27座的中巴车。

司机后面坐着一位藏族小伙子，我和老涂在小伙子后面就座，副驾驶座坐着一位操四川话的少妇，那里靠右窗，左边与司机平行，围坐着藏族乘客，不便聊天，她便与藏族小伙子互换座位，坐过来与我们讲话。交谈中我们得知她在那曲镇开发廊，丈夫在拉萨市，各自负责一间。此时阳光普照，清风拂面，司机播放着悠扬的音乐，乘客们都很轻松。

中巴车驶出拉曲镇15公里后，只见前方有一排车靠右抛锚。这是一条双车道柏油路，左边刚够一辆汽车通过。右边倒数第二辆汽车底盘下面

---

① 英国皇家人类学会编，何国强等译：《田野调查技术手册》，上海：复旦大学出版社，2016年。此书于2020年出了修订版。

有人匍匐在地修车，说时迟那时快，迎面一辆车对开过来，停在那辆车旁边，把公路堵死了，司机探出脑袋与修车人沟通。中巴车司机撤了几下喇叭，一面警告对开那辆车的司机赶快让道，一面继续以 50 公里的时速前行。

对开那辆车的司机未予理睬。眼看越来越近了，中巴车司机慌张起来，本能地踩脚刹。未减速，怎么回事？又猛踩几脚，还是没有减速。原来此车是液压制动的，昨天送去检修，修毕请人开回车站，今早司机没检查就出车了。老涂是汽车兵，有行车经验，可惜忙于在车内拍摄，未注意到危险，直到最后一瞬，才凭直觉伸手去拉手闸，可手不够长，只能眼睁睁地看着中巴车向车龙撞去。情急之中，司机为了避免与对开那辆车正面相撞，挽救全车乘客的性命，朝右打方向盘，右边车头"嘭"地撞到最后那辆车的尾部。车头的挡风玻璃"哗"的一声全部碎裂，刹那间，惯性把副驾驶座挤扁。冲击力波及主驾驶座，中巴车司机被方向盘紧紧压住，动弹不得，嘴角流出鲜血，估计体内器官受到损伤。副驾驶座上那位小伙子一个鹞子翻身跨出座位，一只小腿来不及抽出被夹住了。尾部那辆车受到中巴车的猛烈撞击，像多米诺骨牌一样冲向前面倒数第二辆车的尾部，卧于下面的修理工被车轮碾压过去，身受重伤。

老涂迅速拉开车门冲出去，生怕中巴车泄油自燃，其实在空气稀薄的高原是燃不起来的。吓得目瞪口呆的乘客纷纷下车。老涂引导车辆去抢救中巴车司机。我接过他递来的钢缆拴住中巴车车头，老涂指挥那车倒退，把被挤扁的中巴车驾驶室徐徐拉开，几位男乘客七手八脚托出司机。这时，车龙那边被车轮轧成重伤的修理工也被拉出车底，同车送往那曲医院。除了个别人搭顺风车回那曲以外，其他人都坐在草地上等待那曲客运站派车来接。

来往车辆纷纷从远处一条旧路绕行。那位小伙子跛着腿，后怕地说："幸亏今早出门念了经，不然厄运难逃！"那位少妇刚才被吓得脸色灰白，现在恢复了平静，动员我和老涂去旧路上拦顺风车，争取傍晚赶到拉萨。老涂问："搭货车要多少钱？"答曰："七八十元吧。"我与他面面相觑："那买的票怎么办？"少妇说："老乡，如果你们信得过我，可以把票给我，等我从拉萨回那曲时，退了票把钱寄给你们，如何？"她见我们没有说话，此时旧路那边缓缓驶过一辆大货车，便撇下我们，径直跑去。我们遥见她与司机交涉，不一会儿就上车走了。

肇事区完全堵塞。交通监管人员来到肇事现场，照相、拉皮尺量取数据、记录各方操作情况。那曲客运站已全部出车，站内无车，我们苦等了两个小时，才等来一辆大巴车载客开回客运站。因每天只有一班车到拉萨，工作人员劝乘客保留旧票，第二天乘车仍有效。

我和老涂雇了一辆三轮摩托车驶回旅店，将行李放在柜台对面，两人都不想耽搁时间，决定相机行事，在县城拦货车去拉萨。我主张先退票，如果拦不到车，再住一夜。到了客运站，在与售票人员一番力争后，我们艰难地成功退票了。

那曲镇平均海拔 4 500 多米，我们气喘吁吁地往回走，上坡时，老涂落伍了。我叫他别急，自己先去打探。路边加油站停着一辆蓝色的平头大货车。我见驾驶室有空位，就问司机愿不愿意带客，司机摇摇头。我瞥见清真餐馆门外有辆黄色的三菱牌平头大卡车，车厢满载货物，帆布覆盖严实，尼龙绳绑得绷紧。透过餐馆玻璃窗见里面有两人正在吃饭，估计是他们的车，我便向他们表达坐车的请求。两位回族司机明确表示不行。尾随而至的老涂亮出记者证，说明赶往拉萨的理由。他们会心一笑，仍不吱声，可能是在等待我们讲价。我问："师傅要多少钱？"对方不语。我按方才退票的价格说："两人 150 元，行吗？"两位仍不置可否。我断定他们嫌钱少，说："路上吃饭费用我们包了。"刚才说不行的那个人向另一个人挤了下眼，见他点头，就说："去拿行李呗！"我们把行李拿来，说话的这人爬上车厢，接过行李用绳子绑好，小件物品则放驾驶室。车轮滚滚，我们四个人上路了。我瞥一眼手表，已是下午 1 点半。

货车行驶在藏北高原上。极目苍穹，碧空如洗，近处的物体一闪而过，远处的风景缓缓移动。我们两人很快与司机聊熟了。那位急性子是马司机，另一位姓宝。货车向乌云翻滚的天边驶去，我和老涂此行意在追寻大自然，现在挤在狭小的驾驶室里，与大自然还有一定距离。暴雨来了，打得帆布噼啪作响，车厢上的行李被淋湿了。6 点，货车路过当雄县，再开 20 分钟，停在龙仁乡。我爬上车厢，解下行李，发现包里那本摩尔根的《古代社会》湿了一半。吃完晚饭，算账 60 多元。我拿出铝饭盒，示意女招待盛一些饭，把剩菜装进去，准备半夜停靠小店时加热吃。女招待接过饭盒，说道："现在的塑料饭盒美观实用，这个东西该进博物馆了。"我笑着说："我要去乡下，你知道吗？要是塑料饭盒不会被牛粪火烤化我早就用了。"

又上路了。马司机说，前面羊八井路段在改造，得从林周县绕道。不久货车驶离 109 国道，转走 202 省道。这是一条沙土路，有些路段烂得不行，货车慢得像蜗牛，车身颠簸不定，中后桥钢板压得嘎吱嘎吱响。晚上9点，我们进入旁多乡地界，货车中桥左边的主胎被钉子扎破了。荒郊野岭，宝司机开车缓行，驶到修理店补胎。11点，继续上路，翻山越岭。马司机不时探出半个身子，拧亮电筒，朝后查看，有时甚至爬上车厢检查。这段路窃贼较多，常趁上坡车行缓慢，窜上车厢卸货。宝司机说，要是给人掀掉一箱货，这趟运输就白跑了。我和老涂轮流在司机座位后面的铺板上睡觉。谁不休息，就跟司机讲话，以防他们打瞌睡。两位司机轮流开车。9月22日早晨8点半，我们熬到了拉萨。

付给两位司机捎脚费后，我和老涂坐的士到达团结新村一区128号。管理员刘跃海给我们安排了一个房间，并告知格勒已带了几个人来。中午，吃着刘师傅做的饭菜，对比路上饥一顿饱一顿的生活，老涂有点感慨。我给李皓打了电话，约好下午5点见面。

翌日上午，我去色拉寺拜见师父坚赞夏加，在那栋熟悉的大房子里只见到师兄坚赞土多。土多来自墨竹工卡县，身材消瘦。他说师父圆寂了，2月上旬过完藏历新年走的。我悲从中来，买了两条哈达，献在师父灵前。他的灵塔在大殿里，由金箔包裹，有几米高。我们师兄弟拜谒后，在大殿门口合影。我给师兄一些钱，请他明年代我焚香磕头。

晚上，我和老涂去拜访李登贵，却听说他去甘当寺了，想利用国庆黄金周沿着到林芝的公路远足，于是我们也去了甘当寺。我们回到工作站后，碰见格勒与扎呷。由于刘跃海已事先告知，双方都不感到意外。

二、江雄河谷中上段散记

就要下乡了。24日下午，我们买了苹果、红糖和压缩饼干，做好准备。25日早晨，我们坐上一辆31座的中巴车，10点半，在贡嘎县城岔路口下车，去县政府大院换牒。我们又见到胡洪舟，他已不做办公室主任了，挂副县长职务。他关切地问："还是做上次的课题吗？"顺便告诉我们，援藏期将至，他要走了。胡副县长把组织部部长巴桑旺堆叫来，让他打电话给杰德秀镇，自己便忙去了。这就是权力的象征，上次找他换牒，他要请示领导，这次他是下命令。巴桑是位年轻人，办妥手续时已过12点半。我们邀请他吃饭以示酬谢。

贡嘎书记安排我们暂住在二楼会议室。下午6点，他挟着一床被褥，带我们两人上楼，将四张藏式桌子并排，铺上卡垫，作卧榻。被褥散发着浓烈的汗臭味，我用床单隔开，与老涂一起躺下，看着四壁悬挂的锦旗，很快进入了梦乡。

第二天，雄鸡报晓。我和老涂收拾妥当，身披阳光、脚踏雨露出门了。我们走访了一家又一家，拍照、聊天、喝茶、吃糌粑。傍晚，我们到鲁康街的藏餐馆吃面，然后回会议室休息。我问老涂："藏区的滋味怎么样？"他啧啧称赞："没有几个人能在这种环境中坚持下去！"三天后，我们去克西村。我问贡嘎书记要译员。他说："丹达还住在那里，镇里又派了班觉为驻村干部，他们俩会帮助你的。"每天下午2点半有一班从朗杰学乡到贡嘎县城的中巴，停在鲁康街上，车上有27个座位，乘客与货物都塞满了。婴孩大声号哭，大人沉默不语，全车人都在等待。西藏农牧区的现代交通工具就是这个水平，惯于城市公交系统的人一般适应不了。我跟司机说："再不开车，孩子要出问题的。"车终于启动，我们在克西大院门口下车。

助理员尼玛被调走了，丹达夫妇与洛桑夫妇还住在原处。班觉三十出头，皮肤黝黑，身材魁梧，住在尼玛住过的那间房。他是镇政府指定的工作站负责人。根据我提出的要求，他把我们安排在这座大院后面的一个小院落里，那是克西村委会驻地，里面有一间大房、一间小房。大房四面靠墙处放着一溜藏式沙发，可坐可睡。小房住着一老一少，老头看门，负责挑水、烧开水，少年是他孙子。我希望丹达与班觉能协助调查，洛桑每天给我们做一顿晚餐。对于他们的劳动付出，我们都会给予报酬。班觉无暇。丹达当了两天译员，提出下次带个望远镜给他。由于译员难求，这次仍不能去果杰村调查。

这几天，我与老涂早出晚归，在秀吾岔谷活动。我们早晨吃压缩饼干、喝开水，包里装点干粮，挎上军用水壶就出发，中午在村民家打尖，走不动就啃点红糖，傍晚回来先去洛桑的医务室吃晚饭，再回小院落休息，那里有开水，可洗脸、烫脚。睡觉时，我们两人呈一字形躺在藏式沙发上，头顶对头顶。老涂惦记着去山南与日喀则摄影，第三天早晨，他登上了由朗杰学开往贡嘎县城的那辆中巴车，临走前把背包里的苹果、巧克力给我。我留在原地，白天调查，夜里与那对老少为邻。洛桑要照顾孩子，不再做晚饭了。我从小卖部买了一些本地农民交售的鸡蛋，傍晚用铝饭盒煮熟，外加一包方便面，每天吃一个苹果。

隔壁有间平房，是普布次仁租赁的。他是江孜人，现年43岁。他16岁时到江孜卡垫生产合作社当学徒，19岁那年，该合作社转为地毯厂。他20岁时应征入伍，当了两年兵，1979年复员回厂，结婚成家，之后被派去苏州毛毯厂学机梳。因厂里效益不好，他于1989年主动下岗，离开江孜到拉萨工作，每年带1名徒弟，12年间共带出12名徒弟，教会他们梳毛技术。1999年，因合同期满，他揣着6万元补偿款告别了拉萨地毯厂，用5万元买了1台青岛生产的梳毛机，开起私人作坊，每加工1公斤羊毛收费3元。不幸的是，因下岗前的部分档案丢失，他在江孜地毯厂的16年工龄失去凭证，无法索取退休费，损失了6 000多元。

普布次仁采取分散营业的方式，先在拉萨办厂，接着来江雄考察，发现新的办厂点，总结出以下优势：①手工梳羊毛潜藏着机梳大市场；②农村电价低（8角/度），房租便宜，一间约100平方米的房子月租100元，可将房间隔成两半，大间做机房，小间做寝室；③作坊设在乡下，没有附加费。第一点可以薄利多销，后两点可以大大降低生产成本。于是他又买了一台梳毛机，让妻子卓玛与19岁的儿子在拉萨照料业务，自己到克西村创业，并压低加工费，加工1公斤羊毛仅收费1.7元，但利润并未减少。梳毛机节约时间，可提高纺织工效1倍。江雄河谷3个乡镇，连同机场附近的甲竹林乡，人们奔走相告，带着羊毛找他加工。秋收后顾客特别多，需排队等候，因此机器不停，24小时开工。估计1年可赚回机器成本。

普布次仁的寝室有个火炉，我常去他那里煮晚餐，顺便听他讲信仰与人生。普布次仁说，以前他染上了烟、酒、赌等恶习，有了家室后，去尼泊尔拜佛，到达兰萨拉听高僧讲经，经过反复思考，听从守戒的规劝，远离了不良嗜好。

中午，我在去秀吾村的路上碰见一位藏民赶着毛驴，便想一试身手。我请他牵过来，翻身跨上驴背。那驴不习惯穿汉装的陌生骑者，我还没有接过缰绳，它就惊得挣脱主人手中的缰绳，跑得飞快，一尥蹶子，把我甩下。幸好我背着单肩摄影包，双手撑地时摄影包垫了一下屁股，没有摔到骶骨，尾椎骨也没有受伤，只是手掌磨破皮，手表链挣断了。我在西藏骑马、骑驴摔过好多次，从不畏惧，一有机会就要骑。

10月3日，在克西村的调查告一段落，下午4点半，我们乘中巴车到达海拔3 760米的朗杰学乡，在政府大院见到伦珠书记。我递去介绍信后提及县里的巴桑旺堆部长，并问："能否给我安排一位译员？我要在江雄村调查一周。"伦珠是位慈眉善目的开明人士，从教师岗位招聘上来，办事能力强。他让文书顿珠次仁陪我下乡。顿珠28岁，6年前从武警部队复员后到了东拉乡，刚调到本乡1年。伦珠家在江雄村，他让司机扎西将我与顿珠送到江雄村委会，再送他回家。

村委会的石头房子建在山冈上。伦珠帮我提包，顿珠抱着他自己的行李，我们三人走进石砌院落，几只野鸽应声钻出屋檐，拍打着翅膀飞向原野。院里有个小卖部，堆满大米、烟、糖、酒等物。店主叫旺堆，把来客带上二楼，拐进一间大房，房内摆设与克西村委会一样，藏式沙发一应靠墙，上面铺了卡垫，墙角摞着被子。旺堆整理好床位后下了楼。伦珠与我寒暄一番后也转身走了。这时来了一位年过六旬的长者，顿珠对他说："丹达，晚饭弄点好吃的！"老头颔首，到院子后面掐了一把小白菜，叶子上尽是虫眼，看得出没有淋化肥、农药，接着舀米入锅。我从窗户望出去，目光掠过屋顶，停留在河谷。这里临近河源，朗杰雄曲的两岸向山边靠拢，谷底狭窄，溪水潺潺，一片静谧。天黑了，电灯昏暗，高压锅溢出米饭的喷香，那盘白菜是在海拔近 4 000 米的园圃中长大的啊！今晚真幸运。我满意地看了一眼顿珠，他却嘟囔着明天要跟村民买鸡蛋。晚上，来了一位 30来岁的男子，我们四人围坐。丹达介绍，江雄有 5 个村组，沿着狭长的河谷由下往上分布，江雄三组在中游，是丹达的老家。西藏民主改革时，江雄村有 100 多户，两性比例平衡，1966 年该村与朗他村合并成立公社，有 153户，多偶家庭约占总户数的 11%，其中兄弟共妻家庭 15 户（均为两兄弟共一妻）、姊妹共夫家庭 2 户（均为两姊妹共一夫）。经过 1976 年至 1977 年的整顿，兄弟共妻家庭大为减少，基本上是好说好散，和平分家，即两夫留下一夫，孩子全部留下，出走的丈夫另组家庭；极少数是争吵分家，家产与孩子对半分，由妻子决定跟谁过日子，一般都是跟大丈夫过，二丈夫带着另一半家产或孩子重组家庭。

翌日上午，顿珠陪我在下游的江雄一组访问，特别探访了兄弟共妻家庭。各村有几例，比例不高，与丹达的描述有出入。中巴车停在江雄一组，原来司机就是车主，还是行兄弟共妻婚的。司机是弟，家有兄，兄务农，弟开车跑运输。这种家庭 5 个村组各有一例，比例不算高。接着，我们拜访了 70 岁的老乡长旺扎，他说"文革"期间不准成立多偶家庭，已成立的也不拆散，多偶家庭不是两兄弟共一妻就是两姊妹共一夫，夫妻最多三人，基本上是自愿结合，有两三户是双方父母决定的。旺扎否认 1976 年至 1977年发生整顿多偶婚的事件。由此说明调查有个技巧，同一件事要问几个人，单个问了最好还要小范围确认，因为人的记忆会出错。

三、从江雄村走到张达村

朗杰学乡的两条岔谷构成"Y"字形，江雄村在左岔谷，朗他村在右岔谷，各有一条小路通向不同的山口，翻过山口就是浪卡子县了。立于山口俯视羊湖，可看到美丽的风景。沿左岔谷走到尽头，翻过山去是张达乡，沿右岔谷走到尽头，翻过山去是东拉乡。1970 年以前，张达与东拉都属浪卡子。浪卡子是个牧业县，贡嘎是个农业县，东拉后来划给贡嘎县。我决定农区要看，牧区也要看，如果两个山口只能爬一个，就先沿江雄村的左岔谷走上去，再翻过惹拉山口到羊湖边，调查牧区的多偶婚。后来，右岔谷我只走到朗他村。"Y"字形的两条岔谷都跑了，农业县与牧业县也跑了，认识了两种不同的生产方式。

据 1999 年数据，朗杰学乡人口 6 563 人，男女比例 100∶100.01（女比男多 23 人，在老年组特别明显），共 1 111 户（户均接近 6 人）。劳力 3 050 人，男女不均衡（135∶100），男比女多 450 人。这是否为行兄弟共妻婚的原因，尚需参看别的资料。耕地 1.5 万亩（户均 2.3 亩），羊 3 万只（户均 27 只），大牲畜（牦牛、黄牛、犏牛、驴、骡、马）1 万头（户均 9 头）。1999 年产值 826.4 万元，其中农业 300 万元、畜牧业 330 万元、副业 196.4 万元，三者比例为 3.6∶4∶2.4，人均产值 1 259.2 元。

全乡有 4 个行政村，其中：江雄村人口 1 351 人，男女比例 100∶94.9，（男比女多 35 人），有 275 户（户均 5 人），劳力 510 人（男 291 人，女 219 人），耕地 1 080 亩（户均 0.8 亩），羊 8 700 只（户均 32 只），大牲畜（牦牛、黄牛、犏牛、驴、骡、马）1 340 头（户均 5 头）。1999 年产值 183.4 万元，其中农业 45.9 万元、畜牧业 110 万元、副业 27.5 万元，三者比例为 2.5∶6∶1.5，人均产值 1 358 元。[①] 这说明江雄村的牧业成分要多些，因此殷实之家要少些，不如农业成分较多的乡村。多偶婚的家庭规模，前一种社会一般是两兄共妻，后一种社会也是两兄共妻，但有三兄、四兄甚至五兄共妻的现象。

早晨，我离开江雄村委会，乘车返回朗杰学乡开公函请张达乡协助。伦珠书记不在家，会计白玛旺堆不肯开证明，说要伦珠同意才行，我就请他派车送我去朗他村。顿珠陪我前往。到了只有 35 户的朗他村，据村委会主任介绍，全村有五六户兄弟共妻家庭。我们访问了一户，在路边意外碰到一位熟人，上次见面时他在克西乡小学任民办教师。他说被学校解聘后买了一台手扶拖拉机自谋生路。

我们回到乡政府，伦珠仍未归，顿珠和白玛旺堆商议后决定打电话请

---

① 数据是 2000 年 10 月 4 日由朗杰学乡政府提供的。

示，伦珠同意由顿珠执笔为我开一张藏文写的证明。我打电话问老涂身处何方，是否愿意同去羊湖，可他已飞回广州。

中午，我们在白玛旺堆家吃包子。白玛旺堆1953年生于山南地区琼结县，18岁参加工作，以前在浪卡子县张达乡，每次回老家都要在杰德秀中转。江雄与张达之间自古只有一条路，一来二往，他认识了江雄五组的央金姑娘，私订终身。旺堆家男孩多，央金家是纯女户，央金告诉旺堆，父母希望他入赘。1974年，两人结婚。等于男方"嫁"儿子，女方"招"姑爷。央金还有一妹，名叫央娜，年仅2岁，姊妹相差15岁，即央金1957年生、央娜1972年生。央金父母与旺堆有约在先，央娜成人后跟他生活。

让两姊妹同招一个姑爷基于三点考虑：①本家殷实，创业不易，守业更难，要有可靠的人继承家业；②旺堆高大英俊，忠厚老实，办事可靠，会持家，将女儿托付给他比较放心；③旺堆是国家干部，收入稳定，社会地位高。

央娜17岁时，央金挑明此事，但并不强迫她，由她自己选择。江雄河谷尚早婚，女孩10岁就有人提亲，不过央娜10岁至17岁时都没人提亲，因为村民大多认为央娜是旺堆的人。7年间，水到渠成，央娜对旺堆产生了感情，此时再挑明终身大事，她就容易接受。1994年，央娜与旺堆开始夫妻生活，旺堆与央金仍是夫妻。旺堆与央金育有两子——扎西（1975年生）与次仁（1979年生）。旺堆与央娜育有一子一女——次央（1996年生）与平措（1999年生）。平措出生那一年，旺堆从张达乡调到朗杰学乡。现在旺堆和央娜住在乡政府大院，央金住在老家。旺堆与两个妻子的关系以及两姊妹之间的关系都很好，4个孩子叫旺堆"爸爸"，叫各自的生母"妈妈"，叫生母的姊妹也是"妈妈"，而不叫"姨妈"。称呼人与被称呼人心里都明白此"妈妈"和彼"妈妈"的含义不同。旺堆不是党员，但他身体好，不怕苦，事事走在前面，人缘好，关键时候没有人以婚事来挑剔他。

午饭后，我想回江雄村，便出外溜达，向路口店主打听前往江雄的车。店主说早晨中巴车司机跟他说车有毛病，到县城下完客后要开到拉萨修理，估计今晚回不来。我想，如果回不了江雄村，就在乡里住一宿吧。

过了一阵，我又去溜达，店主说中巴车修好开回来了，停在前面的打谷场，可能还没出村。我马上赶过去，结果空空如也。莫非开走了？我正思量着，一个高大的汉子走来，他满腮胡须，孔武有力，给人憨厚的感觉。他刚从杰德秀走了6个多小时回来，也是听说有车才赶过来的。他不懂汉语，我不懂藏语，两人只好打手势。我提议，如无中巴车就合租拖拉机，这样还是比较划算的。

下午 5 点半，我们两人分头找拖拉机，没料到中巴车倏然而至，真是福从天降。我们上了车，见到一男一女。男的名叫索朗，是贡嘎县实验中学的教师，老家在江雄二组，女的是他同事，两人懂汉语。索朗告诉我那个汉子名叫扎西次旺（见图 4-1），1953 年在江雄五组出生，到江雄二组入赘。靠着索朗的翻译，我和次旺交谈起来。我想雇他当向导，到张达乡去，再租一头毛驴为坐骑。他提出的人畜雇佣费并不高，我点头赞同。

图 4-1　向导扎西次旺

次旺请我住到他家，明早 6 点好早起赶路，要是住在村委会，只能早晨赶过去碰头，容易误事。这条山路全程 25 公里，起于江雄村委会，翻过惹拉山口下山，经张达水库，终至张达乡政府驻地多玛村。后来得知，2010 年，从江雄一组开始，向上修了一条土路，算作延长的 305 县道，沟通直拉山两侧。我曾在网络上看见一张帖子，是对此处路况的描写：

2018 年 6 月，下午两点，我骑 250 排量摩托车带一人加挂三箱（两边箱、一尾箱）离开泽贡高速公路（G349），驶上 305 县道，半小时后到达朗杰学乡，共 17 公里的单车道水泥路面。之后是 7 公里的泥土石头路，间有涉水路段，半小时到江雄水库。然后爬山，过山隘，下行到张达水库附近，右转驶上 306 县道，到张达乡后返回。若以两座水库为界，36公里的里程，去时上陡坡开一挡全油门，还侧翻多次，上不去则退后十几米加大油门冲过，回时有5公里路下车推行。来回72公里路走了6个小时。

我们4人从村委会的石屋路过，穿行在田间。江雄二组村民正忙于秋收，割倒青稞，捆好，码成堆，运到打谷场。分别时，我请索朗和次旺确认明天去什么地方、报酬多少，次旺听了点头称是。

到了次旺家，他的妻子桑姆和两个孩子迎了上来。我打开旅行包，给他们分发小礼物。不久，次旺和桑姆之间爆发了争吵，可我听不懂藏语，只能选择不吭气。

夫妇俩发完火，一切归于平静。桑姆可能属于刀子嘴豆腐心的类型，此时脸上漾起笑容，给我端水倒茶，支使孩子叫我吃饭。我谢绝了，拿出铝饭盒和方便面，借火炉煮熟。晚餐后，次旺安排我睡在天井旁边的屋檐下，那里有张床。桑姆从藏柜里拿出几床毯子，替我铺好。

我半夜醒来，感觉面部冰凉，身上盖着三床毛毯，压得喘不过气来，但不敢掀开，生怕感冒。借着电筒光，我看见次旺睡在墙边楼板上，妻子睡在过道上。他们身下仅垫了一床卡垫，上面盖着一床毛毯，可能是基因的关系，他们毫不惧怕寒冷，如同生活在北极地带的因纽特人。早晨5点半，我起身穿衣。少顷，次旺起来了。桑姆仍在梦乡。我问次旺是否生火弄点早餐，他摇摇头，指着前方做出吃饭的样子。我明白了，昨夜他说过半路有个村庄，他姐姐住在那边。我们两人轻手轻脚地开侧门出去，此时不到6点。我面向次旺，双手在脑后竖起，比画着毛驴耳朵的动作，他漠然向前。我跟了一程，发现没有毛驴，又做了一个伸手在胸前拉缰绳的动作，他摇头，示意没有驴子。我冷静一想，田野调查本来就是用"脚"走路，而不是用"手"抄录，杨成志提倡的方法不就如此吗[1]？

在简短的交流中，我方知昨晚吵架的原因：次旺说翌日要牵毛驴，桑姆不让，因为地里的青稞等着驴子驮，再说毛驴爬山不及牦牛，江雄四组、五组不养牦牛就因山势险峻，毛驴负重爬陡坡脊椎易受伤。

仰面是海拔4 000多米的山路，走得气喘。到了9点，我们已走了五六公里，停下休息。我拿出两个苹果、两块压缩饼干，递给次旺一半。补

---

[1] 杨成志：《乳源瑶族调查资料汇编·序言》，《杨成志人类学民族学文集》，北京：民族出版社，2003年，第523页。

充能量后，继续行走。10 点，见到一所小学，国旗在蔚蓝色的天幕下飘扬，到了江雄五组的地望。这里有查村、朗达村和芝村 3 个自然村，每村 4 户人家，共 12 户、65 人（男女人数接近），耕地 10 亩，大小牲畜将近 600 只（头、匹）。我在芝村见到次旺的姐姐白玲和姐夫西若。西若身高一米八，53 岁，原在地质队工作，46 岁提前退休，按月享受 1 700 元退休金，如不退休，每月有 2 000 多元。两夫妇生育了 5 个孩子（4 男、1 女），老大 20 岁，老五 4 岁。西若长年在野外勘察，成家较晚，是江雄的特例。

西藏偏僻的地方时有抢劫发生，西若走南闯北，提醒我山口偶有歹徒，可将贵重物品存放于此，待返回时取走。我想：万一要从张达村回拉萨呢？再说身上只有几百元及两部海鸥牌单反照相机，生死有命，富贵在天，何况还带着母亲给的"护身符"呢！我们告辞后继续前行。一小时后，我爬上一片阳坡，此处海拔 5 600 米，与惹拉山口垂直落差 100 多米。我的心脏咚咚狂跳，我不敢坐下，怕起不来，一边站立歇气，一边环顾四周。山峦柔和起伏，令我的心绪安定下来。我又挪动步伐，坚持走了 20 分钟，爬上惹拉山口。

最先映入眼帘的是海拔 7 191 米的乃钦康桑雪山，继而是一洼蓝水，那就是羊湖，多美的堰塞湖啊！湖面海拔 4 000 多米，周遭山脉的融雪、地表水与地下水持续补给水源，带来钠、钾等微量元素，因水气不断蒸发，保留了矿物质，湖水微咸，不同时刻的光线照耀着湖面，折射出不同的色彩。到羊湖的游客多从东面那条 306 县道进来，那里没有在惹拉山口看到的景致美妙，原因有二：①山路两边立有一个个玛尼堆，山下水平如镜，耳边伴着风声，恍如仙境；②湖岸线蜿蜒曲折，支离破碎地连在一起，山作耳轮，湖为耳坠，彼此衬托，给人极大的视觉冲击。

看了一阵风景，我们开始下山，走了一个半小时后，只见四面是牧场，畜群中混有一些放生的牛羊，牦牛角、尾巴上拴着布条，绵羊背上染了颜色标记。快到湖边时见到一个大坝溃塌的水库，那就是张达乡水库。再走半小时上了公路，路边散落着几个小村庄，是张达行政村的村组，田里的青稞黄灿灿的。路过江雄四组的一幢民居时，次旺示意："这是我外甥西若家，今晚我在这里歇息。"他问我住哪里，我说到张达乡政府再说。乡政府在前面 1 公里的多玛村。经过西若开的小卖部，我付给次旺此行费用，补充说："虽然没有毛驴，但你帮我背了一个包袱，多补偿你 10 元。"次旺高兴地买了一瓶啤酒自我犒劳。次旺把我送到乡政府，乡长与书记都不在。两三天后回到拉萨我才发现，在之前的忙乱中，我把母亲给的"护身符"弄丢了。

羊湖风光旖旎，无奈海拔太高，容易使游客疲乏、食欲下降，对我却影响不大。来客大都经岗堆镇，越冈巴拉山到达东拉乡，60余公里，匆匆而过，这种旋风式的访问给羊湖带来的好处委实有限。浪卡子是个贫困县，气候与海拔影响农牧业，全年无霜期短，一年播种一次。湖岸远处全是山峦，越是离湖岸远的山峦海拔越高（平均 4 500 米），无霜期更短，降水更少，作物只能用早熟种子。羊湖附近各乡面临三个发展瓶颈：发展农业缺乏水源；发展牧业缺乏草场；发展第三产业交通不便。这三个瓶颈不约而同地指向电力，有电则可建泵站，把湖水引上山，排涝湿地，灌溉坡地，使农牧经济增长强劲。

张达乡距东拉乡 27 公里，平常多是货车进出，过年才有客车。据 1999 年数据，张达乡人口 3 443 人，男女比例 100∶111（女比男多 175 人），计 566 户（户均 6 人），其中，劳力 1 893 人。耕地 3 420 亩（人均 1 亩），草场 47 万亩（人均 136.5 亩），大小牲畜 3.5 万多只（头、匹），这里面羊有 30 315 只（户均 54 只），大牲畜有 4 784 头或匹（户均 9 头或匹）。当年产值约 467 万元，农业、牧业、副业依次为 98 万元、217 万元和 152 万元，三者比例为 2∶5∶3，[①] 人均产值约 1 356 元。副业主要是经商与打工，年景不好时农牧皆受损，粮食只够维持半年，风调雨顺时粮食能够自给自足，牲畜膘肥体壮。粮食缺口的 30% 靠牧业与副业弥补，20% 靠县里调拨。农产品（粮食、油菜、土豆、芜根等）供家里人与牲畜使用。

张达乡有 7 个行政村，其中张达村最大。1999 年，全村人口 1 358 人，男女比例 100∶99.1（男比女多 6 人）。劳力 806 人，男女比例 100∶100.5（女比男多 2 人）。耕地 2 547 亩（人均 1.9 亩）。全村多偶制家庭 5 户，其中两兄弟共一妻 4 户，两姊妹共一夫 1 户，前者劳力多，后者孩子多，经济优势一目了然。前者一般是兄娶一妻，如弟与此女相合则共之，如不相合则另娶。2006 年，全村人口 1 300 人，220 户（户均 6 人），副业收入增加，农业、牧业、副业收入比例为 2∶3∶5。[②]

对比前面的数据可知，张达乡与朗杰学乡的男女比例正常，产业结构有差距，人均产值较为接近，各项数据最接近的是张达村与江雄村，这两

---

① 数据是 2000 年 10 月 6 日由张达乡政府提供的。
② 数据来自上海财经大学金融学院 2007 级学生益格列参加该校 2008 年"千村调查"所提交的报告《从农牧民收入的差异看教育的重要性——西藏浪卡子县张达村调研》。

村仅一山之隔，条件极为相似。

甲央是张达村的年轻人，高中毕业后回乡发展，父母拿出存款支持他开小卖部，现已赚回本钱。下一步打算贷款买车，既给自己进货，也给村民拉货赚运费，更长远的考虑是希望羊湖的旅游环境变好，以便让父母拿出一块承包地来盖房，一层做餐厅，二层做娱乐厅。他家的农牧业收入与其他家庭差不多，但副业收入很高，不是因为劳力多，而是受教育的影响，读书少的农牧民迈不出这一步。可见成人所需要的技能是由不同的教育体系塑造的。多数男村民没有读完高中，多数女村民没有读完初中。大多数读书少的村民相信世上总是需要人干体力活的，愿意成为受雇对象。即使是甲央这类完整地接受了高中教育的村民，虽然谋生技能不同，但是婚姻观没有改变，为了料理这个摊子，甲央两兄弟听从了父母的建议，合娶一妻，不分家产。

张达乡的村庄分散，调查必须租马，还要雇向导。乡政府招待所空荡荡的，只有一位管理员。我退了房，因为住在那里不利于调查。我去甲央家找次旺，这时，干活的男人们陆续回来了，告诉我农忙季节租一匹马价格太贵，牵马人的费用也不菲。我问："租你们家的马能便宜点吗？"答曰："50元是市场价。"如果租两匹马，我和马夫各骑一匹，这样一天要140元，而且马夫未必懂汉语，只能做向导，不能做译员。要是有时间，我愿意徒步调查，请张达乡政府出具证明，经杂日、东达、广嘎等村，到达东拉乡政府驻地吉久村，坐客车回拉萨。

从江雄来羊湖是想了解两地的联系，所见所闻已大致达到目的，应该见好就收，不然要耽搁好几天。晚上，我仍用铝饭盒煮方便面，吃毕，去找达娃罗布副乡长。他说，全乡基础设施差，没有1台电话，乡政府有1台部队淘汰的报话器。这里光伏发电效率差，全村晚上没有电灯，只有1台带锅底天线的电视机。

夜晚，我和次旺同住一房。次日早晨，我俩原路返回，返程先上缓坡，过惹拉山口一路下行。走了4小时，经过江雄五组时，擦村而过。我们在田间地头遇到一群收土豆的妇女，有三位妇女还带着孩子，显然是个互助小组（见图4-2）。又走了2小时，终于回到江雄村委会。我觉得腿脚酸痛，付给次旺钱，送他一条八成新的夹裤。次旺拿到钱后又当即买了一瓶啤酒，拧开盖，仰脖灌了一大口。我们走出村委会，他手拿裤子走了。我目送他远去，直到山角遮住他的背影。

图 4 - 2　在地里收土豆的妇女与孩子

四、返程途中的几点反思

过了两天，我坐中巴车出江雄村，经朗杰学乡、克西村，在鲁康街下车，碰见昌吉。我与她挥手道别，搭上过路的客车。

我在团结新村住了两宿，第三天早晨离开拉萨。一路上，我再度体验了 109 国道的颠簸。离格尔木还有 200 公里时，客车熄火，全体乘客下车推行，待引擎发动再重新上路。到了格尔木郊区，车又出故障，司机借着远处城市上空的亮光挥汗修车。晚上 9 点半，车终于开进城。

我随便找间旅店住下，从床下摸出脸盆，用肥皂洗干净，再装入热水洗脸。烫脚时我细算一下，从拉萨到格尔木走了 42 小时，比去程多 6 小时。之后我向人打听了一下火车站的方向。

凌晨 5 点我就醒了，一是心中有事，睡不踏实；二是想买卧铺票，害怕睡过头。房间靠近厨房，鼓风机嘈杂，想睡也睡不着。原想徒步去火车站，约莫走了 4 公里，还是招呼了一辆出租车坐到火车站。我走到售票厅时，见门口有个人，也是买票的。又是漫长的等待。7 点多时，多了几个人，大门开了，队伍移入。8 点开始售票，车开向兰州，下午 2 点出发，卧铺票很多，我买了一张。乘客大多是农民工，赚不到钱就少消费，很少人买卧铺票，与沿海和内地形成鲜明对比，只能说开源与节流异曲同工。

上午 11 点半，火车到了兰州。售票员表示没有到广州的直达车，我便买了下午到郑州的硬座车票。去到一间拉面馆，进藏时曾在此逗留过。吃完后便上车，熬了一个通宵，没出站，在地下通道换票处买了车票，40 分钟后又上车。经过一天一夜，终于回到广州。洗涤休整后，我开始构思一篇有关婚姻家庭的论文，三周完稿，发给李登贵。

我利用回程途中的点滴空隙总结了此次出行的感受，主要有六点：

第一，坚持信念。若想以平常心来迎接挑战就要满怀信念。信念是有层次结构的，而不是单一的。底层是求生的信念，要"活着出去，活着回来"。旅途漫漫，去时有人相伴，回时单人匹马，调查一个月，花费 3 000 元，足见做到了心无杂念，时刻牢记出行目的。中层是收获材料与感受的信念，支撑着自己遇事不慌，行事低调，未雨绸缪。顶层是享受当下的信念，不怕疲劳，随遇而安，练就了一种本领：无论是站着还是坐着，闭上眼睛就可入睡，利用片刻安宁恢复体力。坚持信念，许多事便能看开些、看淡些。

第二，在外乘车不建议坐副驾驶座。由于何时发生车祸、撞击来自何方是未知的，故车上哪个座位最安全、哪个座位最危险，只能根据撞击实验抽象回答。车祸正面撞击的概率较高，故可以驾驶员为参考系来对比，若以中巴车为例，危险系数：主驾驶座为 100，副驾驶座为 101，主驾驶座后排座位为 73.4，副驾驶座后排座位为 74.2，左右侧第三排至倒数第三排的座位均为 62.2，左右侧倒数第一、二排的座位分别为 100 和 75。[①] 通常副驾驶座最危险，即使坐上去，途中也不能打瞌睡，以便意外发生时能及时反应，像那曲草原遇车祸时鹞子翻身的那位藏族小伙一样。中间的座位较安全。要是中间没有空位，坐在最后一排千万别打瞌睡，因为你的车不去撞人家，人家的车会来撞你。

第三，收集数据并制表是把握对象的一种方式，图式（线形图、地图、素描图、流程图等）是另一种方式。这两种方式都应掌握。有人撰写的报告或论文没有一个数据、一张图，这是不可取的。有的虽然列出一些照片，但缺乏分析比较。运用数据与图式是有讲究的。就数据而言：西藏的男女比例接近，未有男多女少的现象，故多偶婚与男女比例失调无关；朗杰学乡的农业比值大，牧业比值小，交通条件较好，离县城近，张达乡则相反，牧业比值大，农业比值小，交通闭塞，远离县城，但 1999 年两乡人均收入差别不大，接近 2001 年西藏农牧民人均收入（1 404 元）[②]，深层原因值得

---

① 数据来自美国交通管理部门对 10 年事故的调查结果，以及通用汽车公司的实车碰撞试验结果。援引《大河报》2018 年 12 月 17 日转载的相关文章。

② 李婧、田敏：《对于西藏农牧业经济发展的思考》，《硅谷》2008 年第 15 期，第 186 页。

探索。要注意核实数据，学会挤水分，根据实际调查调整数据。就图式而言，画出房屋结构对于介绍多偶制家庭运作能起到较大作用。[1]

第四，同一件事多问几个人有好处，记录时"为求准确而全面，最好借用专业术语"[2]。如果所问之事发生在历史转折点，如社会变化、政策调整、灾难降临时，要考虑到评判标准产生的明显变化。即便同一个人，因年代久远、记忆模糊或人生磨难，都会导致其现在的评判与以前相比明显不同。对于多偶婚这一文化图式，如果没看到表面现象与深层本质的区别，随便询问几句就下结论，显然不是科学的态度。

第五，研究的完整性很重要。研究一个对象要从几个方面深入：一是类型的完整性。如婚姻形态，多偶、单偶二制都要调查，多偶制的重点是兄弟共妻，因姊妹共夫数量稀少，江雄河谷仅有四五例，影响因子有限。此外，还要注意各种婚姻的支撑与互补。二是区域的完整性。我通过三次探访，从下段到中段再到上段，从中段的果杰岔谷到秀吾岔谷，又从上段"Y"字形的江雄岔谷到朗他岔谷，再从江雄岔谷到羊湖，到羊湖后再考察与江雄河谷接壤的张达乡，才算了解了江雄河谷的概貌。由于没有调查朗他与果杰两处岔谷的情况，此次调查的区域完整性还不够。三是机制的完整性。江雄河谷的婚姻主要靠风俗调节，家庭既是生产单位又是消费单位，形式与内容必须适应生产方式，不可小觑民俗的惯性作用。四是历史的完整性。婚姻是上层建筑，依赖于经济基础，二者的关系必须在具体的历史条件下解读。[3] 多偶婚对旧西藏的封建农奴制有积极作用，所以保留了下来。新西藏实行民主改革，变更了生产关系，但生存环境依旧，因此生产方式中的保留因素还很多，而且上层建筑具有相对独立性，所以"文革"时期采承认历史事实的态度，不解散既有的多偶制家庭，只是不允许新成立这种家庭。"文革"后的做法更加宽容[4]，事实上承认了以前缔结的这种婚姻。此外，文化变迁是渐进的过程，作为制度性文化的有机组成部分，

---

[1] 坚赞才旦：《真曲河谷一妻多夫家庭组织探微》，《西藏研究》2001 年第 3 期，第 28 – 34 页。

[2] 英国皇家人类学会编，何国强译：《田野调查技术手册》（修订版），上海：复旦大学出版社，2020 年，第 247 页。

[3] 参见［芬］韦斯特马克著，刘小幸、李彬译：《人类婚姻简史》，北京：商务印书馆，1992 年；班觉著，班觉、王旭辉译：《太阳下的日子：西藏农区典型婚姻的人类学研究》，北京：中国藏学出版社，2012 年。

[4] 参见《西藏自治区施行〈中华人民共和国婚姻法〉的变通条例》（1981 年 4 月 18 日通过）第二条："废除一夫多妻、一妻多夫等封建婚姻，对执行本条例之前形成的上述婚姻关系，凡不主动提出解除婚姻关系者，准以维持。"

婚姻家庭的变迁应由传承的民族来决定，即使要变也应顺其自然，防止人为的剧烈影响。婚姻法明文规定实行一夫一妻制，应柔性地在民族地区推行。"文革"前后农牧民结婚很少去民政部门登记，更不会去医院婚检，很大程度上是风俗习惯使然。

第六，婚姻法与婚俗都有调控作用，必要时婚姻法和婚俗二者都得承认。马克思注意到外来法律移入斯里兰卡（旧称锡兰）后，对于千年婚俗采取忍让的态度。他写道："锡兰不分居制度的独特之点是：弟兄两个也可能弟兄几个，同住一室，共娶一妻。这种做法受到英国立法的阻止，但无法绝迹，至今仍作为一个奇异的成分包含在民事法庭所应管的继承法中。"① 法律规定夫妻有离婚的权利，但是，江雄河谷没有离婚的习惯，遇到夫妻关系不睦、妻子与婆家关系不和、妻子没有生育男孩（这在农牧区很重要，家庭若无男劳力将遇到很大困难）等情况，一般会选择分居，而不必离婚。若丈夫另娶妻子的姊妹或者其他女人，妻子本人仍然住在夫家。虽然相关部门通过普法手段促使农牧民登记结婚，但多偶婚没有减少，因为兄弟或者姊妹会派代表去办手续。减少多偶婚要靠基础设施建设、基层组织建设以及发展教育等手段：其一是因为政策法律若不够人性化则会失去群众基础；其二是因为城乡生产方式不同，婚姻与家庭形式也不同，政策法律对城镇的辐射力强，对偏远农牧区的辐射力弱，而偏远农牧区的传统婚俗对城镇的负面影响不大，应在维持社会稳定的基础上缓慢地改变传统婚姻家庭形式，而不是不顾城乡条件一刀切。

---

① 参见［德］马克思著，徐明译：《约·布·菲儿〈印度和锡兰的雅利安人村社〉一书摘要》（续二），中共中央马克思恩格斯列宁斯大林著作编译局《马克思主义研究资料》编辑部编：《马列主义研究资料》（第3辑），北京：人民出版社，1987年，第9页。

第五章　大跨距摸底排查

江雄河谷的调查已进行三次，接下来要跳出局部认识与感情窠臼，获取更大范围的新鲜资料，提炼有价值的目标，寻找新的研究方向。因此，我决定到地球上褶皱最明显的"三江并流"地区，即藏东的金沙江、澜沧江及怒江上游主干及支流穿插的高山峡谷探路去，了解康藏传统文化的保留成分，排查真实与虚假的信息，确定新的调查点，以便有的放矢地提出方案，引入团队力量，开展多项课题研究。

一、从广州市到芒康县

我利用上课间隙带硕士生赴粤北、桂东和海南，暑假又带本科生去黔东南、黔西南实习，默默地为西藏调研做准备。2004 年春，我申请到一个西藏研究项目，有了经费，准备秋季轻装进藏踩点：入芒康，过左贡，到昌都，去贡觉，终点是三岩。

这次行动意味着研究区域的转移。江雄河谷代表着卫藏地区的文化生态，我已掌握基本情况，可以暂时搁置，腾出精力前往西藏东部，便于大区域比较。那里原是西羌属地，北宋时归于吐蕃，吐蕃乃藏族的前身。我计划先摸家底，再统筹规划，待调查点确定后就参与观察，收集素材，撰写论文。兄弟共妻制是我的研究起点，扩大调查范围亦以此为线索。我曾读到吕昌林的一篇文章[①]，他是团结户，父为汉人，母为藏人。我与他互动，他希望我来昌都交流。我决定只身前去会他，然后到文章涉及的乡县调查，证明文中资料的真伪。

2004 年 9 月 28 日下午启程，9 月 30 日早晨到重庆，下午抵成都。学生伍秋鹏将我接到四川大学，他在中山大学读本科时与我关系甚洽。国庆前夕，其舍友全数回家，我们便睡下拉家常。伍已打听到车次：单日班车走川藏南线（318 国道）到林芝，中途经过芒康、左贡，双日班车走川藏北线（317 国道）到昌都。明天正好是单日。

10 月 1 日清早，我给吕昌林打电话，无人接听。箭已在弦上，不得不发。伍送我来到簸桥车站，找到那辆黄色卧铺大巴。车上有三位司乘人员，一正二副，轮流开车。伍关照几句后转身走了，他说下午要去河南，需要打点行装。

上午 11 点，大巴开动。下午 1 点，在雅安前面的小镇吃饭。我与在林

---

① 吕昌林：《浅论昌都地区一夫多妻、一妻多夫婚姻陋习的现状、成因及对策》，《西藏研究》1999 年第 4 期，第 54 – 58 页。

芝八一镇搞承包的一位乘客一起点菜，这顿饭他买单。我的铺位靠窗，旁边是一对年轻夫妇的铺位，两边是走道。他们带着一个婴儿，要去八一镇。大巴行驶途中，起初婴儿还能酣睡，醒了吃口奶，一逗便笑。开到二郎山时，海拔从 500 米陡升到 4 000 多米，婴儿又呕又吐，又哭又闹。据说年纪越小越能够适应高海拔条件，现在连婴儿都不适应，成人岂不更难？

傍晚，听司机说快到泸定县了。泸定为入藏必经之道，我不禁想起红军飞夺泸定桥的故事，受到鼓舞。大巴停在康定县一家饭店前，我和那位乘客进去点了水煮牦牛肉。不久，厨师切了一大盘端上来，配好佐料（辣椒末和花椒末各一碟），又打了二两白酒，煮了一碗番茄鸡蛋汤端来。我们用手抓肉，蘸碟中佐料，对喝起来，剩余的打包带走。这顿饭轮到我买单。

小时候我喜欢玩大滚轮，像杂技演员一样四肢撑开旋转，后来坐车船飞机从来不晕，吃得再饱也不呕吐。我庆幸自己身体素质还可以。确实，健康的体魄、坚强的意志是成事的首要条件。夜里，大巴经过新都桥，在路边停车，我想起《艽野尘梦》的作者陈渠珍于宣统元年（1909）随新军进藏，早上行军时对新都桥的一段描写，着墨最重在两句对子："冰敲马蹄铃声细，雪压枪头剑气寒。"

不久，车后胎被硬物扎破了，司机缓缓开到车行补胎，半夜到雅江，停在加油站外面。据说此地不安宁，2003 年的拦路抢劫案至今未破，夜车皆要结队行驶，我们一辆孤车须考虑安全，司机因此关了马达与车灯，全车人就这样从凌晨 2 点待到 5 点。醒来时，见月亮西沉，启明星东悬，"突"的一声，引擎轰鸣，车子开了，在漆黑的密林中穿行。我有点饿，掏出牦牛肉细嚼。太阳升起来了，窗外一派秋景，司机停车加水，乘客各寻方便处。车又开了，行驶在海拔 4 000 米的毛垭草原，地势平缓，牧场绵延。老公路在改造，大巴车走新路时陷入暗沟，请来铲车救援，耽误了 2 小时。一路下坡，到达理塘县城的一家饭店。我给吕昌林打电话，仍旧无人接听。

车出簇桥时，乘客屈指可数，到康定始陆续上客。车到巴塘时，空位所剩无几。司机说，补胎、避匪误了时辰，现在得狂奔。车到芒康三岔路口时，已过子夜。三岔路口，北至左贡，东通巴塘，南及盐井，盐井下去就是德钦。我的车票是买到左贡县的，还要走 4 小时，天亮时才能到达。芒康是计划中停留的第一站，我有点犹豫是否提前下车，如先去左贡，再转回芒康，届时又要转回去，因为去昌都须经左贡。车快启动了，我征求司机的意见，他建议我下车了解情况后再走，于是我下了车。

路边一间旅社刚打烊，老板提着保温瓶准备锁门，见有来客就带上三楼，打开一个标间。"一个床位 20 元"，他伸手要钱。一路都是 10 元，这里竟贵一倍，何况我天亮就要离开。可事已至此，我搜遍全身，凑了 16 元，递给老板，他收下了。

这间旅社人气旺，唯用水不便，卫生极差。我拿着盆到厕所，拧开水龙头，用肥皂洗干净，倒些热水，勉强洗个脸、脚，然后往铝饭盒里倒些开水，啃一块压缩饼干。我正准备睡觉，老板带进一位黑脸庞、络腮胡的大个子藏族司机。他刚从巴塘县送客来三岔路口搭班车，明早开车返回，一进门就衣服不解倒在床上。我听他说没吃东西，就递给他一块压缩饼干。第二天醒来已是早上 8 点，睡了 5 小时。

芒康县城名为嘎托镇，地图上标明海拔 4 317 米，我没有异样反应。这个县城并不繁华，只有一条 200 多米长的街道。9 点半，我进了县法院，办公楼没人，阴影下面很冷，我赶紧站到阳光下。隔壁是检察院。不久，住宅楼有位妇女开门挂拖把，我迎过去搭话。她把我打量了一番，看过介绍信，就让我进屋，斟上酥油茶，然后给值班领导打电话。这位妇女 30 来岁，五官端正，身材丰腴，名叫白玛央宗，在法院工作，负责民事。电话里院长授权白玛央宗接待我。据她讲，芒康以县城为界，分为上下两部分，关于兄弟共妻家庭的数量，上芒康靠近金沙江的宗西、昂多、戈波、朱巴龙等乡多些，下芒康靠近澜沧江的帮达、徐中、曲孜卡、纳西、木许等乡少些。

正讲着，旺堆回家了。他是白玛央宗的丈夫，转业干部，在县检察院当办公室主任，以前在察隅县当兵。他告诉我：左贡县碧土乡龙西村不但兄弟共妻家庭多，姊妹共夫家庭也多。我瞪大了眼睛，如果这条消息属实，那将很有意义。龙西村处于玉曲河谷的水尾、路尾，尤其封闭，可清楚地看到这两种家庭的互补性和其他影响因子。夫妇俩又说，他们都在兄弟共妻家庭长大，各自都有两个父亲，提到自己的父亲时分别用了"大爸"和"二爸"。她还说，宗西乡的兄弟共妻家庭最多，"要是你去宗西，我介绍副乡长给你认识，他是我的亲戚，也是行兄弟共妻婚"。应该说，宗西乡与龙西村的信息对我后来的研究起到很大作用。

我原想去党政部门找人聊聊，因担心国庆节放假无人办公而作罢，就此挥手道别，去三岔路口拦车。大约 40 分钟后，驶来三辆东风牌平头载重卡车，停在前面 100 米的公路边。我请那位守车场的青年帮忙说情。他操着河南腔，拍开排头车的车门，请车里人捎我到左贡。驾驶室有位妇女，她指着前面放下拦路横杆的小屋说司机在那里办入县手续。等了一会儿，司机回来了，与那位妇女商量后同意带客。我递给他名片，问得他高姓："十八子李。"

二、从芒康县到左贡县

芒康到左贡158公里，下午1点，三车缓缓开动。李师傅老家在成都平原的蒲江县，三年前学开车。那位妇女是他老婆，没有工作，经常跟车，我称她"李嫂"。夫妇均年逾四十，家有二子，长子21岁，次子19岁。

平头车具有驾驶室高、视野好、转弯灵活的优点。每次看到路窄坡陡，前面几米急转弯，好像要冲出路面，我就捏着一把汗，做好跳车准备。对于不谙驾驶的人而言这是假象。随着李师傅娴熟地打方向盘，一次次把好像要冲下山沟的汽车带回正道，我的心情逐渐舒缓了。听见我夸他技术好，李师傅憨厚地说，西藏虽到处是险路，但很少发生事故，主要是专注程度的问题。话虽如此，行走在悬崖峭壁，我还是胆战心惊的。

李嫂无意中提到，从成都运货经贡觉到三岩，国道好走，省道差些，县道更差，乡道危险。我顺势打听三岩。她说，李师傅的父亲在敏都乡承包工程，某月发工资那天，他从县银行提款回来被人盯上。深夜两条黑影钻进工棚，用馒头大的石头拍击他的脑袋，抢走保险箱。幸亏发现及时，连夜开车将人送至县城，医生看了伤势却不敢做手术，简单处理后马上送至邦达机场，转院到成都，才捡回一条命。说者无意，闻者有心，我暗自说，路再难也要去，此行就是探路来的！民风再剽悍也不怕，这正是我想见到的原生态文化。

从芒康到左贡，路上翻越了三座大山，一座比一座高。先爬拉乌山（山隘海拔4 039米），再经竹卡兵站，过澜沧江大桥，又翻觉巴山（山隘海拔4 600米），继而是最高的东达山（山隘海拔5 008米）。每爬一座大山都要1个多小时，下山则20来分钟。李嫂又说，过个把月就要下雪了，那时路才难走呢！

货车以30公里的时速前进。天擦黑，李师傅直觉后轮副胎瘪了，拿起工具换胎。后面两辆车也停下了，司机下车帮忙，体现了结伴行驶的安全感。外面冷飕飕的，我在车上闷坐，心想不如下去干活。过了40分钟，换好了轮胎，车子行了一程，停下加水。因下坡踩自动，刹车鼓和车闸摩擦生热，需要喷水冷却。

晚上8点半光景，到了左贡城边。"左贡"为藏语谐音，是"犏牛岗"

之意。县城建在玉曲河右边山脚的一块条形台地上。黑暗中，我数了5张纸币给司机，道谢后背着行李走了。突然，李师傅追上来说："你多给了40元！"原来我不慎将一张50元的纸币当成10元。李师傅自豪地说："从未有教授搭过我的车，今天你带来福气，要是收多了钱，福气就跑了。"

我进了一间餐馆，卸下背包，坐下点菜。旁桌围着三个男子，他们从澜沧江源头的郭耸姆扎山赶来。此江有二源，正源扎曲，副源昂曲，在昌都交汇。他们讲了一些情况后驾车离去，翌日早将从214国道返回昆明。他们三人的行程启发了我，之后我亲自走了一趟，发现盐井的民族学资源极为丰富，成为后来调研澜沧江上游泉盐文化的引子。

德钦至盐井的公路为214国道的一段，旧称滇藏公路，1956年8月开工，1960年12月完工，1967年7月重修，延伸至芒康，1973年7月完工。通车后只有货运，没有客运，1990年开通客运班车。之前白玛央宗提到芒康到盐井每天对开一趟客车，成为我研究计划的新选择。

饭后，我找了一间简易旅社，当家人是位干练的少妇，房间收拾得井井有条，床上铺着毛毯，还有电热毯，10元住一宵。我之所以不厌其烦地要把所到之处的物价记下来，主要是为了对比：一是将人文、社会科学的研究经费和理工类作对比；二是纵向对比，今后旅游业发展起来就不是这个价格了，改革开放前也不是现在的价格。

晨起退房后，走了1公里路钻进县城。左贡县搞政风教育，所有机关国庆节照常上班。我找到县民政局局长王斌。他说，东坝乡辖13个村委会，角荣只是其中的一个，乡政府驻角荣村。他提到张建世、土呷的文章，说文中的数据比较准确。① "军拥"是"角荣"的谐音，有意隐去真实的地名。吕昌林的文章也聚焦于该村，我直觉文中的数据比较浮夸，在没有核实之前是不敢援引的，如果情况属实倒是值得研究，此乃我去昌都会他的原因之一。不过，以上作者的叙述有独到的一面，也有值得深究之处，主要有三点：①近亲婚配使得家家沾亲带故，一方面是血亲集团的扩大，另一方面是非血亲集团的萎缩。②普遍的一妻多夫婚导致妇女过剩，并限制了人口增长，妇女的流动与留住方式何在？③全乡的生态环境是一样的，为何兄弟共妻家庭集中在角荣村，另外12个村庄的比例并不高？

据说此类家庭在玉曲河谷不太多，唯独在河谷尾部的龙西村比较多，

---

① 张建世、土呷：《军拥村藏族农民家庭调查》，《中国藏学》2005年第3、4期。文章称2001年共有47户、334人（男164人、女170人），土地222.7亩，人均0.67亩。

好像与环境的封闭性有很大关系。旺堆与王斌的介绍不矛盾。我想去碧土乡，可是有一段路未通车。这时，办公室的一位年轻人插话："到处都是修路的民工，你可以沿着公路走，晚上住民工的帐篷。"一语提醒了我。两年之后，前往碧土始得成行，调查结果证明王斌讲的基本正确。我还得知，张建世、土呷到东坝乡调查时，请了左贡县人大副主任泽仁彭措同往，他比较熟悉碧土乡、东坝乡和察雅区的情况。

这几天，我因吃牦牛肉、辣椒而皮肤过敏。在过度疲劳的情形下，吃这些高蛋白的东西容易引起内分泌失调，导致全身发痒。东坝乡在怒江边，上下落差约 1 000 米，经过几十个"之"字拐弯才能到达。不去很遗憾，去则来回需要 5 天，时间有点紧张，最终我还是决定去看看。

每天上午，乡里运水果与坚果的车子来县城后要马上回乡，我想搭顺风车，等待时见到一位穿皮夹克、推着摩托车的藏族汉子，就跟他聊起来，问他到碧土乡的路线。他说夏天可以从盐井翻山过去，从公路进去反而绕路。下午，我去县法院访问吉美邓登副院长，他说只谈 10 分钟。我问了他有关婚姻家庭的三个问题，他从司法角度一一作了回答。我记满两页纸，觉得这次短暂的访谈挺值得的。

黄昏，我在街上认识了杨正文，他是云南石林人，50 岁出头，原在左贡县田妥当兵，复员后就地安排工作，现任旺达镇副镇长。夫妇俩同姓同乡，长子早逝，遗有二女，在成都读高中。数年间他承包县机关澡堂，赚了点钱，让妻子在成都学校附近租房照顾女儿。杨说，东坝乡的达瓦群培是碧土乡人，行兄弟共妻婚，乡里有两位汉族干部，今晚他帮我联系。在陌生的环境下，我只能靠自己硬闯与运气获得点滴信息。

晚饭后，王斌来找我，说没想到教授住那么寒碜的旅社。他认定我是做事情的人，把我带到南城口泽仁彭措家。泽仁彭措的老家在玉曲河下游的甲郎村，甲郎有"斩断"之意，据说村后原来没路，后来在半山腰修路，好像斩断龙脉，故名。甲郎为碧土乡所辖，夏天可翻山到盐井，急走需要一整天，冬天大雪封山，只能绕道左贡县城。泽仁彭措说，在多种经营条件下，男人出外做生意，在高山牧场守护畜群，出乌拉差，但家里没有男人不行，所以兄弟共妻与家庭经济有关。我记录了两页纸。告辞时，下起了毛毛雨，泽仁彭措送我到街道上，再三叮嘱路上小心。今天的几次交谈，坚定了我从盐井雇骡马进碧土的决心。

早晨，我在北城口等车去东坝乡，又见到杨正文，他说已经打电话到东坝乡告知有一位教授想来调查，乡政府回复需县里派人陪同。

9点半，等车去东坝乡的人陆续离去，估计下雨路滑，没有车来。我已退房，万一明天还去不了，岂不被动，遂决定先去察雅区，因为现在至少已了解到东坝乡和碧土乡的研究价值与路线，具体的研究方案可暂缓设计。

从芒康到昌都的班车12点半经过左贡，在县城北面停车，我在那里的客栈坐等。一位四川男子从楼梯走下来，我们攀谈起来。他姓廖，当过8年雷达兵，从山南泽当复员回乡，后因家庭变故，重回泽当闯荡，目前在芒康县嘎托镇做小生意，这次是到左贡来收购废铁。这个人姑且叫他廖雷达吧。我点了菜，外加一瓶酒，招呼他来吃。后来我坐客车先行离开。俗语说："在家千日好，出门一时难"，我必须广交朋友，依靠他们的帮助实现自己的心愿。

下午6点左右，客车经过八宿县的邦达镇，镇区呈三角形，三条边是街道，中间是停车场，沿街开设餐馆、旅店。214国道在芒康与318国道会合，在邦达分开。分开后，318国道向西，214国道北去，又与察雅至边坝的349国道会合，然后分岔。我没有在分岔路口下车，而是坐到终点站昌都，因为东去察雅的班车已走了。

三、从左贡县到贡觉县

10月6日晚上9点，班车开过茶马桥。我走出客运站，向北过昂曲桥，行至粮食局招待所。因参加国庆会演的各县文工团占据了单人房与标间，只剩4人间，我权且住下。昌都地区中级人民法院近在咫尺，我又给吕昌林打电话，还是没人接。早晨，我先去法院，后来到他家，可他忘了约我来昌都之事，声称有案子。我敢肯定他那篇文章的数据靠不住，从他一路不肯接电话到见面后很快便离开就可判断。该何去何从？我心事重重地从车站回来，在街道上蹀躞。昌都和贡觉每天对开一班31座的中巴车。因参加国庆会演的人员要回贡觉，造成乘客拥挤，今天加派了一班客车，而昨天没有客车返回，车站一辆车都没有了，要空缺两天，可能大后天才会有车。

下午，我见到了昌都县人民法院的达娃次仁副院长。他听说我要去贡觉县，高兴地说自己刚调上来，对那里很有感情。他谈了对多偶家庭的认识，说相皮乡较多，三岩片区虽然不多，但妻姊妹和夫兄弟两种形态都有。我们谈了1个小时，触及很多问题，最后他建议我去找莫洛镇多吉村的白玛益西和县法院的洛松曲旦。

我房间的三位同伴当中，两位是青年司机，要把在厂里大修的汽车开回村，另一位是 55 岁的中年人，来自左贡县中林卡乡登热村，人称"小贡布"，曾在碧土乡任职，退休前是芒康县农业技术局副局长，跑过很多地方。他证实了我欲了解的文化现象在东坝乡角荣村最多，碧土乡不多。他的观点与王斌、泽仁彭措一致，与旺堆的说法相左。

隔壁住着一位瘦弱的女青年。有一次我在走廊向她点头，她也点头还礼。今早我去值班室打热水，她在电炉旁取暖。我告诉她自己要去三岩，她扬起眉毛问："去干吗?"听完我的回答，她劝告："我就是从三岩出来的，我丈夫在罗麦乡工作，上周送我到县城，让我独自坐班车到昌都等他回成都探亲。我每天给他打电话，他都出不来。贡觉公路全线改造，挖得稀烂，就算你去到县城，万一没车去三岩，也只得出来，白花 200 元车费，还要耽误五六天，何苦!"我感谢她的好心。

我出门去实验小学，因想起以前在成都认识的干部土呷（就是前面提到的那篇文章的作者之一）。他 1983 年毕业于华东师范大学，夫人仁青巴姆在此任教，家也安在这所小学内。经电话预约，当晚登门拜访。我说想去贡觉，请他介绍关系。土呷拿起电话就打，说认识档案局的一位陈同志在那里挂职锻炼，但电话未通。我本想打听东坝乡调查一事，因他家有客人来，就告辞了。

第二天上午，我又去找土呷。他说联系好了，到贡觉县可以找陈新华副县长，接着回答我昨天所问之事：2002 年 6 月 1 日，国内 7 家机构联合组队踏访茶马古道，张建世随队。他们到了左贡县东坝乡后，又北上昌都。他和张两人相约去类乌齐县尚卡乡珠多村，7 月再转回东坝乡角荣村。两处共调查 20 来天，其中在东坝乡待了 5 天。泽仁彭措陪同去角荣村调查。土呷又讲了他们三人自带炊具，购买米、面、蔬菜、副食品，下乡单独开伙的经验。我离开他家后，准备尽快去贡觉。

10 月的藏东，时值多雨之秋。沿着 317 国道东行 176 公里是青泥洞，由此入省道，行 78 公里到贡觉。当时这条路正在翻修，客运站连续两天无车。我带着侥幸心理去到郊区停车场，希望找到顺风车，无功而返。回到招待所，我拟订了补救方案：芒康、左贡各有两个乡可作为调查点，进出路线略有所知，没去察雅是个损失，要用贡觉来弥补。三岩是个独特的地理单元，值得进去。希望明天有客车，要是去不了贡觉，就原路返回，先去察雅，再去左贡的东坝乡。

10 月 9 日早晨，我摸黑去到客运站。31 座的客车早已塞满人，车顶上的行李包鼓鼓囊囊的。三天停开，乘客积压，大家都想走。我挤上车，直不起腰，斜着身站在车门口。车迟迟不开。一位老人家坐在后排，送行的亲属担心途中安全，叫他下车，改天再走。他一离座，我赶快坐上去。还有许多人上不了车。司机怕超载罚款，跟几位乘客耳语，让他们坐出租车到远处等候。

三个四川人构成的乘务组承包了这条路线，两男开车，一女卖票。开车的师徒，一位40来岁，一位25岁。卖票的女人与师傅是夫妇。客车走了两个小时，来到妥巴大桥跟前，超载的几位乘客下车。车子开过检查站，司机没被罚款。

下午3点，到了青泥洞，又上来五六位乘客，车内更加拥挤。客车冒着毛毛雨走了5公里，来到三岔路口，再上来几位乘客，简直透不过气来。天气突变，雨夹雪降下来，附近山头全白了。司乘人员不敢走，跟乘客商议：如此天气，路面肯定变成沼泽，万一陷入泥坑，露宿草原，夜晚零下十几度，非冻病不可；不如退回青泥洞，歇一宵，明天看天气再决定行程。有人表示同意；有人说再走一段看看，万一那边不下雪呢，但呼声很弱；多数人沉默不语。司机决定调头。

旅社老板见来了生意，乐坏了。我跟三位乘客进了一间大板房，内有8张床铺，床上有电热毯。这三位乘客都在县城工作。一位瘦高个子的中年人叫杨红星，父亲是汉族，母亲是藏族，在相皮乡当过文书，在罗麦乡当过书记，现为某部门的副职。另一位中年人叫米玛次仁，中等身材，曾在四川当兵，复员后在贡觉县工商局工作，现为科员，也是团结户。一位年轻人叫凌光照，毕业于林芝农牧学院，在贡觉县水利局工作。

翌日早，山谷弥漫着薄雾，红霞预兆天晴。乘客陆续上车。车到三岔路口，稍停片刻后继续往前开。这段路结冰，客车打滑，于是男乘客下车以减轻重量，车子缓缓行驶。走了500米后，车子停下。前面的旧路基被挖塌了，工人临时在旁边开了一段路，经车辆来回碾压，已积成水潭。中年司机操起铁锹，叫男乘客都下车，一起去填路。我抱起一块大石头往里丢，"咚"一声，水花四溅，接着冒出一串水泡，估计至少有两尺深。乘客零散地向水中投石子。有人嘟哝："这样搞下去怎么有希望？"大家无计可施，回到客车旁边。中年司机跟两位司乘人员说："这个坑恐怕卡车也过不了，除非是空车。客车底盘低、轮子小，开下去肯定上不来。"客车退回三岔路口，那里有几间旅店。司乘人员决定回昌都，乘客如果愿意回去，不用买票，同车去，不愿意回去的按车票面额退款40%。我趁着其他乘客与司机交涉的空闲，在藏餐馆买了一笼包子吃饱。人在江湖中，头脑要灵活一点，不知前面是祸还是福，必须坚持一整天。

这时，有人站出来说话了："乘客买了票，司乘人员就要为他们负责，如果客车进不去，退钱不能单方面说了算，还得听乘客的，要退至少退一半，司机还要联系一辆拖拉机或者货车带乘客去贡觉，要去的人凑 1 000 元作为租车费。"司机老婆顺水推舟，给不愿意回昌都的每位乘客退了 50 元。中年司机找来一辆橘红色的东风牌 6 吨自卸卡车（见图 5-1）。乘客七手八脚地把客车顶上的货物移到货车斗厢，货车司机给后轮套上防滑链。我爬上车斗，挎着背包，手扶着冰凉的钢铁栏杆，看到一位汉族小伙还坐在客车上。他原本要去贡觉工地上检修出故障的挖土机，现在准备回青泥洞打电话给工地，叫人开吉普车来接他，不然就回昌都。毕业于西藏大学的扎西则爬上车斗，他要去三岩雄松乡报到。杨红星和米玛次仁决定回青泥洞，打电话叫县工商局派吉普车来接他们。在困难面前，不同的人抱着不同的态度，因为他们的目的不同，占有的资源不同。

图 5-1　青泥洞换车

开车了。车斗内站着 16 个人，还绑着一辆旧摩托车。到了那个水坑，货车轰鸣着冲了过去。车上响起欢呼声。车斗很挤，累了，只能在原地换个姿势，换只手抓紧车栏。沿途我目睹了不少货车陷在泥路里出不来。79公里的路程，运货的重型卡车要跑两三天，陷进去，司机又挖又垫，把车弄出来再走，又陷进去，再想办法弄出来。通过这一次经历，我才深刻地体会到西藏货车司机的辛苦。我们的货车也陷了一两次，大家都会自觉下车帮助司机把车弄出来（见图 5-2）。车过相皮乡时路况好些。从上午 11点到晚上 8 点，终于熬到贡觉县城。

图 5 - 2 助推陷入泥路的货车

县城那条 600 米长的水泥路灯光璀璨。我打算先填饱肚子再找旅店，可正街的旅店房价不菲，小巷不敢深入，只能白天再找。于是我给凌光照打电话，昨晚他内弟开吉普车到青泥洞旅店接他回到贡觉，他住在附近，很快便来到。他说家里有个柴房，安了两张床，小舅子睡一张，空着一张，如不嫌弃可与小舅子一块住。凌光照是新婚，内人来自甘肃。进屋之后，我与他内人寒暄几句，便到厨房洗好脸、脚，进柴房休息。

早晨，我观察了一下四周：牦牛、毛驴、流浪狗四处溜达，所有建筑都是土坯房，没有幼儿园、影剧院、运动场馆等文化设施，水电一天只能供应两三个小时。东风汽车公司对口援助贡觉县，正在开展市政建设，改造旧办公楼，规划幼儿园与宾馆。我在一栋 5 层的新楼里见到陈新华副县长。他身材微胖，中等个子，脸上两块高原红。他看了介绍信，问："有没有开车来？"当他听说昌都行署没车送我下来时，神情有点失望。

陈新华是河南省周口市太康县人，1958 年出生，父亲是 18 军 157 团战士，曾在面达乡工作。他 1 岁时进藏在昌都成长，来到贡觉后，分管旅游、教育。他很支持我去三岩了解地理人文，确定开发的价值。三岩有 6 个乡，离此最近的 80 来公里，最远的 130 多公里。他打电话给县旅游局向巴局长、泽建华副局长，说："有位教授要去三岩，你们原本计划去那里，不如提前一道去。"接着他给小车队打电话，要求明后天派车。我一阵暗喜，但也夹杂了一丝担心：能否按期出行？

马路斜对面是财政局招待所，住着教育局从内地学校招来的几位大学生。这里离县机关近，我决定搬过来住，与内江人周岚同房，一起买菜做饭。我回凌光照家取行李，顺路买了水果向他们夫妇俩表示感谢。

四、从贡觉县折回成都市

果不其然，第二天，陈新华告诉我，派不出车，请我自行安排工作，明天再来看看。早上10点，我去县法院找洛松曲旦院长。他听说我是达娃次仁介绍来的，友好接待了我，谈话间有好几个电话打来都给他按掉了。洛松曲旦原来在芒康县工商局，后来调到芒康县法院，又调到贡觉县，再干四五年便可解甲归田。我请他讲一下三岩的帕措，他虽说不太了解，但讲得头头是道，只有深入实际、细心观察分析的人才能达到这种水平。他告诉我，帕措是以松散的亲属关系为基础的，规模没有限定，可大可小，散布在村庄里，是最基层的自治组织，信奉共同的祖先和神灵。他觉得介绍得差不多了，表示如果我还想深入了解，可约政法委的同志交谈。

下午，政法委的顾全良秘书接待了我。他来自云南曲靖，从林芝农牧学院毕业后到贡觉工作，娶藏族人为妻，育有一女。他借给我一些资料带回广州复印，寄回资料时，我顺便送了他一本书。

在回招待所的路上，我遇到一同坐货车来的曹俊洪。他出生于半藏半汉家庭，在三岩罗麦乡卫生所工作，来贡觉办调动手续，要调到山南地区乃东县。当晚，他携妻前来拜访，告诉我一条调查途径：全乡的孩子必须打预防针，注射前卫生所要登记父母子女的关系，从记录本上可以看出兄弟共妻、姊妹共夫和非婚生子女的情况，因此卫生所打疫苗的数据是最原始的。

第三天，我再去找陈新华。他说有车无油，因公路改造，汽油运不进来，县里储存的战备汽油不能动。这等于说去三岩无望了。我估计杨红星可能回来了，就去拜访他。他刚和米玛次仁一道回来。杨的藏族妻子仁青正在做饭。她是本县人，高鼻梁、大眼睛，面目和善，因听不懂汉语，她无法和我沟通。当时政策只准生一胎，少数民族公职人员允许生两胎。他们生育了二子，一子7岁，一子5岁。我与杨的谈话还未接触正题，仁青的三位亲戚来了，我只好告辞。

在县城苦等的那几天里，我了解到一些基本情况，可以返穗了，打算日后做好计划，组织团队再来。周岚听说我要走，打电话征得父母同意后，与我同行。晚上，我们两人去建筑工地找车，得知明天有两辆运水泥的卡车卸完货就回昌都，可以坐到青泥洞。

上午，来了两辆东风牌平头卡车：一辆是自卸车，一辆是普通车。司机一老二少，答应带客。正午，我们坐上两位年轻司机的自卸卡车离开贡觉。行至半路，有4位朝佛的普媱搭了便车。卡车在凹凸不平的路面上慢速行驶。天渐黑，旧路基被挖，车辆皆绕行，草地经反复碾压出现大坑，雨水注入变为泥潭，一辆运水泥电杆的卡车陷入其中，动弹不得，我们必须绕行。老司机一马当先，不幸车陷湿地；年轻司机开车前来援救，结果牵引钢缆时也陷入泥潭。夜幕降临，无法挖填，一位年轻司机钻到座位后面的铺板上睡觉，另一位则去老司机的驾驶室休息。我爬上车斗，从背包里取出被毯，把被子递给周岚，把毯子递给普媱，让她们摊开挡下头顶的露气。我和周岚在驾驶室坐着，将被子搭在两人膝盖上，仰望繁星，奢望一顿酒菜，如此方能体会"醉卧沙场君莫笑，古来征战几人回"的意味。

第二天一早，太阳照在芳草地上，我带着一脸倦容去小溪边洗脸（见图5-3）。普媱也爬下车赶路。老司机过来指挥，那位留守本车的年轻司机开始自救，我们帮忙：先在车后门下垫硬物，使后门与地面楔紧，形成支点，然后发动引擎。当液压顶升起车斗时，后门底部就向下压，犹如杠杆撬动整车，抬高陷进泥潭的底盘与后轮，在悬空的后轮底下垫上石头。然后降下车斗，重新垫实硬物，又用液压顶升起车斗，底盘与后轮再次被抬高，继续在悬空的后轮底下垫硬物。如此反复，后轮被垫高垫实，继而挂倒挡，踩油门，便可把车子倒出泥潭。（见图5-4）自卸卡车开上来后，再开过小溪，绕到前面，拴上钢缆，从前面牵引，把老司机那辆陷在小溪里的卡车拉出来。

图5-3　溪边晨洗

图5-4　卡车自救示意图

两辆卡车重新上路，来到青泥洞三岔路口。这时，迎面驶来一辆东风牌平头油罐车，驾驶室坐着三个人，空车返蓉。两车相遇而停。年轻司机帮我们向对方喊话，请求捎脚。对方要价800元，我们还价700元，对方不依。年轻司机帮嘴说："你车上已有2个乘客，他们上去就是4个人，脚都伸不直，这个价钱可以接受了！"可对方一踩油门开走了。

到了青泥洞，我卸下行李，进餐厅准备吃饭，付给年轻司机一张百元纸钞。真巧，一辆客货两用微型车停在门口，车上有位胖活佛。司机进店揽客，说到江达县城吃、住和转车都方便，50公里路，每位20元。之前听说搭顺风车要60元，我招呼周岚赶紧搬行李上车。司机叫何林，30岁出头，从江达县城过来，先送一人到青泥洞，再送活佛到巴纳寺。车走了7公里，离开317国道，转到土路上。一路上，时而是平坦的牧区，时而是陡峻的山谷，走了几分钟，碎石路面涉水处渐多，凹坑接踵而至，所到之处无路基，均是小滑坡、大陡坡，驶过不见车辙，车里人紧张得瞪大眼睛、屏住呼吸。何林干脆把车开离路面，在草地上狂奔。地上布满老鼠洞，车子颠簸，左右摇晃，仍不好受。

把活佛送到家后，车转回头。我们三人聊开了。何林原是成都农村的细木匠，五六年前进藏闯荡。木匠一般分两类：粗木匠，干建房子、改板子、做棺材等力气活，不需要太多技术；细木匠，主要是做家具、搞装修，需要精巧的技术。他走村串寨，接到活就在雇主家吃住，干完活就转移到另一家，年入近万元，生意不错，但相当辛苦。亏他头脑灵活，买了一辆便宜的客货两用微型车，平时在附近经营，春节期间运客到成都，运蔬菜回江达。一天到晚都有人给他打电话约车，他便不做细木匠了，把老婆接来江达，共同经营运输生意。

何林把我们送到县城客运站时已没有班车去成都，他答应帮忙联系顺风车。我们就近吃晚饭，然后向城边走去，那里方便拦车，走了150米，见一间旅店便宜，有热水，屋后一派田园风光，就住下了。躺下不久，电话响了，是何林打来，他说有两辆货车回成都，如要搭车每人320元，明早在客运站门口等候。我们决定赶早，用两件行李顶住门，关灯就寝。河水哗哗，好像催眠曲。我半夜醒来，拧亮手电筒，发现顶门的行李移动了一尺，门好像被推开过。

清早6点，我们刚到客运站不久，只见黑暗中灯柱晃动，两辆东风牌卡车开过来。前面驾驶室探出一个女人的脑袋，待车停稳，她嘴里吐出清脆的川音："搭车人来了没有？"我们迎上去。她又说："你们两个分开，我这辆车坐一个，后面那辆车坐一个，行李一律放在货厢。"我坐前车，周岚坐后车。我留了个心眼，说："背包干净，货厢尽是泥。"她说："没得商量！"我只好把行李放在货厢。我进驾驶室后，女人伸手："拿钱来！"我惊愕地问："还没到成都怎么就要钱？""规矩你都不晓得？"我又留了个心眼，说："先给你一半，剩余的到成都再补。"她接受了，又说："到了道孚车要装货，可能要耽误半天。"

两车开到江达县城外面等候。一刻钟光景，第三辆卡车来了，老司机开车，他老婆坐在旁边，这辆车还捎了两位要去阿坝州的乘客。三辆车结伴而行。我坐的这辆车，司机夫妇来自农村，曾到深圳打工，几年前男人学会开车，便在三岩敏都乡给建筑队开生活车，拉菜、送病号。后来，他们又买了一辆新车，女人便把孩子留在老家，让表弟来开车，自己跟车管理财务，第二辆车的司机是她表弟。

车子在陡峭的山路上疾驶，上下坡，急转弯，惊险万分。中午，到了德格县城，三辆车停在一家饭店门口。老司机叫住我与周岚："两位眼镜哥，莫分开吃，一碗面条5元，一个菜20元，吃不好的！不如打平伙（聚餐），每人先交100元，多退少补。"我们同意了。吃完分摊时，司机家属不算，等于两个司机交200元就4个人吃，共9个人，3个司机、2个家属、4个乘客，交拢700元。每餐不仅点的菜肴多，而且都有辣椒。我不敢伸筷。周岚说："这样吃下去，我就要退席了！"饭后上路。到了雀儿山脚，天降细雨，未及垭口，我爬上货厢盖好行李。车开不久，又降大雪，从垭口盘旋下山，一路银装。夜宿甘孜，我发现背包里外全湿了，便拿出衣服晾在房间。

早晨，上车出发。货车配有水箱和淋水装置，下长坡时喷淋降温，防止刹车失灵，每天要数度加水。

快到正午，三辆卡车在道孚县城前面十余公里处的岔路口停下。老司机的车开到前头，跟另两辆车的司机打完招呼，自顾驶走。两位司机问我和周岚："我们这两辆车要进山运铁矿，大约3小时后才能出来，你们想不想去？"我想顺便看看里面有没有调查的价值，周岚也想长长见识，就跟车走了。走了一半路程，汽车驶上海拔4000多米高的大山，全是荒山野岭，只有一些满载矿石的卡车。我有点后悔，如果不进山，不就可以在路口拦一辆车去成都吗？反正给了一半路费，司机不吃亏。现在要耽误6小时，却没有什么收获，仅知离317国道20多公里处有个铁矿，给成都钢铁厂提供原料。下午，这两辆载重8吨的卡车，各装了14吨铁矿，慢悠悠地开下山，上了 317 国道。我们在道孚县住了一晚，那里离成都 500 公里。第二天上午到炉霍时，给车补了一次后胎，又耽误了一个时辰，第三天凌晨 1 点终于抵达簇桥客运站。

四周寂静。客运站有一间招待所，我与周岚叫醒值班的女服务员，想要一张床对付到天亮。服务员不依，说两个人就得两张床。周岚说："我们不睡觉，只是在床上靠一下，摆摆'龙门阵'，不扰动其他床位。"可她宁肯让床空着，也不愿赚 15 元钱，不知是怎么想的。我们只好到客运站门口的值班房待到 5 点半，然后挥手道别。

五、希望从守正迈向创新

这次从进藏到返穗前后 24 天，沿途风尘仆仆，同芒康、左贡、昌都、江达和贡觉等地人士交谈，收集信息，排查真伪，以耳闻目睹、时空亲历的方式提升了自己的知识结构、加强了自己的道德意志。此行主要有以下收获：

（1）了解到昌都地区多偶婚的分布概况，确定了几个高发率调查点，如芒康县宗西、昂多、戈波、朱巴龙、徐中等乡，左贡县东坝乡角荣村、加坝村，贡觉县桑珠荣乡，江达县同普区下俄村。此行为日后深入调研确定了方向，半年后我根据筛选出来的对象赴芒康县宗西乡调查，一年后去左贡县碧土乡调查，两年后赴贡觉县三岩六乡调查，都与这次踩点有关。

（2）从方法论高度看待摸底排查。长期调研和团队调研必须摸底，确定真实，排除虚假。摸底亦称"踩点"，它与盲人摸象把整体零碎化不同，而是一种把局部合成整体的方法，是科学布点的前奏，踩点时的曲折可换得正式调查时的顺利。没有摸底排查，就没有正式调查。跟随别人做调查，这一工作是别人完成的，自己主持的调研，是从摸底开始的。在踩点过程中，对待困难需有正确的态度，找出克服困难的良方，获得准确的信息，便于在318、214、317 三条国道的框架中合理布局，有步骤地在调查点中配置资源，避免重复研究。

（3）对调查员的素质有了新的体认，调查的主动性与积极性是从事田野工作的内在要求。平常要广交朋友，学会与不同民族、不同层次的人打交道，调查时要敢于开口。对比较爽快的人，先直接询问；对比较沉稳的人，先察言观色。人是文化的传承者，要从人的基本需要、性格特点等方面来理解，要宽宏大量，懂得换位思考。虽然千人千面，但万变不离其宗，人的基本需要是一样的。只有联系不同人物在不同场景中的话语，才能理解真实的情景。

（4）要创造良好的工作条件，包括善结人缘，保证居住、饮食、物品的安全，后勤影响着调查的效率。例如，土呷介绍自带炊具开伙对我大有启发：好处是保证口味，不拉肚子，还可避免和房东算伙食费（给多了钱吃亏，给少了不行）；坏处是占用了调查员的时间，煮饭费时，每天晚上要整理好当天的素材才能休息，而自带伙夫或雇佣当地人煮饭，会增加调查成本。

（5）田野调查是一种实证研究，可用调查时间和工作量二者的乘积来检验。接地气才能取得第一手材料，同时也能深入解读材料。要避免花钱大手大脚，这不仅会增加调查成本，还容易引来危险因素（打劫、偷盗等）。援引现成的材料并不难，难的是找到新材料，依靠新的体验来解读材料，这就要勇敢地迎接田野实践的挑战。

（6）要正确地对待无端蒙受的冤屈。我在征得某人承诺，答应相见的前提下进藏，当意识到对方有意掐断与我的联系时，仍然不改初衷，最后得到一个意外而仓促的谋面机会，却未说一句正经话便匆匆离去，才想到人家不把你当回事，原因就不深究了。这种情形下无须抱怨，只需重新厘定关系，更加专注于长远目标，用遗忘治愈心理创伤，与其改变别人，不如改变自己。

第六章 宗西乡田野调查见闻

川藏分界上有一道风景，即绵延数百里的金沙江峡谷，纵向分为三段，故有"三岩"之称。宗西位于下三岩南端，清末新军由此进剿中三岩，揭开在雄松设治的地方政治格局，宗西也青史留名。不仅如此，在宗西的婚姻拼图中，兄弟共妻制较为突出，以前未曾探寻原因。实证研究如能抓住这个典型，必将有所突破，增强循序渐进的信心，故宗西乡成为带队调查三岩的肇始，其间充满平凡有趣的情节。

一、好事多磨不言弃

西藏只有干湿冷暖二季分野，以前我都是暑期进藏，这次打算错开季节，寒假进藏去宗西乡调查，顺便带上一位学生，两人作伴比较安全。

下午6点半，西行班车缓缓开出车站，翌日早上到达迪庆，距芒康还有400多公里。天气骤冷，我的军大衣在背包里，打算到宗西乡再穿。上午11点半，换车去德钦，185公里路，走了4个半小时。车过奔子栏，我听到有位乘客讲普通话，就同他聊起来。他名叫鲁茸丁巴，在德钦县委组织部工作。

客车进入白茫雪山，驶到雪线附近，在加水站路边停下。司机给后轮套防滑链，再往上走全是积雪。过了山口，下缓坡，1小时后，来到三面环山、一面邻江的簸箕谷，远望是梅里雪山，近处是山坳，德钦县城位于坳中，里面冬暖夏凉，唯雨季常受泥石流侵袭。该山坳原名"阿墩子"，后改称"升平镇"。梅里雪山为滇藏界山，有"一月映万川"之奇景，在升平镇可见山之东麓，在西藏察隅县察瓦龙乡可见山之西麓，在左贡县碧土乡龙西村可见山之北麓，唯东麓最为巍峨雄奇。班车很快下了山坳。我们离开客运站去找旅店。

7点半，鲁茸丁巴邀请我们在小饭馆享受美味的藏餐，有一碟油炸乳扇，裹上白糖，味道甘醇。告别这顿美食，此后两个月我以面条为主食。

德钦到盐井将近200公里，每天上午9点，两地对开一辆中巴车。那天我们坐的中巴车有17座，车上正、副驾驶员共两位。正驾驶员是尼玛定珠，也是车主，副驾驶员是个大胡子中年人，技术娴熟。214国道沿着澜沧江延伸，路面狭窄多弯，行5小时才能驶出峡谷。尼玛定珠说，盐井隔天有一班车出入芒康县城嘎托镇，今天去，明天回。

盐井产盐，早就进入国家视野，《华阳国志》说"南中产盐"。"南中"在今"三江并流"范围内。《蛮书》有"濑水河"的地名，指澜沧江从盐井至维西一段。二书还提到唐代游离于三足鼎立（中原、吐蕃、南诏）间的"摩沙"部族，这些自称"么些"的纳西先民是开发盐井的先驱。

盐井江面海拔 2 200 米，江面上 300 米处悬着两个巨型台地，坡度平缓，田连阡陌，有上下之分。上盐井建教堂一座，村民为藏族，代代笃信天主教。下盐井为纳西族乡政府驻地，村民皆信佛教，以纳西族为多，计 1 000 人。全乡有 4 个行政村，除了上、下盐井，还包括角龙与加达，计 700 户、4 000 人，通行藏方言。

盐井为滇藏通衢。澜沧江北起隔界河，南至德钦县佛山乡，两岸狭窄，峭壁相对，每隔一段距离建有一对溜索，供附近居民凭渡。共有六七对溜索，来往各一，一头高，一头低，垂向对岸，旧称"溜筒江"。溜索有碗口粗，用藤篾扭编，横荡于江面，运送人、畜、货物。

下午 1 点，中巴车到达下盐井，停在一间藏式旅店门口。老板是营运股东，有几个人在此拦顺风车，其中一位藏族人带了一台大屏幕电视机，一位汉族人带着两个大箱子。他们希望我一起拼车，4 人合租一辆微型面包车到嘎托镇。车主开价 400 元，估计 350 元可以成交。尼玛定珠劝我不要搭微型车，因为路面不平，车轻，轮小，遇到颠簸容易翻车。他建议我们跟他一起到盐井圩开房。客运站连同旅店由一对老夫妻承包，于是我们坐中巴车绕到蒲丁街旅店。

蒲丁街是纳西村的主街，较为狭窄，街边多是白色平顶土房。承包人是从云南永胜来的陈必贵、刘丛珍，年逾六旬，育有两女，长女已出嫁，小女招婿，与父母共同经营，赘婿从大理采购蔬菜运来旅店摆卖，外孙女在盐井读书。旅店全是空房，我、同行学生、尼玛定珠与副驾驶员各一间房，每间只收 10 元。

我放下行李，交给陈小女一张清单，请她在自家店铺操办四类物品：炊具（锅、铲、盖、碗）、主副食品（面条、大米、猪油、腌肉、罐头）、调味品（盐巴、酱油、豆瓣酱、味精、红糖）、其他（塑料盆、两床棉絮）。我与学生穿过纳西村，下山向澜沧江走去，低头眺望，只见层层叠叠的盐畦分布在"S"形的峡谷江岸。

从学理上讲，先有盐矿后有河床。亿万年地质运动形成盐矿，千万年大气运动造成河床。澜沧江经过曲孜卡至上、下盐井，水消融了河床底下的盐矿，形成盐泉，鹰啄盐粒、猴舔盐层，动物的本能唤起人类对盐泉的认识。这一段河道两岸树木稀少，日光风力强盛，不具备煎熬制盐的条件，而具备蒸发的条件，炯人、吐蕃与纳西族先后掌握制盐工艺，以马帮承担"盐换粮"的重任，实现跨区域的"环境—人口—技术—适应"模式，构成盐井的历史际遇与文化特性，技术上与南美洲安第斯山脉今属秘鲁的萨利那（Salina）的制盐法如出一辙，制度上可能有所不同。贸易向来受生产力和供求关系（市场）的限制，澜沧江峡谷的生产力决定生产关系，二者共同承担上层建筑，维持着西藏东南民族文化的交融。

我们从江边走回集镇，看到十几个铺面贮存着盐巴，一辆卡车在上盐。回到旅店，只见由嘎托镇返回的客车来了，正倒入客运站泊车。陈小女已照单操办好我所需的生活用品，装在一个大竹篓里。司机帮我把大竹篓放到车顶和货架里，收了钱，承诺给我们1号、2号座位。我买了蔬菜，借陈必贵的炉子煮面条。

晚上，我按廖雷达提供的号码拨打电话，芒康那边是房东接线，称这户租客已搬走。我问是否租给别人，对方说待来面议。

清早，客车去曲孜卡接人，陈必贵夫妇已煮好油茶，用罐子烤熟大米、茶叶、花生、核桃、芝麻，再冲入开水煮沸，加鸡蛋与红糖。我们师徒吃毕，提行李、背背包来到昨日下午停车处。那两个希望拼车的人也来了。经了解得知，其中一位是白族银匠张志安，年近五旬，鹤庆人，在巴塘经营首饰作坊，儿子打理店铺，他负责采购原料。张参加过对越自卫反击战，复员后挑起货郎担，在滇藏线走村串寨。他回忆说，当时上、下盐井全是灰色平房，不像现在是清一色的白壁楼房。

9点半，班车满载乘客从曲孜卡乡小昌都村开来。一支四川建筑队包车，坐到嘎托镇转车去巴塘，把我们的座位占了。我找到那位营运股东理论。他弄清缘由，当即开了1号、2号座位的车票，说："拿去找司机，叫他腾出两个座位！"他对司机没跟他商量擅作主张的做法很不满。司机自知理亏，只得把占座的民工叫走。

客车行驶在险峻的澜沧江峡谷，车厢内响起轻音乐，窗外风光无限。下午3点半，客车停在嘎托镇的一个饭店院子里。我将行李搬运到大门值班室外面，让学生看守，然后打电话联系廖雷达的房东，想先住下，稍后下乡。电话通了，但没人接，抬头一看，马路斜对面是派出所，我便进去。屋内的女民警看了介绍信，便向我们推荐她家的大板房，这时所长来了。他叫张朝俊，是汉族，30来岁，听了女民警的汇报，拉着我上了警车，开到饭店门口，帮忙把行李装上车，向大板房开去。到了一处院落，大门紧闭，敲门没人应，里面的狗吠个不停。张所长把车开到院落另一头，见主人仍不在，便停车打电话。

张所长从警校毕业6年了，先后在宗西、盐井和嘎托三个派出所工作。每个派出所管辖几个乡的治安。在宗西派出所时，只有他一个人，既当所长，又是警员。夏天，人们的户外活动较多，纠纷也多，县公安局因此增派了一个人，冬天又把这人撤回去。当他介绍情况时，我听得很仔细。张说："藏族是父系社会，男女分工明确，男主外，女主内，妇女地位较高。"

回到狗吠的院子门口，家中产妇不便出门，让其弟带我们来到一排大板房前。打开一扇门，只见里面隔成两间，光亮从一条条木板缝隙透过来。这房子是主人用来租给民工住，快过年了，民工走了。我与学生商量后决定，先打扫干净，把行李放进去再说。搞了1小时卫生，洗手时，发现鼻孔都黑了。

随后，我们去十字路口的永胜饭店吃晚餐，接着去县法院找旺堆夫妇。他们不在家，我们又去检察院找，也不见，回到法院，见二楼窗户有亮光，听见有人说话，便敲开门，麻烦这家人打电话给旺堆，原来他们夫妻俩正在亲戚家里，旺堆说马上来。真不容易！

须臾，两道光柱射进法院大院，旺堆跳下吉普车，抱歉地说他妹妹的房子在街上，平常爱去那里玩。他说："走，先去大板房拿行李，今晚住在我家。"行李拿上吉普车，车开到旺堆妹妹家门口，我们跟上楼。白玛央宗正在等候。她穿着一套白色的藏式连衣裙，满头乌发，脸蛋红扑扑的。

白玛央宗见到我像老朋友似的来了个拥抱礼。旺堆的远亲文江次仁也在房里，他是宗西乡的干部，也称江成。旺堆说："江成分到两房一厅的新房，腾一间给你们住。"我进藏前将行程告诉旺堆，江成到县里开会，旺堆让他等我们来了一起走，已经等了两天。江成见到我喜出望外，连声问："你们是否跟县里要车？或者租一辆车，四五百块。"我说："没问题，听你的。先去要车，要不到就租车。"

白玛央宗说："张朝俊与县办张主任同姓，是同时从盐井调上来的，又是朋友，你请他带你去找张主任，有望争取派车下乡。"我只希望能把介绍信转换一下，派车一事不敢奢望。记得上次在贡觉县见到陈新华时，他听说我是自己坐公交车来的，显出异样神情。这些压力我们田野工作者都要学会承受。坐了一会儿，我们4人坐车到法院。旺堆说，不贵重的东西不用拿下车，没人敢到法院偷东西。晚上，我们住在旺堆夫妇家。

第二天是星期天。9点半，我们来找张所长，请他引见县政府办公室张主任。张主任原是盐井中学校长，夫人与他同校，一起调到嘎托镇后在芒康中学任教，家也安在中学。10点，我们到达芒康中学。张主任只给我换牒，其他要求一概回绝，理由是西藏情况特殊，做调查需要逐级审批。

回到县法院，我告诉旺堆夫妇县里不会派车，拜托他帮忙租一辆车到宗西乡。

我原想在县城待一周再下乡，但江成已经等了几天，觉得还是赶早下乡好，乡下的材料比较多，之后再回嘎托镇。这时，旺堆进门告诉我，已找到一个开微型车的司机，人称"老三"。我们4人刚走到院子，老三开着微型车来了。他30多岁，听说去宗西乡，一言不发，然后以退为进地问："给多少钱？"旺堆把他拉到一边嘀咕。一会儿，旺堆走过来对我说："老三要600元，我提议500元，他同意了，你们觉得怎么样？"79公里路，这么贵，说明路况很不好。我点点头。老三说，抓紧时间吃饭，下午1点出发。

微型车驶出三岔路口，沿着318国道东行10公里，拐上林区公路。江成坐在司机座旁边，我与学生坐后排，车尾堆放行李。车过溪流，停在木材检查站的横杆前。检查员示意有人搭车。一位衣着邋遢、别着腰刀的藏族汉子走近司机窗口。老三说车是后座的人包的，他不能做主。藏族汉子于是敲敲后座的窗子。我摇下玻璃，见他用手指自己，又指向车厢，一脸灿烂的微笑。我们于是向里面挪了挪，给他让出个座位。检查员升起横杆，让汽车开过去。

车在搓板路面上颠簸，走一趟就要大修，500元租车费是值得的。突然，车子熄火了。那藏族汉子下车推，车子开动了。上坡时，又爬不动了。我、江成和那藏族汉子3人下车一起推。一路上，走走停停。车子底板有缝，灰尘直往里面灌。驶上山坡后，藏族汉子下车走了，车子继续开。下山时，速度很快，到了平路，前面还有15公里。突然，老三急踩刹车，头发竖起来。他让我们从左侧门下车，保持车辆重心。我绕到前面一看，太险了，车子前轮悬空，差点翻进山沟里（见图6-1）。江成一路吆喝，过了半晌，从村里带来一帮人，抬的抬，撬的撬，垫的垫，拉的拉，终于把车移回路面。这已不是死神对我的初次考验。

图6-1 途中险翻车

还剩9公里，车子上了"之"字形陡坡。轮子空转，走不动了。老三说这辆车是空车，走这种石子路摩擦力不够，于是抱几块石头增重。老三把车退回坡底，加速，利用惯性冲坡，反复几次，还是上不来。我和江成下来推，依然不行。我们猜测可能车子不是轻了，而是重了，于是又把石头卸下。车子退回坡底，再冲，还是不行。折腾了40多分钟，老三泄气了，说恐怕要在这里过夜了。江成去附近找人，带来两个放牛的小青年，他们戴着黑色红头绳，辫子上缠着扎罗，显得帅气英武。4个男子一起推，车子终于上了高坡。

最后一关是过一段冰层覆盖的路面。天暖时，高坡上的水会漫下公路。天冷时，则是一条凝固的瀑布从山坡上倒挂下来，延至公路，犹如一条雪白的地毯。冰层覆盖的路面里高外低，倾斜15度，车轮在上面转动，会不由自主地向公路外侧滑下去。为了增加摩擦力，我和江成用十字镐挖土，取土撒在路面上，老三驾车缓缓开过危险区。

6小时驱车79公里，黄昏时分，我们到达乡政府驻地宗西村。全乡辖4个行政村，居住分散，共有6 000多人、12 000多头牲畜。宗西村位于三岔河谷地带，由此南及县城，东北去戈波乡，西北通昂多乡。村庄面貌与芒康各地相同，房屋土木结构，平顶狭窗，一楼关牲畜，二楼住人，三楼建有经堂和储物间。

乡政府建了两栋新房。一栋为宿舍，一栋为办公楼。江成分到二楼一套两室一厅。房作为卧室和存储室，厅在冬天很有用，安上藏式炉具，可烧火煮饭、会客，夜晚睡觉十分温暖，三面靠墙处放着三张80厘米宽的沙发。江成的老家在芒康县朱巴龙乡，与理塘县的竹巴龙乡一江之隔。他原是行兄弟共妻婚。兄死，现为一夫一妻。早先他在家乡教书，后来参加招聘，进入公务员队伍。

二、"内推外拉"有案例

我之所以到宗西乡做调查，除了本章前文所言"充当三岩调研的切入口"以外，还有两个原因：一是历史影响。三岩位于横断山峡谷区，为吐蕃与中原的缓冲地带，交通闭塞，清乾隆以降曾多次肇事，由于树敌太多而遭到国家力量和地方豪绅的围攻；宗西乡旧称"大石包"，与光绪七年（1881）天主教司铎梅玉林遇害之地核桃园（今朱巴龙乡达嘎丁村）相距不远，与下三岩的门户——戈波乡的直线距离也才十几公里。二是现实影响。人民公社时期，这里的兄弟共妻家庭占八九成，一夫一妻家庭仅占一两成，实行者大多数是困难户、独生子家庭，或者两兄弟一人出家、一人单独成家。1985 年以后，出外做生意者渐多，增加了形成双边家庭的可能性。目前全乡仍有一半以上的家庭是兄弟共妻。也许再过一代人，这种情形就会改变。在改变之前，我想了解当地婚姻形态显著变化的动力学原理——"内推外拉"的力源在哪里。

到达那天晚上，我们一道吃面条。江成给老三找到几位乘客，老三返回时顺路捎上他们，车费从优。江成在卧室睡，我、学生和老三 3 人在客厅沙发上睡。江成宿舍的一切，如炉灶、柴火、电器、沙发等，都是免费使用的。我在盐井准备的面条、腊肉等生活副食品，加上江成从县城买来的蔬菜，可满足三餐所需。此外，村里有两个小卖部，可以购到一些必需品。

用水要从小河边担来。冬天，自来水管冻住了。白天因牲畜饮水和涉水过河，到傍晚时分河水杂质较多。早晨舀水较干净，因夜晚河边结了一层薄冰，河中间的水是流动的，舀水前要先把冰敲破，勾担是铁的，戴着手套握住它不冷。

来到宗西乡的第二天，我们去拜访乡党委书记扎西邓珠。他指定江成负责接待。乡长不在家，无缘见到。我让江成帮忙联系一户兄弟共妻家庭，兄弟越多的家庭越好，我想住进去观察。江成联系到一户四兄弟娶一妻的家庭，问我何时搬过去。我需要有译员陪同才能住进去，找扎西邓珠帮忙。他说，藏历年和春节各放一周假，共半个月，大家都走了，找不到人。江成有两年没有休年假了，去年他写的探亲报告被县委组织部驳回。他不懂汉文，今年想再写一份，我帮他写了报告。探亲假很快批下来了，不久，他搭顺风车走了，临行前叫我们继续住在那间房里，可以任意使用柴房的燃料。

下乡已 10 天。我主要在宗西村的几个村民小组做调查，了解了 20 多户人家。最远的一次是去宗荣村的珠达组，来回 16 公里。有位懂汉文的喇嘛给我当译员。张朝俊提到的几人我都见到了，个别人还接受了我的多次访问。卫生所所长，行兄弟共妻婚，他儿子亦如此。我约他访谈了几次，除了太敏感的问题，几乎都询问到了。我还多次拜访了小学校长克珠江措。当时他年近五旬，在宗西乡工作近 30 年，现已退休，在拉萨居住。他给我提供了许多宝贵资料，我把带来的一个小型暖水瓶送给他表达谢意。

楼下住着一对父女，女儿 13 岁。此外还有两家人，一家是乡里的小车司机斯朗达娃夫妇，一家是单人户晋美。

春节期间下了几场大雪。我出不去，便在房间整理笔记，偶然看见河边有十几头牦牛趴在地上，伸着脖子，倒嚼着从胃里返回的草料，任凭雪花飞舞。斯朗达娃值班，扎西邓珠同意他节后补假，他便带着我学生去了盐井。

他们走后，我继续调查，等休假的人员回来后再了解一些情况。一天下午，我去到一户七兄弟共一妻的家庭，他家养了一只黑狗，用铁链拴住，犬窝就在大门里面的围墙边。这家人正在屋顶上，准备加盖一层。我想上楼看他们劳动，进门后没有发现楼梯，便出门，用手提袋挡住头，步步往外挪，同时向上观察，以防泥砖掉下来砸着脑袋。突然，我感觉右小腿一阵颤动，接着腿肚就麻了，低头一看，原来被那只黑狗咬住。我回过神来，本能地挥动手提袋拍打它，它才松开口，但退了一步又扑上来。我且挡且退，好不容易才摆脱它。这个位置是死角，屋顶上的人没有看到这一幕。

我拖着不灵便的右腿走到一垛木材边，把脚搭起，卷起裤管，血顺着小腿流下来，定睛一瞧，有一个中拇指粗的深窟窿，还好穿了三条裤子，才没有被咬穿，不然情况可能更糟。这条腿是第二次受伤。第一次是在2003年夏天，我带学生到粤东凤凰山实习，在乡下坐摩托车时，因穿着短裤，抬起右腿跨上座位时，右小腿不慎贴到排气管上，烙下一大块皮。当时天气炎热，伤口发炎，两个月后伤口才痊愈，留下一块疤痕。现在天冷，我担心伤口长得慢。

我一瘸一拐地走到卫生所，请值班的曲尼卓玛打狂犬疫苗或血清蛋白。她说不用打，西藏紫外线强烈，很多传染病都没有，除非咬人的那只狗有狂犬病症候。曲尼卓玛娴熟地为我处理伤口：先消毒，再拿支金霉素眼膏敷在创口上，贴好创口胶，用纱布包扎。她交代我不要到处走动，伤腿要休息，两天来换一次药。

小腿肚肿得快，1小时后已像馒头那么大，内裤裤管都挽不起来。想到腿伤不能走路，调查将陷于停顿，连水都担不动了，我黯然神伤。

下午，三辆货车经过宗西乡停了片刻，接着开到30公里外的戈波乡，卸完货后又开回宗西乡。我提前知道翌日清早有车回县城，把各种可能性都理了一下，择优考虑。我想，这次到宗西乡调查是从事兄弟共妻研究以来取得材料最多的，拍摄到大量全家福照片，腿伤期间与其待着养伤，不如先到县医院诊治，再到县公安局看宗西乡的户口资料，然后到县办开一张证明，去盐井继续调查，将纳西乡作为一个参照点，与宗西乡比较。假如开不到去盐井的证明，便在县里休养几天再转回宗西乡。

我跟藏族司机说好搭车到嘎托镇，再把江成的房子收拾好，将钥匙交给扎西邓珠书记，那棵舍不得吃的大白菜也送给他。

上午 9 点，货车结队而行。我坐在头辆车的驾驶室，车厢里还有五六个人。路上过那段倒挂瀑布的冰路时，司机叫大家下车取土抛撒于结冰的路面，我这个伤员也拿起十字镐来挖土。一路上，给汽车加水时，司机让男乘客排队传递水桶，我也站进去递水；快到锯木场时，司机要带一车边皮柴薪到县城当燃料卖，全体人员下车搬运，我也艰难地拐着腿把圆木的边皮举上卡车。下午 4 点，到了县城外的修理站，司机让乘客下车，说好的车费不作数，要多交一倍，只能照做。我将行李寄放好，背上唯一值钱的照相机，一瘸一拐地进城找旅店，再找张朝俊。找到他后，他开车带我去城外取回行李，拉到旅店。

每天我都在旅店的炉子上煮面条，再从街上买几个馒头回来，就着榨菜对付一餐。俭朴的生活可使不良分子以为我是穷困潦倒的书生，榨不出什么油水，不来打我的主意。旅店有一间娱乐室，里面有一个火炉，还有两张圆桌，住客喜欢在那里搓麻将。有个昆明人，50 岁的样子，他说自己在芒康做生意好几年了，从未回过昆明。我猜想可能是出门避难的。

我去县办找张主任，他把我们夸了一通，还说向书记、县长汇报后，他们也表示想去宗西乡探访。张主任给我开了到盐井纳西乡调查的证明。

走在马路上，听到有人叫我，只见白玛央宗从法院楼上探出脑袋。她答应替我约邓副院长。下班时，她拐进旅店找我，想告诉我约见邓副院长的情况，当时我去县医院看腿伤了，回来才知道。翌日早，我跟邓副院长谈了一小时，他坦承自己出来工作时在宗西乡老家遗有原配，并且给了我一份宝贵的资料，是关于芒康县婚姻状况的调查。

我要咨询的部门基本跑完了。最近几天没有客车到盐井。下午，我去找货车，想着要是有车马上跟车走。我在路边看到一辆卡车在装货，便问一个司机模样的人是否去盐井。他一本正经地说："装好东西就走，50 元一个人。"我赶紧回去退房，提着行李，拖着伤腿来到他面前，他竟若无其事地说："车子不是我的。"我只得租车返回原来的旅店。这些人是不值得纠缠的。回旅店后，我把衣服洗了，行李收拾好，做好出发准备。

三、撤回盐井治犬伤

3 月 6 日下午，我去嘎托镇正街背后的天葬台拍照片，在山上看到那家饭店院内停着一辆客车，有人在洗车。我瘸着腿赶去问，司机说："现在就走，空车回盐井，那边乘客很多。"我连忙雇三轮车把行李从旅店拉过来。

刚上车，车就开了，时针指向 4 点半。走了 110 多公里，翻过两座大山。客车在山顶加水时，我走出车厢，四周是雪域，冷风袭来令人颤抖。客车从红拉山下坡，澜沧江峡谷在望，绿油油的麦田洋溢着春天的气息。晚上 8 点半，到了下盐井，客车停在那家藏式旅店前头，我把行李移到路边的柳树底下。微风吹动枝条，犹如少女长发摇曳，刚从宗西乡的严冬过来，置身于河谷的春潮，心底涌出一股暖流。

平常沿着小路下到村里五六分钟足矣，现在受腿伤困扰，我来回挪动大小两件行李，10 分钟才走了一半路。这时，从盐井中学下来两位学生，帮我各提一件，放到街口。对面是商店，上个月我在那里买过东西，认识湖南来的老板娘，遂将行李挪到门口请她帮看一眼。

旁边是陈必贵承包的旅店，但我这次持有芒康县政府的介绍信，因此想去乡政府问问能否安排住房，这样不仅节省住宿费，还方便联络调查对象，当其来到我住的房间，就知道这次受访是公事。

乡政府大院仅一个窗户亮着灯，敲开那扇门，出来一个女人，她姓刘，汉族人，是盐井小学教师，刚生孩子不久。她在看介绍信时，一名男子骑摩托进来，他名叫欧珠，高大魁梧，是纳西乡派出所所长、刘女士的丈夫。他告诉我，乡政府的人不住在这里，派出所值班室有张床，可权且对付到天明。说罢，他跟我去商店门口取行李，带我上了二楼值班室。

安顿好，我方觉得肚子饿，想起纸箱内有半把从嘎托镇带过来的面条，就拿着来到楼下住户门前。那家人开着门，一个年近四旬的男子在看电视。我征得他同意，打开铝饭盒在电炉上煮面条。那位男子叫何思奎，矮小壮实，重庆忠县庙垭乡人，1966 年出生，1989 年与堂兄来盐井做木工，翌年与纳西女子索朗旺姆结婚，婚后育有二女，长女何燕，13 岁，次女何芳，11 岁。堂兄比何思奎年长十余岁，几年前与一位纳西女子结婚，妻子比他小 26 岁，亦在本地安家。这个情况说明，一些汉族农村的大龄青年难以在家乡解决配偶问题，出门到边远地区谋生，反倒有较大的选择面。临睡前，我把今天的印象整理进笔记中。

早晨，我见一位戴头巾、年约三旬、五官端正的纳西女子正在门口做饭，估计是索朗旺姆。她比何思奎高半个头，娘家在去江边盐场的半山腰。何思奎 3 岁丧母，饱尝人间冷暖，对旺姆的外貌和家庭比较满意，甘愿上门。他当了 14 年赘婿，获得领出妻子分居的权利，在菜市场租房，但未得到一分耕地、半块盐畦。靠着技术和勤奋，他积累资金买了一辆手扶拖拉机搞运输，收入比做木工高得多。旺姆做杂工，也有少量收入。全家正筹备在 214 国道旁边建房。

9 点半，我见到乡党委书记索南邓登，他也有由教师转为公务员的经历。我请他安排住宿。他为难地说："乡政府没有空房。"停了片刻，反问："你能否住旅店？"我说："主要是不方便工作。"他说："如不嫌弃，住在电脑室可好？我去找张床。"就这么谈妥了。

电脑室在二楼。中午，我去催问。他说："没有找到床。"我指着走廊里的靠背椅说："用两张条椅拼起来可作床，只要能睡，门板也可以，我是来工作的，哪能太讲究！"他听了很高兴。于是，我将两张条椅拼起来，四面封闭，像一个 U 形大摇篮。索南邓登从办公室拿了一床唐卡来，铺在下面。我垫上床单，放上睡袋和棉絮，就成了我的窝。棉絮是在盐井买的，带进宗西乡，留给江成一床，带出来一床。乡政府有电炉、水壶、暖水瓶，我可用铝饭盒煮面条。

我请索南邓登联系各村村主任，还要他安排译员，以便访问。他说："乡干部惯于让村主任到乡里来开会，然后给一点误工费，这样双方都高兴。你不妨也采取这种方式，这样比较好谈，但你得付村主任误工费 80 元一天。"从索南邓登这段答话中可以看到如今民族学的田野工作没有 20 世纪 50 年代那么好做，当时上级的介绍信很吃香。

县里给每个乡配备两辆吉普车，乡长和书记各一辆。过了两天，我去问索南邓登译员和联系村干部的事，他早已去县城开会，几天后才会返回。自从住下来后，我利用官方的条件认识人，开展工作，没有浪费时间。

纳西乡有电脑和打印、传真设备，未装宽带网。电脑员是珞巴族大学生，名叫扎西。征得他同意，我可以用电脑查阅文件，整理当天记录的资料，还可以调出人口户籍资料打印带走。对比宗西乡和左贡县的情况，我觉得昌都地区的乡镇办公自动化程度已是比较先进的了。

我的右腿已 4 天没换药，再不治疗可能会化脓。撤到盐井的翌日早上，我去到乡卫生院。黎向奎院长为我细心检查，挤了脓水，敷上药膏，片刻处理完毕，费用不到 3 元。那天夜里，我受了凉，咳嗽不止。幸好盐井海拔低，医疗条件勉强对付，黎院长让我连续吊了两天针水，把病毒压下去了。

我在盐井瘸着腿走动，除了关注直接对象，也关注间接对象，学校、机关人员便是。他们文化水平较高，会说普通话，对当地文化传统、风俗习惯、国家政策法律无不通晓，讲得出名堂来。

一天，欧珠带我进了一间房子，指着一个警员介绍，他叫丹增，拉萨人，毕业于西藏民族学院大专班，分到昌都后通过考试进入公安系统，二次分配到芒康县宗西乡派出所，刚从宗西乡调来盐井不久。1 小时后，丹增来到电脑室与我相见。他说妻子米玛是宗西乡人，我要了解的情况她知道得更多。米玛不懂汉语，他可以翻译，欢迎我晚上去他家拜访。我很兴奋，认识到有些事情在宗西乡不易了解，反倒可以异地了解，因为同一桩事在某个时空比较敏感，在另一个时空则是公开的。当晚我去找他，可家里没人。翌日晚上又去，还是扑空。第三天晚上再去，终于见到他们全家。米玛很年轻，身材高挑，皮肤黑里透红，有一种自然而健康的美。她虽然没有文化，但丹增不在乎。丹增和米玛的儿子 3 岁了，一副顽皮可爱的样子。

邓登回来后，立刻给 4 个行政村的村主任打电话，让他们先后有序地来乡政府找我，又让乡里的财务员、计划员（毕业于厦门集美航海学院）和乡人大主席轮流当译员。每次访谈结束，我都依照常规送给他们一点礼物。之后，我又去了一趟上、下盐井，请两位村主任带我入户，获得一些珍贵的资料。

下盐井有一户多偶婚家庭，四世同堂，家名叫旺达从。第一代：妻子白追，原是四兄弟共妻，1959 年因时局变化而导致家庭生变，如今白追已过世。第二代：妻子次仁林珍，大丈夫扎西江措、二丈夫扎西杨培。第三代：长女扎西拉仲、女婿朗加，次女扎西白珍，小女卓嘎。第四代：长女与女婿的孩子。户主是江措，他与杨培是两兄弟上门给次仁林珍做赘婿。江措与杨培以前开拖拉机，现在开汽车。入赘式的兄弟共妻婚相当稀有。[①]

扎西白珍 23 岁，在西藏大学读书，我到来时她正好回家过寒假。她天生丽质，性格斯文，谙熟藏语，懂纳西语、汉语，还在学德语，欲投奔远在瑞士的姑妈。她给我当译员，带领我循着她的亲属关系和朋友链条一家一户地访问。山区的封闭性与婚姻市场的自给自足，使同一个村庄的亲友关系盘根错节。当她完成全部亲友的介绍时，我也完成了小半个村庄的入户调查。田野调查就要这样，偶尔会发现契机，一是谈话所触及的某个热点，二是发现有意思的采访者，于是像链条一样拖出一大串访问对象。

我在盐井的 13 天，工作卓有成效：笔记本记满了，从两个乡得到若干资料，拍到了珍贵的照片。我还打听到从盐井到碧土乡的小路长达 30 公里。回穗后，我与部分在当地认识的人还保持着电话联系。这给我一个启示：田野工作不是像打自来水那样，拧开水龙头，水就哗哗地流淌出来，而是

---

① 详见坚赞才旦、许韶明：《青藏高原的婚姻和土地：引入兄弟共妻制的分析》，广州：中山大学出版社，2013 年，第 136 – 139 页。

像夜晚的露珠，需要小心收集。调查虽有场域限制，但在电话、网络普及的今天，科技可以助人突破限制，因此离开当地后，调查并没有完全中断，给当地人留下好印象，保持联系，就可以延续下去。

四、武功不废待重来

如果说，我带着一丝悲怆来描述宗西的田野工作，倒不如说更多的是谦卑的笔调，坦诚而言这是一次中断的田野研究。克服重重困难下乡，本想潜心利用来之不易的条件，全力以赴，待到4月蚕豆开花时再结束调查，不料右腿被狗咬伤。我承认这次调查不够完满，将全部材料搁置一边，希望来日东山再起，在现有资料的基础上继续添加，完成一篇厚实的调查报告。然而，就像古希腊哲人赫拉克利特所言："人不能两次踏入同一条河流，因为新的水流不断涌来。"自从离开那里，新的际遇和任务一浪浪袭来，令我风尘仆仆，疲于应付，结果希望变成空想，空想变为遗憾。现在即便让我再回到宗西也是没用的了，因为当时的调查对象——兄弟共妻制在之后几十年社会变迁的冲击下已接近尾声，而最近十几年的社会变迁更快，它们已经面目全非了。不过，回眸这次田野经历仍有点滴收获，它们是我田野工作的一部分，让我在西藏研究中"积小胜为大胜，积跬步至千里"。主要有三点：

（1）调查前充分准备，做好理论预设，调查中强化意志执行力。首先，心中要有四个"清楚"，明确调查目的、确定地域范围、查阅前人文献、拟定粗略提纲；其次，要有应急方案，抵埠前，我希望宗西乡的传统婚俗依然繁盛，就像历史记录的一样，但是，多少对这种高比例的婚俗有所怀疑，反而对它们的稀少和衰落考虑较多。由于对逆境准备较充足，结果两种情况都抓到：一是高比例的旧婚俗仍有，二是它是走向消亡的历史绝响，回光返照之后将不复存在。所以能从容淡定地面对现实的样本，细细查访，抢救到大量第一手资料，为复原特殊婚制的历史轨迹，预测未来，做出了有益的探索。

（2）世界上绝大部分地区的民族关系总是敏感的，民族之间多少存在"社会距离"。我国各民族在政策法令指引下，享受着平等的政治权利，民族关系的主流是团结、友好、融洽，但由于历史、文化、经济条件不同，各民族还没有达到事实上的平等，大民族主义和狭隘民族主义的思想残余也在一部分人的头脑中存在。因此，调查员在工作中要与当地人保持良好关系，偶尔被人误解也不要大惊小怪，要端正态度，明确认识，多从对方的立场考虑问题，通过良性互动使对方认识到调查员所为不仅是为"自己"捞材料，也是为当地复原历史记忆，提高文化保护意识。如有可能，应多请基层干部、地方精英帮忙，对于他们的襄助给予报答。

（3）人类的一半是女性，男女共同创造文化、共同继承与传递文化。由于生理和其他原因，社会分工有性别差异，女性调查员对于了解妇女的生活内容、思想观念，缓和田野场景的紧张气氛具有独到的作用。有鉴于此，我提携一位女生，让她调研民族服饰，从她的家乡花腰彝族切入贵州省的黑苗，再转换到藏族，帮她成功申请到研究经费，带她到西藏。在她的成长路上多鼓励、少批评，包容她的幼稚，不仅疏通一些关系资源陪同她调查，也提醒她学会保护自己；照顾她的情绪，允许她提前回家；为她的身体考虑，挑水、劈柴、煮饭都不让她做，使她获得满满的教益。我自己别无所求，算是对学校、学生负责，也是践行张载"为生民立命"的语录。

第七章　梅里雪山背后的玉曲河

社会科学重在求真，人文科学则重在寻找意义。人类学具有社会与人文两门学科的性质，具有探求真实与追求价值的两重性。为了完成玉曲河谷的婚姻考察任务，我不仅关注当地经济形态的终端作用，也关注整体关系的结构功能，并将偶遇的事实整理进文本，黏合零碎片段来填充叙述的缝隙。当旺堆告知龙西村没有多余妇女是因为多偶制的两种形式平衡，探明真伪的欲望便推动了我的碧土之行，以走进梅里雪山为始，以走出梅里水村为终。

一、前往碧土目的何在

汽车快到升平镇时，澜沧江奔流在脚下，站在飞来寺附近手搭凉棚可眺望梅里雪山。此山在滇藏边界，南北延伸150公里，东麓在德钦县云岭乡，有海拔6 740米的卡瓦格博峰。北麓在左贡县碧土乡。西麓在察隅县察瓦龙乡。北麓与西麓的风姿唯有途经的商贾、转山人或探险者才能领略到。为了探索北麓的多偶婚，我想从西藏的盐井翻山越岭进入碧土，再沿着玉曲河去龙西村，然后翻越梅里雪山回到云南。

碧土乡在左贡县南缘，面积683平方千米，辖碧土、扎郎、布然、地巴、花坝、甲郎与龙西7个行政村。此乡2005年常住人口2 300人，290户（户均8人），每平方千米3人，两性比例平衡。碧土是丘陵河谷地貌，呈漏斗状，北高南低，上半部宽，下半部窄，平均海拔3 700米左右。玉曲河是怒江左岸一级支流，流经全乡，在巴布村注入怒江，两岸宽20米至80米不等。

从交通情况可以看出碧土的重要性。全乡有4条路里通外延：南达察瓦龙，需走一天半，可延至丙中洛、贡山、福贡，直到大理；西行察隅、波密、工布（林芝）等地；北上盐井，可达芒康、甘孜；西北穿过觉玛、吾通、扎玉到县城旺达镇，行程两天，继而可北上邦达、昌都；东南至云南佛山乡梅里水村，行程两天半，经德钦可至迪庆。以上4条路皆经甲郎，故此地为滇藏茶马古道出入口。甲郎在碧土村东面20余公里处，骡马驿道四通八达，再往东走20余公里就是龙西村。每岁冬季至初春商旅不通，与世隔绝，唯有西北沿着玉曲河的路不受冰雪所阻。

玉曲河蕴藏丰富的水力资源。我还没踏入那里就隐隐约约听说，大唐西藏分公司作为投资方，拟在吾通乡以下几十公里长的河段上建7个梯级电站。第一期为碧土、扎拉电站。扎拉大坝建在碧土村下游10公里处，大部分河水将被拦在坝内，不再流经下游。右岸打通一条5.1公里长的引水隧道，水位升高后，河水将直接从隧道流到第七级电站发电，河流的纵向连通性被切断，阻隔了鱼类的洄游通道，鱼类生长的激流生境将转变为缓流甚至静水生境。花坝以下 50 余公里长的河道将干涸，玉曲河大拐弯将不复存在。实现"二库七级"规划后，成德、中波两个库区会作为湖区经营旅游，湖岸将分布别墅群，湖中开辟船运，形成居民点。受电站群的拉动，玉曲河下游的自然与人文景观将有较大改变。在这一天到来之前，对碧土乡进行调查显得格外重要。

碧土原为宗，在旧西藏时宗相当于县，驻有宗列赤和朵马本。宗列赤（宗本）为民政官，相当于县长，其下有仲译（文书）、捏巴（账房），基层派俗官协敖催缴赋税、上传下达。朵马本（代本）为军政官，相当于营长，如本、甲本、定本相当于副营长、连长、排长。此外还有僧官，即当地寺庙堪布。军、民、僧三方各司其职，形成完整的社会管理体系。光绪末年（1908），川滇边务大臣赵尔丰改土归流，将原属四川省巴塘县的盐井乡析出，与徐中、碧土、门空①、杂瑜（今察隅）等地合并成立盐井县。宣统元年（1909），刘赞廷编的《盐井县志》，所记为县令王会全等踏勘地形、清查户口、造册呈报的成果，上述地点的寺庵亦在内，如毕土寺（今碧土寺）等。宣统三年（1911），清朝覆灭，恢复碧土宗、盐井乡。民国廿一年（1932）10 月，《岗托停战条约》规定金沙江以西归西藏②。1959 年，碧土由宗改乡。1979 年，中央下文，同意碧土单独建县，因难以落实，复退为乡置。

我去碧土主要是想了解龙西村是否平衡地存在多偶婚的两种形态，另一个目的是为学生写博士论文寻找调查点。此行我带上了外甥女，其在读旅游管理专业，我出于关心带她去补充实地知识，后来证明是不必要的。

我给王斌局长打电话，询问开公函的可能性。他表示不必开公函递达，只需我到达碧土乡时请乡干部致电县政府，他再以县民政局的名义交代他们接洽。

我和学生、外甥女在昆明集合后，准备坐班车先到迪庆。三人大小行李七八件，还有一口高压锅，一箱副食品，有卤腐、腊肠、腌肉等，准备一半饮食自行解决，实践土呷的经验，降低肠胃不适的概率。

---

① 现在门空为西藏自治区林芝市察隅县察瓦龙乡的行政村。
② 参见该条约第二条："汉军以金沙江上下游东岸为最前防线，藏军以金沙江上下游西岸为最前防线，双方军队不得再逾越前进一步。"载西藏自治区江达县地方志编纂委员会：《江达县志》，成都：巴蜀书社，2010 年，第 663 页。

晚上8点，班车开出车站。原定8点半到迪庆，因路上车里发生窃案，11点才到达，去德钦的班车票已售罄。我们打算买站票，坐在车厢过道的小凳子上。两位司机在车顶装行李，我问补票一事，他们一口答应了。有位藏族朋友也想走。司机说，城里检查严，既然你们行李已上车，不如到加油站等候。那位藏族朋友拦了一辆出租车，招呼我们一起走，在城外上了班车。

我们在德钦找到旅店，要了一间4人房，放好行李后去街上逛了一趟。

清早，来到客运站，我遇见尼玛定珠，这是我们第二次见面。上了车，我掏出一块漂亮的电子表送给他。到盐井后，车停在陈必贵的旅店门前。出发前我给陈小女打了电话，她答应维持去年的房价。下榻后，那位赘婿要求每位加5元，因为我们要用他们的厨具与调料。

我又给索南邓登书记一块上等的电子表，请他代为租骡马。翌日，他回话：租一匹骡马一天100元，牵马人50元，共150元。我也给了上次当译员的女会计以及陈必贵、黎向奎各一块表，给了盐井中学校长嘎罗一些教学材料。因警员丹增已调走，无以致谢。

我再次去到澜沧江边，何思奎的长女何燕带路，学生和外甥女同行。纳西乡的4个行政村，除了角龙在山沟外，其余3个村均在山沟内。加达村在右岸江边，上、下盐井两村在左岸台地，下盐井即纳西村。这3个村都有盐田。右岸是红壤，产红盐。左岸是黄壤，产白盐。两岸原有2 400多块盐畦和储卤池，现在只有1 000多块盐畦。盐棚用柱子支撑，倚着陡坡，层层叠叠。河床沿岸是洞穴式的盐井，为了防止江水漫入，村民砌起圆形围栏，犹如碉堡，常由妇女背着木桶，踏着木梯从井沿去到井底，背着卤水倒回盐池，任其蒸发浓缩，再将其分配到盐棚上的盐畦里晒干成盐。两岸的盐井都在江边，但左岸的盐井位于百年一遇的洪水线以上，所以有"水有多高，盐井就有多高"之说。右岸的盐井在洪水线以下，故年年被水淹。6月至9月是雨季，江水上涨，不利于晒盐。从秋风送爽到春暖花开，是晒盐的好季节。村民将晒好的盐巴用骡马驮运回家贮存，再运到外地换回粮食。

盐井是藏族和纳西族共同开发出来的。木氏土司派人沿着澜沧江左岸修建碉堡，当地人称之为"荣基"。下盐井的山坡遗有碉堡的残迹，相传木氏土司被格萨尔王打败后退到江边，勒住缰绳，战马双蹄腾空，踹了一脚岩石，在地上留下痕迹。在田野调查中，收集神话、传说、歌谣是一件重要的工作，它们是当地事物起源的古老解释，千万不要看不起，抱以漫不经心的态度。何燕带我们看了荣基，又带我们去次仁白拉的旅店找她公公斯郎珠扎。我们在隔壁茶馆找到他。珠扎是退休干部，已72岁，有32年教龄，曾任盐井中学校长和芒康县文教局副局长，他的翻译非常到位。珠扎有文化，阅历广，易相处，给我留下深刻印象。

上次从宗西乡撤回盐井时，上盐井的村主任贡秋次仁带我访问了七八户村民，获得宝贵的资料。2005年8月3日早晨，我带上礼物重访贡秋次仁，学生和外甥女跟随。不巧那天举行角龙坝大桥通车仪式，有文艺会演，村民倾巢而动，我们没见到贡秋次仁。接着，我们参观了教堂。路上碰到何思奎开着拖拉机经过，把我们捎回下盐井。

下午，索南邓登书记说："早上牵骡子的人来旅店找你，他叫瓦迪，是加达村的代课老师，他让你们明天中午12点到松达电站的吊桥旁等候。"

松达电站在澜沧江右岸，利用二级支流松达溪发电。214国道离盐井6公里处有个入口，一条土石路呈"之"字形伸向江边，跨过吊桥就是电站，由此插入山坳，翻越白达拉山可抵碧土。这条山路有30公里，已见前述，是云南马帮开辟出来的。宣统二年（1910），程凤翔率新军两营去杂瑜宣示主权，由盐井到碧土就是走这条路，继而到甲郎，再到察瓦龙，接着西行至杂瑜。后来，解放军配合昌都战役，歼灭盐井藏军也是走此路。

早晨，陈必贵的赘婿开着一辆轻型货车要去滇西运菜，顺路捎我们一程。上午9点，我们到了那个"之"字形路口，卸下行李。我俯视松达电站，一种前途未卜的感觉涌上心头。

二、翻越白达拉的苦旅

我们三人在吊桥边等候。这时，来了几头骡子，不是邓登帮我们雇的，而是回碧土乡的空骡。赶马人问是否要租，价格适中。本来应该果断讲价，租用两头骡子，马上就走，至于索南邓登书记约好的牵骡人，取消并适当赔偿就行，但因快到12点，为了守信，我没有答应，赶马人便赶着空骡上了白达拉山。

正午，瓦迪赶骡来了。他能说少许汉语，看了行李，说："骡子驮不动，除非加钱。"瓦迪太爱惜骡子，我向他解释："除了高压锅和食品箱，其他都不重。"见他不肯让步，我取出一块手表，说："就依你，加50元，再给这块60元买的表，行吗？"此行我带了十几块崭新的电子表当作小礼物。瓦迪一脸迷惑，似懂非懂。为了不使事情生变，我请来电工扎西拉措，当面把话说清楚。瓦迪沉吟片刻同意了。他招呼我们快走，打算4点走到一个山村过夜，明早5点出发，黄昏到达碧土乡。

我们4人踏上羊肠鸟道（见图7-1）。听瓦迪说，跑这趟是替读大学的儿子挣学费。路上，他教我们说藏语：玉曲河是"察乌玉科"，荞麦是"当波"，玉米是"尼克"，白杨树是"色尔"，柳树是"索格尕"。走到那个小山村，我们在瓦迪亲戚家休息。主妇与20多岁的女儿拉措跟瓦迪嘀咕后，瓦迪问我们想不想继续走，如果想走，可以再走两个小时，到山上这家人开的店铺休息，明天可以少走两个小时。如果在村里过夜，早晨5点就要起来赶路。

图7-1　我们4人踏上羊肠鸟道

于是，我们又走了两个小时，拉措跟着。来到一个小窝棚前，这就是所谓的店铺，里面有两张床，四排木板，搭成桌椅状，拉措的姐姐、姐夫在此照料，为过往行人和转山人服务。靠墙摆着一些罐头、方便面、饼干之类的小食品，条件与刚才有天壤之别，吃饭、睡觉都成问题。瓦迪与3位亲戚，加上我们一行，共7人。这时又来了3个男人，二老一少，去徐中乡买牦牛，赶牛回碧土乡。一个巴掌大的窝棚要住10个人。

我给拉措50元住宿费，又买了十几元的食品，借他们的锅加工。

瓦迪鼓动拉措说服我们再租一匹马，这样一举两得，既可减轻瓦迪骡子的负担，路上走快点，又可让表亲家多赚点钱，昨天在松达电站他还没干活就要求加酬劳且一分都不能少。于是拉措对我说："你们有个女的走不动了，想不想租马？100元送到山巅。如果要租，我们回村牵上来。"

我讲价到 50 元，见对方摇头，又加到 80 元，对方还是不让步。他们是乘人之危哪！我想妥协，因外甥女确实走不动了，学生也很虚弱。我对二人说："100 元也罢，租一匹你们轮流骑，好吗？"外甥女坚决不同意，说："已经走到半山腰了，要租的话，早在江边就可以租。"其实我们三人不了解情况，要是知道前面走到山脊线的路程还很远，说什么都该再租一匹马。

深夜 12 点半，屋顶响起"滴滴答答"的声音，很快，被子上有雨滴落的感觉。我打开手电筒一看，糟糕，顶棚漏雨。雨停后，屋里还在"滴滴答答"地漏水。

5 点半，我起床把水烧开，然后煮面条。行李在棚子外面淋湿了。我们吃好早餐，瓦迪才起床。他让我们先走，称自己喝完酥油茶再牵着牲口随后赶来。

天还黑着，雨又淅淅沥沥地下个不停，我们打开雨具上路。进入原始森林，到处弥漫着雾气，地上是青苔，树上也挂满青苔，潺潺溪水从高处冲下来，闪着清亮的银光，不时有几棵粗树干横跨溪流，从上面走过如履薄冰。地下腐积叶厚实，已被水泡发，落脚稍有不慎就会滑倒，有时一脚踩下去陷好深。我们穿行在迷宫中，谁也没有这样的经历。随着海拔越来越高，人的喘息声也越来越粗。走了一个小时，外甥女疲劳至极。学生也掉队了，他昨夜受凉感冒了。因连续赶路和彻夜难眠，我们三人都很虚弱，但意志还没有放松。我鼓励他俩："这条路是很艰苦，但完成此行后，回首这段经历，还是会有感慨的。"

走了三四公里路，突然，寂静的森林里传来"咚咚咚"的马铃声。林中出现一人一骑，骑马的汉子挎着腰刀，正沿着小路上来。

那汉子见有人招手，驻足打量我们。我打手势说，可否带我们一程。他懂我的意思，伸出两个巴掌，竖起八个手指，下马拴缰绳。我减去两个手指，意思是 60 元。他不语，我以为他同意了。谁知他牵马就走。语言不通，谈崩了。我不清楚问题出在哪里。这时瓦迪赶来，我请他帮忙，他大声疾呼，叫住汉子，终于成交。后来得知，那汉子是碧土乡花坝村人。

现在外甥女和学生可轮流骑马了。又走了一个小时，我们停下小憩，燃起篝火，饮茶、吃糌粑。谁也没说话，静谧的森林，黑压压的山峦，令人心生恐惧。又上路，翻过山包，脚下是一片砾石，周围全是两三米高的杜鹃灌木丛。来得不巧，要是 4 月赶来，整个山头全是花海。我不禁想起在翻译海门道夫的自传时，曾被书中描述的山花烂漫的情景所打动。① 下午 1 点，我们快到海拔 5 200 米的山顶了。学生累到极点，落在后面苦苦支撑，我陪着他。外甥女骑马在前，因血液循环慢，冷得直哆嗦。汉子牵着马，见她颤抖不止，赶紧扶她。她瘫软在地，一点力气都没有了。汉子用他那粗大有力的手拍她的后背，促进血液循环。见外甥女又冷又饿，我掏出一块萨其马给她，她几口就吃完了，补充了一点热量。

山顶是木许乡与碧土乡的分水岭，付过汉子钱，我们开始下山，他循另一条路走了。外甥女踩到一块石头，脚一软，摔了一跤，痛得无声地哭泣起来。这是她进藏以来的第一次哭泣，她是很要强的女孩子，我看着心里着实不忍。还好，下山没有上山费力，海拔逐渐降低，氧气量增加。学生服下的感冒药也在发挥作用，他恢复了体力，挽着外甥女慢慢下山。此时瓦迪已冲到前面去了。到碧土乡还有小半程路，考验还没有结束。

下了一道梁，我们来到叫处贡的高山牧场。见瓦迪站在一间木楞子房门口招手，我们赶紧进去，在火塘边休息了一会儿。

横断山的垂直气候拓展了人畜的生存空间，夏天山顶绿茵茵，牧草疯长，冬天白雪覆盖。每个村都有高山牧场，各家用原木搭起棚子，在棚子里挤作一团，将牲畜放在沃野里，依靠骡马驮粮食上山、驮奶制品下山。牦牛、骡马通人性，早上出去，晚上自己回来。绵羊的习性不同，需要专人看管。

处贡牧场有人回碧土乡。瓦迪极力说服我租两匹马，以加快行程。一匹马 50 元，我本想租一匹给外甥女骑，可没有鞍与镫，怎么骑？她骑上去，坐不稳，很容易滑下来。当地人的生财之道有限，他们自己不骑马，因下山坡度陡，人重心前移，滑到马头位置，马走得快，人坐不稳，不像上坡，人重心后移，滑到马屁股，马走得慢，人可伏在马背上。我们只能放弃租马。

瓦迪说："骡子习性急，不能慢慢走，你们沿着这条路慢慢来。"须臾，他已走得无影无踪。我本可走快些，但不能撇下同伴。

终于走出原始森林，来到山脚，只见树缝中露出蓝天，远处有两条玉带：一条是正在修建的公路，一条是玉曲河。碧土乡就在河谷的台地上。

我们上了公路，对于往左还是拐右，不敢贸然决定，一直等到有人路

---

① ［英］克里斯托夫·冯·菲尤勒 - 海门道夫著，何国强译：《在印度部落中生活：一位人类学家的自传》，香港：国际炎黄文化出版社，2009 年，第 125、167 - 168、190 页。

过指点，又走了一个小时，傍晚到达乡政府。碧土乡政府的两栋房子直角相交，一栋是楼房，一栋是平房，平房有个房间开着门，一群人正围着桌子吃饭。其中一人放下碗筷，带我们进了房间，地上放着瓦迪卸下的行李。

我们见到了5位乡干部，分别是李贵龙副书记、陈高原副乡长、拉巴副乡长、卫生员与秘书。书记和乡长不在。其中，李、陈是团结户，父亲是汉族人，母亲是藏族人。拉巴分管民政，他拨通王斌的电话。电话那头言辞恳切，要求他尽量协助我们。拉巴安排了二楼的两间空房。一间是县下乡工作组居住的，有炉具、锅、碗、菜刀、砧板等；一间是挡头的办公室，有张沙发床。

乡干部善待来客，让我们到菜园子采摘，柴火也不要钱。我赶紧烧水煮面。瓦迪折回来。付钱时，他反悔了，不要手表，要现金。这种事情是田野工作经常碰到的，让人哭笑不得。原来索南邓登说的是150元，现在我总共付给他250元。在西藏东南部如何把原则性与灵活性、讲信用与忍让恰当糅合，的确是一门考验人的艺术。

翌日早上，楼下传来吵闹声。两位教师到乡政府评理，一位名叫乔樑，是汉族人，另一位是藏族人。陈高原听了双方的陈述，极力劝说。趁李贵龙、陈高原带我和学生去碧土村转一圈的机会，我了解到汉藏教师的关系。

第三天，拉巴带我和学生去村子里做问卷调查，发现一户姊妹共夫家庭。下午，我们去找乔樑老师。他来自重庆，娶本地人格桑拉措为妻，育有一子，寄养在父母家。乔樑说，当地小学在花坝、扎郎、甲郎和龙西建立了4个教学点，还承担着给农牧民补习文化、讲解科学常识的任务。格桑拉措带我们去6公里外的岩迫村访问一户姊妹共夫家庭。因炸山修公路，我们走小路，穿密林，碰到一位黑衣姑娘，她是花坝村教学点的老师，又遇到一家人在路边休息（见图7-2）。夫妇面相不同：男人是长头颅，直前额，高鼻梁，眼窝较深，带有印欧人种的特征；女人是宽头颅，鼻梁扁平，眼窝较浅，属于蒙古人种纤细型。由此可看出当地群体与古代民族的联系，这是三江并流地区民族走廊的历史证据，如今可以用体质测量来识别，把民族学研究引向深入。16年后，即2021年春，我在青海省玉树州囊谦县娘拉乡多伦多盐场见到一位年近五旬的男子，他的脸型酷似这位碧土藏民，尤其是那只大鼻子（见图7-3）。我推想二人可能源于同一个群体，尽管两地相距数百公里。

图 7-2　玉曲河边一家人

图 7-3　青海省玉树
州囊谦县的一位藏民

　　我们来到一座藏式伸臂桥上，过桥沿河走了 20 分钟，到了那户人家。男主人名叫夏晓华，是个木匠，从四川到拉萨打工，与这户人家的小女儿相识，上门入赘，后来又跟大女儿有了关系。姊妹各生了一个男孩。从夏木匠家出来，我们拖着疲倦的身子往回走。黄昏，快到修路工地时，看见一群孩子从上面走下来，经询问，得知此路可行。走近一看，根本没有路，从悬崖炸下的大流沙上只有一串脚印。学生与格桑拉措双眼平视，踩着脚印快步向前，连闯几关，顺利通过。我提着包，重心不稳，走到中途，看着脚底湍急的河水，有点目眩，身子向内倾斜，不敢站立。格桑拉措见我进退两难，大喊："别慌，我来帮你！"她急步返回，接过我的提包，径直向前。我卸掉羁绊，平衡重心，鼓劲走过去。

　　第四天上午，我与学生在碧土村调查，并决定沿着玉曲河继续开展调查，先转到花坝村，再到甲郎村住下，最后去龙西村，之后翻过梅里雪山返滇。外甥女将先回昆明，我和学生则继续行程。我请拉巴征派两匹马和两位牵马人与我们同行。拉巴用藏文开具了证明，供我们沿途出示给前方村庄。为了感谢 5 位乡干部给予的帮助，我给他们每人一块电子表，也给了格桑拉措一块表。回穗后，我还履行了诺言，通过邮寄，向碧土小学图书馆捐赠了一批书籍。

　　第六天早晨，倾盆大雨下个不停，马夫牵着马匹来了，先送外甥女离开，她将原路返回盐井。

　　约莫两个小时后，一对村姑牵着两匹马来到乡政府。她们是同母异父的姊妹。姐姐的生父去世后，母亲带着她改嫁到碧土村，生下妹妹。雨淅淅沥沥地下着，我和学生各骑一匹马前行，玉曲河沿岸的景物一览无遗，人烟稠密的村庄皆有寺庙，路口是玛尼堆、佛塔、转经筒，山咀扯起经幡，现在还不是转山季节，届时将增设帐篷商店或木楞房。

这里的民居皆为三层式，外部石块堆砌，逐层收紧，内部木柱支撑。一楼关牲畜和放农具、马具等，碗口粗的柱子林立，柱子下面有石础，窗户狭窄。二楼住人，面积 160～200 平方米，有木制方格大窗户。外面近处是田园，远处是原野。支撑楼宇的托柱横穿两层，木制宽楼梯从二楼延至地面，从一楼可透过顶楼的天窗看到天空。灶台在二楼中部一侧，垂直上方的屋顶是木制方形烟道，硬沙发贴着四壁摆放。二楼相当宽敞，可以跳锅庄舞。粮仓在三楼一角，房顶用泥土夯平。从二楼上三楼、从三楼上楼顶皆有独木梯。

碧土寺是玉曲河谷宏伟的公共建筑。据《西藏王统记》描述，藏地形如仰卧的罗刹女，为了镇伏这一属相邪恶的地形，藏王与王妃打算建 108 座庙宇，庙址的选择采用随机方式——两人将羊毛搓成 108 个小团抛向天空，羊毛飘到哪里落下，就在哪里建寺。其中有个羊毛团落在藏东南玉曲河左岸，便在此建成碧土寺。碧土寺在民国时期写成"毕土寺"[1]，为今昌都市强巴林寺下属寺庙，僧尼定员 50 余人。曾有一位北京人来此出家，操一口纯正的京腔。[2] "文革"期间，喇嘛还俗，此处成为空寺。后来落实政策，喇嘛归寺，香火复盛。因年代久远，大殿倾斜，乡政府申请经费维修，未果。我们是寺庙坍塌的见证人，从残垣断壁中可以想象往日的恢宏。碧土寺受中国、印度、缅甸文化影响。如门上、窗棂上镂有汉字"囍"，屋顶采用方穹形结构。在营建过程中，由纳西族、白族工匠带着图纸与技术来到碧土，因此有不同的建筑风格。

伸臂桥是外地工匠的又一杰作，玉曲河上有 4 座，加达、甲郎、玛德与嘎扎 4 村各一。甲郎桥长 50 米、宽 1.8 米，加达桥、玛德桥与嘎扎桥各长40 米、宽 1.5 米。4 桥都是斗拱接力，桥臂从桥墩两头向江心伸出，单孔大跨距，卯榫结构。桥墩为原木，呈纵横交错状，间以块石，其上则是用石板瓦盖成的。犹如碉堡状的房子建在河岸两边基沿。桥臂嵌入的桥墩，共 4层原木，一层摞一层，形成稳固的整体，从两边步步移向河心。桥墩压住 4根原木，在河面上相距 6～7 米时，再用两根长木料搭在两头，上覆木板，

---

① 刘赞廷编：《盐井县志》，《中国地方志集成·西藏府县志辑》，成都：巴蜀书社，1995 年，第 387－388 页。

② 苏国柱、高永欣：《从南线进军西藏——兼忆老团长高建兴》，《纵横》2000 年第 9 期，第16－20 页。

用卯榫和篾藤固定，托起桥面。桥墩呈尖圆形，墩两侧与河岸间留有泄洪道。整座桥不施一根铁钉，全用木石构造（见图7-4）。

图7-4　加达村前的伸臂桥

龙西行政村含玛德、嘎扎与莱德3个自然村，玛德村9户，嘎扎村12户，莱德村4户，共25户、193人，户均8人，其中男101人、女92人。劳力130人，户均5人。这表明家庭人口较多，劳力充足。2004年底，玉曲河发大水，冲毁了两座桥梁。村民边集资边备料，用马帮从云南运来钢筋、水泥，雇请技工，全村投入义工16天，花费2.4万元，在河道狭窄处建成一座钢索吊桥，继而抢修好竹卡桥。龙西有两条路与外部相通：一条溯流而上3公里，转入右岸羊肠小道通察瓦龙乡；一条过河，经莱德村，东通梅里水，顺江下德钦。

三、马帮沟坳今昔漫话

依地域划分，西藏的畜力运输大抵有四种：东南为马帮，以骡为主、马为辅；西有羊帮，选用个头大的藏系绵羊驮运，积少成多；北有牦牛驮队；卫藏（西藏腹地）毛驴、牦牛兼用。碧土、察瓦龙在藏东南，是马帮最多的乡村。民国时期，滇西北有个"古宗驮队"（"古宗"是迪庆藏族的族称），该驮队由松赞林、德钦林、东竹林三寺与西藏碧土等地的僧俗富商、土司组成，类似于一个大型运输公司，专门运送井盐、沱茶、粉丝、火腿、红糖、布匹（土布、洋布、氆氇）、白酒、酱菜、铁锅、铜器、肥皂、麻线、绸缎、矿物等四方货物。① 云南货以"宝焰牌"砖茶最为畅销。马帮的规模有大小之分，大型的有一百多头骡子、十多个马夫，中等的有四五十头骡子、五六个马夫，小型的有二三十头骡子、两三个马夫。

边陲社会治乱循环。遇到土匪骚扰时，村民会拆除伸臂桥连接处的木板，马帮由此过河必须卸驮，找几个马夫从桥上爬过去，从两边拉绳子，把货物一驮驮吊过去。骡子则由人牵着从水浅处游过对岸，再牵到桥边上驮。清剿土匪由代本负责。为了防止土匪集结，凡有军队之处均设立检查站，要请地方精英担保办理通行证方可通过。

鲁松 25 岁跑马帮，我们见到他时他已 67 岁，从龙西村到丽江，两个月走一个来回，路过集市或人烟稠密的村庄常住下来，摆卖、进货（购买当地土特产）、消费。有些人家世居封闭环境，婚姻市场受地域限制，只讲门当户对，范围更窄，结果世代近亲繁殖，后代愚笨，间有畸形儿，为了避免颓势，有意让赶马人与妻子同房。这一风俗的生物学原理是扩大基因库，采纳遥远的优良基因。

1950 年至 2000 年，藏东南还比较封闭，马帮是重要的交通工具，沿途大村都是驿站。多由男性赶马，到云南的贡山、迪庆，西藏的左贡、盐井、芒康等地跑运输。2005 年，左贡县城到碧土的四级公路通车，人行 7 天的路程变为 1 天到达，但是北去盐井、南到察瓦龙、东抵梅里水仍是山路。全乡有 1 300 多头（匹）骡马，每户养骡马约 5 头（匹）。山路经常走牲口，马蹄铁掌践踏、拄端铁套撞击石板的蹄痕、杵痕依稀可辨。

甲郎乡原是小乡，辖花坝、甲郎、龙西三村，后来划归碧土乡。下午 4 点，我们来到甲郎村，赶马两姊妹把行李卸下，接过马脚费，骑上马往回赶。该村有 53 户（324 人），以畜牧、采集、耕种、马帮为业。村主任帮我们提行李上楼，催促弟弟去叫人。不一会儿，扎西进来了。他 30 岁左右，是一名复员军人，会讲汉语，本村人，入赘到花坝，现为护林员。村主任说，在成都上大学的斯朗卓玛回来了，明天请她给我们当译员。马上就要换届选举，我们当着 6 位村干部的面把乡里托付的选举表交给村主任。村主任一家热情周到，他张罗我们睡在三楼草料棚，那里是骑楼，空气好，风景好。

村主任母亲 60 岁有余，在家带两个孙儿。村主任妹妹幼时因感冒发烧打青霉素导致聋哑，现已 25 岁，长相聪颖。我给她一件军衣，她马上穿出

① 杨桂红：《茶马古道上的古宗驮队》，《今日民族》2001 年第 11 期，第 44–46 页。

来，爱美之心表露无遗。每次我出门做田野调查，都要把家里的衣物清理一遍，一些新衣或只穿过几次便压箱底的物品打包带上，调查时作为礼物送给农牧民。当时乡下还很贫穷，大有人要。

早晨，扎西和斯朗卓玛来了。扎西给我学生当译员，在玉曲河右岸调查。斯朗卓玛跟着我，上午在右岸调查，下午到左岸调查。斯朗卓玛家养了一只猴子，锁在庭院柱子下。中午在她家吃饭时，我看见一个扎巴（未出家的修行者）在念经，原来她外祖母刚去世，前几天举行水葬，这几天在悼念。我很感动，在这种情况下，村主任叫她当译员，她还马上赶来。

第二天早晨，我和学生到花坝村做问卷调查。我们走了40分钟，路过前几天调查的村庄。这几个村庄都在台地上，村边是高大的白杨，这边长着玉米，那边立着向日葵，下面是峡谷，间有玉曲河，峡谷对面山坡是红色的荞麦。花坝村的村主任也是护林员，当过兵。村主任带我们去到扎西家，我们发现，扎西是和两姊妹一起生活，对外宣称妹妹是他的妻子。我们才来，还不能肯定他行姊妹共夫婚，通过询问得知，当地同一辈人组成的家庭有两种形式：一种是里面有一个核心——夫妻与孩子，其他兄弟姊妹围绕着这个核心共同生活；另一种是里面没有核心，兄弟姊妹全都没有成婚，至于未婚原因，有贫穷、疾病等，大家同生共死地在一起厮守。我想起本书第四章讲到的朗杰学乡旺堆和央金、央娜两姊妹的情况，扎西可能占了旺堆三因素中的头两个因素（参见第53页）。

我和学生分两组进行问卷调查，做完规定的份数之后会合，去了花坝那位汉子家。他是从碧土前面的扎玉镇觉玛村入赘来的，现有一子一女。其妻兄幼时患小儿麻痹症，双腿落下残疾。家里还有岳父。他身着藏袍，挎着腰刀，显得十分英武。我给他照相后，在路旁见到一栋楼房，经打听得知，这楼房花了七八千元建成，门窗描龙绘凤，房主原是小学教师，退休不久便去世了，现在他60多岁的妻子和另两个人还住着。这里有木材资源，劳力便宜，房子不值钱，全村约20栋房屋，顶多值10万元。我又见到花坝村村主任的女儿，她温柔乖巧，因缺乏护牙条件而牙齿不整。我送了村主任夫人一条裤子，她拿出核桃装满我们的口袋，还给我们煮了鸡蛋。下午3点，我们回到甲郎。见还有一点时间，我们抓紧访问了一位退休老干部。

我给了斯朗卓玛一个崭新的旅行包，感谢她的付出。后来得知斯朗卓玛1981年10月出生，在昌都读完小学，到内地读了6年藏中，接着考上西南交通大学，2006年从铁道系毕业，分配到拉萨火车站工作。

从碧土东行入滇有两条山路：一条从甲郎村上山，一条从玛德村上山。我们走第二条，先去龙西村的再转到玛德村，与赶马人会合。甲郎村村主任已经派好马，说早晨就牵来他家，10元一匹，加上马夫，到龙西村的马脚费计30元。清早，一位面目和善的汉子赶着两匹马来了。村主任夫人和母亲一起下楼帮我们捆行李。村主任将我们送到村口。从扎郎到龙西要走半天。正午，我们走过玉曲河的吊桥，上一个高坡，走了3小时，来到玉曲河边的玛德桥，远望半山腰的龙西村，到达时是12点半。

当地林下资源占有重要的经济地位。5、6月挖虫草、贝母，7、8月采松茸。菌类过去不值钱，后来日本、韩国需求大，专门有人收购，价格上涨，偏僻山区就此卷入世界市场。男人脚劲好，孩子眼力好，构成采集的生力军，在山上扎营。村里的散兵游勇清早上山，下午回家，背篓、篮子装满蘑菇。每年龙西村村民从采集获得的家庭收入约占八成，可换回工业品，生产方式仍为半农半牧性质。采集旺季，中青年男子上山了，村里尽是妇孺老人。村主任兰吉此时还在山上营地，我把藏文证明连同选举表交给其父鲁松。

玛德村9户人家中，兄弟共妻家庭占6户（七成）。村长就是三兄弟共一妻，他家是个理想的观察点，我们住了三天。兰吉的妻子叫斯朗措姆，不爱说话，老实厚道。兰吉是她的三丈夫，两人生育了一个儿子，10岁了。

鲁松生于1938年，从小跟父亲赶马帮。在他25岁那年，父子赶着14头骡子去云南，在漾濞县被工商局没收了。父子只好走路回家，路上花光了钱，不久父亲就死了。鲁松会说汉语，腿有点瘸。他行兄弟共妻婚，三个儿子又行此婚，表明文化特质的纵向传递，目前老大、老二在拉萨经商，老三兰吉在村里。他家有一栋大楼房，空屋很多。

翌日，我们来到下游1公里处的嘎扎村。鲁松送到半路，说昨天有位村民从拉萨回来，会讲汉语，已跟他说好给我们当译员。

玛德村村民通过架设渡槽，将山泉引到水塔处，再用竹筒、橡胶管将水引到各户发电照明或维持小水电运转。村里有兄弟共妻家庭，也有未婚兄弟姊妹组成的大家庭，还出现过殉情事件。

其美卓玛是玛德村教学点的代课老师。我们从嘎扎村回来，在她家楼顶照全家福，得知她翌日要到碧土小学开会，住一宵又独自回来。她的胆量和不畏劳苦的精神令人钦佩。她父亲捡了一筐松茸，拿了几朵有裂口的菌子给我们做菜。

鲁松代替儿子履行村主任职责，提前两天让村民派马。他说，赶马人次仁登嘎要去鲁瓦村进货，可顺便把我们捎走。他叫我们收拾行李，下午离村，到对岸莱德村歇一宵，翌日凌晨5点赶马人将牵着骡马来接我们。

8月16日下午4点，我们离开玛德村，背着背包，下高坡，过吊桥，爬上对岸山坡，因走得太急，不知不觉走错了。猛回头，对面是玛德村，我们歇下照相，听见对面有人吆喝，可能是鲁松喊我们。如果倒退到岔路口，就会耽误1小时。继续往前走，很快没路了。我环顾四周，上面是倾斜的绝壁，下面是断崖，所立之处为一溜台地，好像路就在上方。我招呼学生往上爬，越爬越陡，爬了200多米，还是不见路。我安慰学生别泄气，刚才退回去还来得及，现在天快黑了，来不及退出去，必须认准方向自救，否则更加危险，夜晚寒冷，还会碰到野兽。我们咬紧牙关往上爬。我看见一处山壁上面有几处台阶，就把背包卸下，让学生看守，自己横切上去，立稳脚跟观察好，再攀缘，见到一片树林，信步走过，林中有条小道，仔细辨别，应是正确的路，遂复从悬崖上下来，告诉学生找到路了。我们背上行李，循原路爬上山壁，走上小道。

太阳落山前，我们来到了海拔3 050米的莱德村。村里有4户人家。村口是村主任家。他看了藏文介绍信，帮我们提着行李上楼。我们盥洗后，在他家的小店买了方便面、荞面饼。村主任夫人、女儿与两位女帮工回来后开始煮饭，村主任去通知另外两户人家。天黑时，那两家人来了，一人带着一只鸡，这是成规：每次公职人员莅临，要杀一只藏鸡款待，由4家人轮流提供。藏鸡身轻如鸽，重1斤左右，扇动翅膀可从地上飞蹿到梁上。

村主任端着一锅鸡肉放桌子上。鸡太小，全是骨头。我和学生喝了点汤，让其他人吃肉。饭后，我们开始做问卷调查。席间，有一位来自鲁瓦村的赘婿当译员。问卷调查完毕，村主任将我们领到一个小房间，内有两张床。天将晓，我醒来，打开手电筒，开门如厕，发现4位女性睡在天井走廊里。我为占据她们的床位感到不安。

楼板的脚步声惊醒了三位姑娘。村主任的女儿起来生火煮茶。我和学生吃了方便面。等了一会儿，赶马人次仁登嘎来了。我们把行李拿到外面，村主任帮忙捆驮子。我给村主任全家照了相，7点半告辞启程。

马道陡峭狭窄，接近75°，树木层层叠叠，骡子每走十几步就喘粗气。我们不断呼喊骡子的名字，给它们鼓劲。到了次格山采集营地，我见到了兰吉。他35岁左右，说一口流利的汉语。从次格山顶转向梅里雪山交叉路口有9公里，依次是赤地、草甸和水练。经过几个险要地段，生死只在一瞬间。由此抵达梅求补功，再到梅里雪山北麓的达说拉山，骑马上到山顶，垭口海拔 4 810 米。经过海拔 4 210 米的扎西牛场，那里是梅里水的发源地。转到一条干热河谷，牵马沿着"之"字形小路下行。走了 1 小时，山涧豁然开朗，德钦县城升平镇隐隐可见，再走 40 分钟，来到梅里水村。

下午 5 点，步入 214 国道，一刻钟后，走到佛山乡鲁瓦村的梅里石（亦称"美丽石"）。从盐井返回德钦的班车早已过去。次仁登嘎拿到马脚费，牵着骡子去亲戚家投宿。两匹骡子抬头盯住我俩，咳儿咳儿地叫个不停，依依不舍。龙西与梅里石隔着几座大山，村民白天采集，晚上把产品背到梅里石，可以卖个好价钱。

我们在澜沧江边的小旅店歇了一宵，翌日早上坐车回到县城，下午找鲁茸丁巴拿了一些资料，告诉他第二日去中甸。一切依计划而行，当晚到了丽江，夜游旧城区。下午 2 点，坐车回大理，黄昏到了大理客运站，赶上加班车，子夜到达昆明西郊住下。清早，我乘车进城买了火车票，当晚 9 点上车，23 小时后，我们回到广州，一切顺利。

四、怎么评判碧土之行

此次调查，我收获一个方法论知识，即怎样观察偏僻山区的两性关系及其财产传递的途径，这些文化特质淤积在封闭社会的角落里，与开放社会的同类事物不一样。龙西村出现的兄弟共妻婚与多种经营有关，除了畜牧业与农业发展较好，林下资源丰富，还与濒临云南，便于发展马帮业有关。凡此均需要劳力，故这种婚姻关系比较适合当地的经济基础，而姊妹共夫婚并不适合。另外，村中还有多偶制、单偶制、情人制（走婚）、收继婚（转房）等，所以把龙西村看作婚姻的天然实验室是恰当的。

学生此行确定了一个调查点，方便实地观察，收集素材，撰写博士论文，达到这个目的已是成功的一半。该生的学位论文共有 4 个田野调查点，采取多点民族志的研究方法，从广阔的横截面来揭示喜马拉雅－横断山区的婚姻杂糅现象。后来，他独自到龙西村做了一个半月的调查。

此行还表明过于相信报道人的话有时候会导致失败。要是我没有听到旺堆的报道（参看第五章第一节）就不会来碧土。失败是一种否定，民族学家知道否定性的数据极为重要①，它标志着认识受到的挫折。当了解到龙西村没有多少姊妹共夫案例时，不仅验证了旺堆的说法不够真实，而且证

---

① ［美］科尼利尔斯·奥斯古德著，何国强译：《20 世纪 30—40 年代中国的农村生活：对云南高峣的社区研究》，上海：复旦大学出版社，2017 年，第 342 页。

明了多偶婚的对立两极是不对称的。老子说"有无相生",斯宾诺莎说"一切规定都是否定",黑格尔也说过"有与无是同一的"。换个角度看,失败也是一种肯定,或是一种收获,只是不好炫耀罢了。

人类学的特性在社会科学与人文学科的交叉点上特别明显[1],而民族学是人类学的核心。故不能仅从科学思想来检验田野调查的意义,还应从历史、艺术、审美的观感来评判,这就要顾及途中的观感,保持注意力,手脚勤快,胆大心细,头脑灵活,能吃常人吃不了的苦,方能享受常人享受不到的乐趣。基础设施建设带动了碧土的发展,也带来更多游客,今日在碧土已能见到要么骑行,要么徒步,自带睡袋、帐篷的游客。如果是自驾游,则饮食美味、烹饪设备一应装车,不消费当地饮食,纯属胶囊式的旅游,以观赏自然为主。田野调查员的观察则与游客不同。例如,扎朗村办起混凝土空心砖厂、荞麦加工厂和组建了施工队,引入技术,为全村提供了就业机会,收入胜过季节性采集,这是个明显的进步[2],但游客对此可能不会关心,更不会过问碧土的人文历史。

田野工作是人类学的成年礼。在故纸堆里做学问与在广阔天地实践不同。要理性,不要意气用事,碧土之行使我认识到继续调研的必要性,后来在这个区域连续投入力量,取得一定成效。[3]

---

① [美] 科尼利尔斯·奥斯古德著,何国强译:《失意人生:一位美国人类学家的自白》,《新华文摘》2018年第2期,第146页。

② 万慧、米玛、晓勇等:《昌都市左贡县碧土乡扎朗村"砌"起致富坦途》,中国西藏新闻网,2019年9月8日。

③ 高微茗著:《上帝在藏族村庄中:西藏盐井天主教的本地化》,中山大学硕士学位论文,2009年;吴成立:《西藏芒康县纳西民族乡盐文化研究》,中山大学硕士学位论文,2009年;李何春:《动力与桎梏:澜沧江峡谷的盐与税》,中山大学博士学位论文,2014年。

第八章　西进三岩摸底旅游资源

三岩古为纳西先民栖息地，以部落图腾为名，史称白狼，唐归吐蕃，宋为岭国属地，元明两朝为中央统之。雍正四年（1726）布施给六世达赖。光绪三十四年（1908）归巴塘羁縻。宣统三年（1911）置武城县。民国六年（1917）为藏军收复。民国八年（1919）由朵麦基巧管辖。民国廿一年（1932）康藏在中央调停下以金沙江为界，西岸属三岩宗，东岸归白玉县。1959年，原三岩、贡觉两宗合为一县后，三岩设区，下设乡，贡觉县派出机构监管六乡。2018年，"整体搬迁，异地安置"政策实行，三岩接近无人区。我们的调查始于2006年，延至2015年。

一、吃得了亏，方能打堆

学术敏感性表征着研究能力。2000年，我看到一本讲血缘组织戈巴[①]的书。它页数不多，但意义重大，开启了学界对于三岩的研究。

三岩土地贫瘠，供养不足，迫使人们铤而走险，清代有"野番"的名声，因在盐井和怒族发生血案，导致官方干预，又因屡出抢劫事件，引起边军讨伐，赵尔丰改土归流，推行教化，留下浓重一笔。更早的史料奇缺，实证研究滞后，向为民族学的盲点。2004年10月，我去藏东时因故未入三岩。回穗后，我边做好研究的准备，边等待时机成熟。

2006年2月，陈新华来电告之，三岩准备开发旅游，旅游局正副局长盼望专家主持资源调查。这是个双赢的机会。徐召月原有教学任务，为了来三岩调查，特地找人代课。我也想扩大自己的资料库，申请三江并流区域的研究课题[②]，甚至在国际交流项目中展示新资料，阐发新观点。当时哲学系的米头儿教授，想研究藏语的思维与逻辑原则，也想参加我们的活动。

我向陈新华通报了情况，他大喜过望，说："你们来到县城，什么都不用管。"原定3月中旬动身，因三岩下大雪，融雪要时间，推到月底出发。米教授跟我打招呼，他有办法弄到经费，包揽全部开销。我坚持跟他订了个口头协议，对外仍是一个单位，对内各司其职，经费自理，保持调研的独立性。师徒俩于3月29日坐硬卧从广州到内江，转车去成都，4月1日下午到达簇桥车站，住进招待所。米教授乘飞机来，住在朋友家。他想租辆小车开到贡觉，这不仅预算太高，而且成都司机未必熟悉西藏路况。经

---

① 范河川：《山岩戈巴》，成都：四川大学出版社，2000年。
② "三江并流峡谷的民族文化和社会结构变迁研究"获国家社会科学基金一般项目立项，批准号07BMZ022。

我反复陈说利害，米夫人也在电话里相劝，他才放弃这一冒险。

我们要从北线走，到青泥洞下车或坐车到江达请何林帮忙。车站掮客较多，替旅客与司机拉关系，每单生意皆要收中介费。门卫也是掮客，请他代为联系，他告知第二天会有一辆轻卡到昌都，司机姓蓝，河南口音，要价1 100元。我在电话里同他讲价，他不耐烦地把电话挂了。晚饭后，师徒又来车场转，两辆平头卡车刚到，从驾驶室跳下两位藏族司机，后天回江达，称带3人要900元，这是乘客自找车，不含中介费。我想，姓蓝的司机若肯降100元，还是有可能会坐他的车，汉族司机，路上好沟通，同时他的车要过青泥洞，不必在江达转车。

翌日早见到蓝司机，他反客为主地说："轻卡跑起来飞快，车厢装了一辆微型面包车和几包棉絮，外加乘客的行李，总量不超过1吨。坐客车，乘客吃饭、上厕所都有限制。坐货车，想停哪里就停在哪里，享受吃住实惠的店铺，有何不好？"他说得有理，坐货车本来就是图灵活、增长见识。米教授也同意这个方案。

9点人货上车，另外两位乘客也来了，是一对湖北父子，在江达县城开手机修理店。轻卡有两排座位，我们三人坐驾驶室，两父子爬上货厢微型面包车内坐着。蓝司机把车开到加油站就向乘客索取车费。我问："没到站，怎么要钱？"蓝司机说："我没钱，等着加油！"我说："先给你一半，到青泥洞再给另一半。"蓝司机生气了，说话有点呛人："你们坐客车，不买票就能上车吗？既然不能，为何坐货车不先交钱呢？"我想起晚间吃饭时问厨师乘客车好还是乘货车好。他巧妙地回答，换成他绝不坐货车，走走停停，修车次数多，坐着不舒服，坐客车可以睡觉，又快又保险，况且要是出事，客车要负责，货车则没法负责。我有点后悔，但碍于米教授的情面，不便争辩。我不情愿地递给蓝司机钱，担心万一中途抛锚要换车，他不肯退钱。

过了卧龙镇至耿达乡的检查站，轻卡朝着双海子方向急驶，突然后面警笛大作，一辆微型警车超上来，示意轻卡接受检查。蓝司机停车解开绳子，掀起篷布，警员核对证件，查看货运单，折腾了一个小时。开车后蓝司机说，内地有不法之徒将偷来的汽车卖到西藏，引起警方注意，他的车后篷布可能没系紧，过检查站时被交警看见了，以为是盗卖汽车，追上来盘查。那天为了赶路，蓝司机开夜车到凌晨三四点，实在挺不住了，两次将车停在路边打盹。

翌日下午，车到雀儿山口，天上飘着雪花，地上全是积雪，石碑上写着"此处海拔 5 050 米"。下了山，蓝司机等候另一辆轻卡，未及，耽误了两小时。又走，天黑时分，发现车厢那辆微型车绑带松了。停车捆绑，又花了两个小时。

经过两天颠簸，米教授忍受不了了，强烈要求蓝司机夜晚找旅店休息。晚上 8 点到达德格县一家旅店。我刚坐下，肩膀就被人拍了一掌。回头见一张黑脸，胡子拉碴，冲着我说："你不认识我啦？"我端详了少顷，有点眼熟，想不起来。那人提醒："上次你坐我的车，把一张 50 元当作 10 元给了我。"噢，原来是李师傅，我从芒康到左贡坐过他的车，我立刻与他握手，彼此都很激动。我问起他老婆，他指着刚才抹桌子的妇女，她显得比两年前年轻许多。李师傅又向我介绍了他父亲和两个儿子，我做梦都没有想到会在这个地方碰到他们一家。

李师傅说，两年前他父亲在敏都小学工地守材料。他经常开车走川藏北线，出入贡觉。去年把汽车卖了，接了别人转让的店子，把全家弄到一起，提供修车、住宿、饮食服务，人人都有工作，又可享受天伦之乐。

那对湖北父子单独住一间房。适才捆绑微型车时，当爹的爬上车厢顶棚，用力过猛，现在感觉不舒服，没吃饭就躺下了。当儿子的跟我们吃毕饭，侍候父亲去了。我和米、徐单独住一室。房间收拾得挺干净，床上用品是新的，褥子下面有电热毯。李师傅说，自从接了这个旅店，投资不少。

蓝司机交代明天早点上路。早晨 5 点，我从公厕回来，米教授醒了。他说想了一夜，坐卡车不安全，建议到德格客运站改乘客车，一有车票报销，二有保险，出事可获得赔偿。

我委婉地说，如果未给蓝司机路费，是可以这么做的，现在车行途中，他肯退钱吗？再说客运站不知在何处，何时发车也不知，我们行李多，现在改变计划有困难。

米教授闻此只好作罢。他未经过这种窘境，所提的建议不好操作，只能按原来的方案。我安慰他，再坚持半天就到青泥洞了，赶紧去厨房催李师傅煮早餐，大家吃饱好上路。6 点，轻卡开出旅社，驶入漆黑的山野。

11 点半到达海拔 3 561 米的江达县城。车停到饭店门口，湖北乘客走了，下午 1 点重新上路。翻过海拔 4 347 米的雪集拉山，下山就是青泥洞，全程仅 54 公里。不巧，前方一辆大货车陷入泥潭，公路两头拥堵。西藏的路就是这样，明明快要抵埠，无端又耗费 1 个半小时。昌都到贡觉的班车 3 点半经过青泥洞，眼看赶不上了。

4 点，轻卡停在青泥洞的岔路口，我们三人将行李搬入路边小店休息，那里有个自然村，由此到贡觉县城有 70 多公里。我打通陈新华的电话，他说已转告旅游局安排接应。徐召月对身边的藏族男女展开调查。一个藏族少妇侃侃而谈，她三个孩子全是私生子。米教授摊开笔记，边听边记，似乎在琢磨这些资料的价值。

5 点半，吉普车来了，泽旺罗布跟车。他 40 来岁，汉名泽建华，藏名多杰，在县中学当过老师，后在县人大工作。搬行李上车时，三人都不在意，新买的三个塑料盆放在小店里忘了拿，直到车开出五六公里，才想起来。我有点懊悔，只能怪自己疏于检查。

米教授见我问多杰怎么安排，连忙捂着嘴低语："人家不会怠慢我们，问得越清楚，人家越不敢招待！"他显得很有经验。多杰回答："还没有安排，不知道你们要住什么规格。""说话听声，锣鼓听音"，既然没有安排，说明住宿可能得自理。

财政局招待所方便办事，上次我住过，现在的新招待所刚开业，有优惠价，就在此住了。米教授住单人房，有热水。我们师徒住标间，价格一样，只是没热水，但可去米教授房间洗澡。

陈新华给我们三人接风，徐召月突然想起将铝饭盒遗忘在吉普车上。翌日早晨，我打电话给青泥洞的小店，请班车司机将塑料盆带过来。店主说每只盆司机要收托运费 10 元。这不合理的托运费令我们作罢。徐召月请多杰打电话给小车司机，回答："饭盒在车上，等有空拿过来。"此事不了了之。田野调查最怕丢三落四，真是个不小的教训。

晚饭后，带上一份薄礼去拜访陈新华。我向他介绍了徐召月，说每年招收一两名博士研究生，如能从这次调查中发现问题，可持续地介绍学生进来选题作论文，把推进学术研究与服务社会结合起来，擦亮三岩的旅游招牌。

翌日，我们三人到陈新华办公室。陈新华草拟了一份协议，上有三条要点：①调查成果甲乙双方共享；②甲方承担下乡的车辆、马匹与翻译，乙方承担调查、整理材料、撰写调查报告；③双方在县城的费用和下乡的食宿自理。我补充了一条：建议分两次做完六个乡的调查，这次先调查沙东、敏都与雄松三乡，8 月再进藏调查木协、麦罗与克日三乡，年底交付总报告，不设字数规定。双方郑重签字。

三岩在贡觉县东部，六个乡一字形沿金沙江西岸排列。近代史上并非如此。清末置武成县时，县境跨越金沙江两岸，前面说过，民国廿一年（1932），《岗托停战条约》以金沙江为康藏两地分界线，沿用换地法理顺跨江而治的旧区划，将东岸原属三岩三村（今四川省白玉县山岩乡）划给西康，并将西岸原属盖玉五村（今西藏自治区昌都市贡觉县克日乡）划给西藏①，形成新区划 2 334 平方公里的格局。三岩六乡，离县城最远的 141 公里，最近的 110 公里，平均 125.5 公里。考察队共 4 人，甲方 1 人，乙方 3 人，分两次调查，徐召月从头至尾参加，他是调查报告的执笔人。当时昌都行署尚未提出三岩整体易地搬迁的扶贫政策。

第三天早晨，多杰按下乡 20 天的分量采购粮油、肉类、蔬菜、罐头等，计 600 多元。县里派一辆吉普车送行，司机受人之托带了个男孩，6 个人外加行李和一堆副食品上路了。

这次调查在生活上存在的问题是伙食不独立，体力透支大，营养跟不上来。调查始于沙东，待在该乡时，我与徐总共吃了两顿米饭，其余顿顿皆是面条，离开时，既要结账交钱，还要给乡政府留下一些副食品——一袋米、十几个罐头、一些蔬菜和鲜肉，无异于付双倍。到了雄松乡，住在巴洛村，情况亦然，主要吃面条，只吃了两顿米饭，吃完结账，带去的副食品也要拿给乡政府。去岗托村之前，多杰在小卖部买了 100 元副食品，路上用罄。从岗托村回来，发现放在雄松乡的副食品全部不翼而飞。我跟多杰说好话："能否弄点吃的？身体都垮了。"依然只有面条吃，不过加了几片腊肉而已。我问多杰下一步到敏都乡怎么办，答曰：有食堂，吃完结账。

是什么原因造成调查员吃不到东西，补充不了体能？这些副食品在乡下很紧俏，容易被拿走；我们买副食品带下乡，在乡政府食堂加工，编外人员一起消费，我们的副食品按比例承担，多杰可报销 250 元，450 元是我支付的，结果还是不明不白地消失。调查员跑了一天路，回来只能吃面条，多杰没有"及时堵住漏洞"。② 如果有专人管理，就不会这么糟糕。

陈新华因事到敏都乡来，迫于无奈，我跟他讲所谓乙方并不存在，因为单位负责人不签字，一定要追查谁是乙方，那只能是我自己（米教授的费用自理，我们师徒的费用由我负责）。此外，徐请人代课的费用，从广州到贡觉的来回路费，冲洗胶卷的花费，接近 9 000 元，而三岩的食宿费不到 1 000 元，600 多元的副食品我们基本没吃到。我问食宿可否由县里支付，他答应了。可结账时有关人员请示他，他又改口了，说："照协议办，这次

---

① 坚赞才旦：《游荡的侠骨豪气：三岩峡谷的罪与法》，《青海民族大学学报（社会科学版）》2018 年第 2 期，第 8 页。

② 何国强：《态度决定成败——小议黄淑娉先生的精神财富》，《青海民族大学学报（社会科学版）》2020 年第 1 期，第 6 页。

费用自理，下次再由我们承担。"8 月，徐召月带两人前来调查，食宿费仍是自理。

合作是一场艰苦之旅，双方在追求效益最大化的同时，也考验着自身的智慧与毅力。有时需要大智若愚，有时需要自我牺牲。

二、人各有志，生各有命

上午 10 点，吉普车驶出县城，开始了 141 公里的颠簸，目标是沙东乡。后排挤了四个人——我、老米、召月和 15 岁的藏族男孩扎西。多杰坐前排。行李和几麻袋食品塞在车里每个缝隙。车奔驰在连绵起伏的原野上，海拔逐步抬升到 4 500 米。这条公路于 1978 年底开工，7 年后与雄松乡连通，12 年后从雄松延至敏都。1999 年，这条路从阿尼牧场、乃波神山分岔，修到木协、沙东、罗麦、克日四乡，全三岩均通公路。

今天要过三座大山。小车爬上 300 米的缓坡，来到巴依拉山顶，那是个平坝，夏天是牧场，冬春是雪原，归雄松乡所有。司机不小心把车开下路边壕沟，我们铲雪推车，弄了一个多小时。过了雪原算是翻越了巴依拉山。前面又是一片雪原，为沙东乡阿香村的夏季牧场。然后是海拔 5 442 米的乃波神山，山顶终年积雪，为沙东乡、阿旺乡与罗麦乡的界山。第三座是泽拉山，山顶雪水融化，汇聚成许多小湖，为夏季牧场的牲畜饮水地。悬崖上炸出一段两公里长的凹槽，汽车从槽里走，边缘无栏杆，只要出事就会死人，沟底还留着一辆汽车残骸呢。过了老虎嘴，远方是德巴村。过德巴村开始下坡，由车窗望出去，幽深的峡谷露出一湾绿水。那就是金沙江。车子转过一道道弯，来到沙东乡。

乡政府驻地雄巴村东，办公楼是一栋砖房，二楼原住着几位小学教师，刚搬走，为考察队腾出两间空房。沙东乡以牧业为主，夏季泥石流频繁，牲畜在高山牧场，冬天赶牲畜下山。因草场紧缺，平均每户只能养 17 头牦牛。采集占全年收入一半。乡民崇尚以力服人，欺软怕硬，有些人很自卑，不喜欢读书，认为亏本。孩子十几岁了才上一年级。私生子与丧父之子受人欺。有人赊购别人的虫草拖一两年不给钱，想赖账。村民没有卫生意识，如成年不洗澡，因水来自融雪，害怕感冒。又如，拉大便不用纸，而用石子刮肛门，风湿病很普通，缺医少药，小病靠硬扛……另一种常见病是高血压，因肉类、油脂食得多，天气寒冷，衣服裹严实，吃饱了就坐，故血脂较高。男人的理财意识较弱，往往把一月辛苦挖的虫草拿去贩卖，花光所得才回村。在这种环境里，扶贫真难，只能整体搬迁。

乡长泽旺过去是多杰的学生。书记是甘肃人,姓徐,卫校毕业分配在县卫生局,后来到木协乡,再到沙东乡。家属随他一道生活。

乡政府没建公厕,大小便在偏僻处解决。夜晚,楼下铁闸紧锁,若要小便,从里向外撒。风一吹,台阶上、走道上尽是斑斑尿迹。修路工程队的工棚周围拉起铁丝网,有人值夜班,表明安全是个问题。夜里,多杰打鼾,米教授难以入眠。现实与他的想象差距太大。

次日早晨,老米收拾行李准备回县城。我很诧异,哪里有汽车。原来前一天下午,他到工程队串门,打听到有一辆15吨自卸卡车去县城拉菜,司机同意带他。我劝道:"好不容易来到沙东,好多东西还未看到哩,可否再考虑一番?"

老米生气地说:"凭什么约束我?"我说:"遇事总得协商吧。米夫人叫我多提醒你,这也是对她负责呀!"出门前,老米答应听话,在成都簇桥车站又说了一遍。现在执意要走,可能是条件太艰苦了。徐召月夹在中间,不好吭声。老米很快认识到自己的唐突,楼下卡车司机正在按喇叭,他下楼去了。徐召月跟了下去。

过了一阵子,徐召月上楼传话:"老米说,'不走为妥'!"事情有了转机,我下楼握住老米的手说:"你先去敏都乡,那边条件好些,过两天陈新华下乡,就同他一起回县城,如何?从老虎嘴走实在不安全哪。"说完我就与徐召月去雄巴村了。多杰跟泽旺乡长商量,为老米找了个向导。

太阳出来了,脚下的金沙江像一条碧绿的绸带,反射着阳光。两岸群山起伏,白云缭绕,沟里桃花盛开,令人心旷神怡。11点,老米吃了早饭,显得精神饱满。吉普车上那个男孩也一起去敏都,这孩子昨天帮忙铲雪,现在又帮米教授背东西。三人经过雄巴村,碰到我们,并排合影,远景是金沙江峡谷,近景是桃花和民居。

那几天,多杰关节痛。如果报道人来沙东乡政府,他作译员。如果出外调查,他不去,由乡里轮番请人作译员。我们询问的事情大抵相同,让不同人轮值,翻译就不会感到枯燥。

我在沙东收购了三把木锄,体现了当地木锄的进化序列:纯粹用树枝削成—刃部镶木片—刃部镶铁片。木锄、木犁的普遍使用,与三岩土质疏松、土壤中夹着大量碎石片、坡度大有关。这种土地无须费力便可耕耘。缺乏钢铁工具也说明生产力低下。徐收购了一个捻线的木碗。我们还见到一把砍过人的钢刀,持刀者称其还有枪,但不肯示人。

晚饭后,多杰拿给泽旺乡长200元,请他组织一场锅庄让调查员观摩。

我们 3 人加上乡长、书记和 3 位小学女教师，吉普车塞了 9 个人开到德巴村。村主任叫了几个年轻人，加上 3 位女教师，凑成一支舞队。舞后，泽旺当面将钱交给村主任，说给舞者买啤酒。

偶尔，我伫立办公楼凭栏眺望，山下是深谷，对岸山峰高耸，劣巴村近在咫尺。我想两岸的村庄都要调查，重点在西岸，也不忽视东岸。回程如能跨江而行就有机会了解东岸，为下次再来三岩多一个选择。多杰与泽旺知道我的想法后力劝不要冒险，他们不愿合作中出现事故。多杰说："以前我去过那边，人很凶，路难行！"我平静地面对规劝，不置可否。

调查告一段落。沙东乡政府向老百姓派了 3 匹马，3 人各骑一匹向敏都乡进发。沙东乡海拔 3 500 米，敏都乡 2 800 米。人往低处走，牵马人勒住头马的马嚼子，后两匹马紧跟，牵到村中就自顾干活去了，马换成他老婆与孩子牵。下了两乡分界的山冈，三人下马步行。那妇女任另外两匹马回去，将行李束在一匹马上，交给她儿子牵行。

雄巴村到果巴村的路紧靠金沙江。多杰不失时机地指点我："你看对岸的小路，又陡又窄，上面常有石头滚落，下面是大流沙！这种滑坡地，谁上去腿都会发抖。"四人继续走，渐渐多杰掉队了。我们遥见江右岸的一条支流上建了个小水电站，听说发电可供三岩六乡照明。到了敏都乡政府，那男孩给驮子下鞍。敏都乡政府与三岩区办事处合署办公。我们住在二楼，老米到达的第二天陈新华就来了，两人在二楼比邻而居，老米已待了三天。

陈新华建议先去雄松，成全米教授，米教授已去了沙东、敏都两乡，只差雄松乡未去。雄松山岭险峻、民风剽悍，清末程凤翔率新军攻克后设治所于此，三岩宗亦设于此。不到雄松不算到三岩。我接受了陈的建议，觉得它能与渡江东行的计划相衔接。我打算调查完毕，不从贡觉县城回成都，而是从阿尼吊桥过金沙江，从江东然翁村那条山沟直上山岩乡政府驻地八学村，然后翻山去盖玉，再回白玉县城。陈写了一封信给雄松乡党委书记周厚贵，促其给予支持。

雄松全乡人口不足两千，分布在七八个自然村。乡政府驻地巴洛村，右边一公里许有个山包，名康贡山，山上有寺，名康贡寺。对面山顶还有一寺，名白日寺，距巴洛村半天路程。康贡寺为空寺，住持殁后，无人接应其职。山坡上扎有风马旗。山脚一块几十米高的巨石凌空拔起，象征男人的生殖器。沟壑对面山腰有两个洞穴：上洞小，象征女人的肚脐眼；下洞大，象征阴道。巨石山为雄，洞穴山为雌，善男信女转雌山求子，顺时针方向，绕一圈需要好几天，要转过勒宗、勒久、西宗、那日和扎岩五座大山，绕一圈相当于念十万遍求子经，表明重视生育。诚如恩格斯所说："劳动愈不发展，劳动产品的数量，从而社会的财富愈受限制，社会制度就愈是在较大程度上受血族关系的支配。"[①] 这"血族"就是金沙江西岸称"帕措"、东岸称"戈巴"的血缘组织。三岩帕措之间打冤家，男性平均寿命短，需要及时弥补人口。然而两性关系严谨，私生子不多，男方致使女方未婚未育，亲属与舆论会强迫男方娶她，这也是一种重视生育的表现。倘若男方已婚，可能迫使其休妻再娶，或者使其将原配与新妇安排好。总之，重视生育，妇女很少堕胎，未婚生育的妇女与那个使其怀孕的男子结成连理；重视养育，提倡不歧视私生子，私生子可为合法的嗣子。

巴洛村分上下，上巴洛村海拔 3 611 米，下巴洛村海拔 3 500 米。下村有座桑珠经堂，将近 500 年历史，现为斯朗多杰活佛的宅所。活佛生于下巴洛村，13 岁坐床，24 岁到白玉县扎嘎寺当活佛。这个家族延续了二十多代，出了若干活佛。相传白日寺与康贡寺早先各有一位活佛，他们一起辩经，一同游玩。一日，两人沐浴日光后要去桑珠经堂，为彰显本事，一人用缩地法，一人腾空而起，以先到达为胜，康贡山的绝壁上于是留下他们斗法的痕迹：一个脚印和两个经文。

雄松乡政府二楼为招待所。里间设一张大床，外间设四张小床。多杰打鼾严重，独自睡里间，我们住外间。米教授只住了一晚就走了。

三岩的房屋可分为临时的与永久的两种。前者建在生产基地，如高山牧场或河谷牧场，用树干垒成木楞子房或用石块垒成低矮的石屋。后者建在村里，称"碉楼"，因年代久，危房较多。建设碉楼，先树桩，起框架，然后每层隔板架横梁，尺寸逐渐内收，最后封顶，依次铺椽子、细木、树枝、泥土。一楼、三楼都要分隔，一楼关牲畜和放置工具、杂物，三楼分建经堂、库房。二楼住人，整层不分隔，也不将火塘、厨房、卧室等分开，不像其他藏区民居那样将二楼隔成小间。在三岩，同一个世系群，叔伯兄弟、侄儿侄女几家人的房子合建在一块。冬天抗风保暖。之间通道明暗相连，在治安不靖时代能有较好的防御功能，但现在已不合时宜。

兄弟共妻与姊妹共夫婚俗也存在于赫哲族中。他们两性关系宽松，这一方面是生产方式使然，中青年男子大半年在外从事渔猎，仅有妇女与半老男子留守村中；另一方面是生活方式使然，全家人睡一个大炕，冬天必

---

① 《家庭、私有制和国家的起源·第一版序言》，《马克思恩格斯全集》（第二十一卷），北京：人民出版社，1965 年，第 30 页。

须烧炕，拥挤和暖气都会撩起性欲①。以此看待三岩藏族，在外婚制、近亲不婚方面与赫哲族是一样的，但是，三岩藏族居住宽敞，一家老少睡在同一间大房子的二楼，夏天沿着四壁墙根睡，冬天靠拢火塘，老幼离火塘近，年轻人离火塘远，待到全家熟睡后夫妻才能行房。三岩碉楼的空间大，不用炕，与赫哲族的居住环境不同，家庭鲜有跨代性关系。产妇在一楼牛圈里临盆。此乃他们人口生产的基本条件。

早晨，乡长带米教授和我们师生去下村访问吉米次仁（见图8-1），他先后担任过雄松、敏都二乡书记，后来调到贡觉县交通局，几年前退休，让儿子顶职，现年逾五十。他绘声绘色地讲了很多。中午，乡长、书记叫了两位老人带我们三人到公路坡头看武成县的治所，治所仅存一点残垣断壁。这时，陈新华的吉普车要回县城，前来雄松接老米，我们与之道别。

图8-1　听吉米次仁（右）绘声绘色地介绍情况

米教授在三岩只待了一周（沙东两天，敏都三天，雄松两天）。他走后，我们骑马打枪，走江边险路，爬雪山，住村舍。米教授回到县城，在财政局住了两天，然后去昌都，起先准备乘飞机回穗，因航班不正常改坐客车。我回到单位后碰见他，他一迭声地后悔没跟我们跨江从三岩到白玉，再回成都。有什么办法呢，在机会面前有的人放弃了，有的人抓住了。

---

① 凌纯声：《松花江下游的赫哲族》，《边疆民族资料初编·东北及北方民族（第三册）》，北京：知识产权出版社，2011年，第164、177、472-473页。

陈新华欲使调查报告写得风生水起，竭力让我们去蝙蝠洞一游以增加灵感。然多杰腿脚不便，不能带队。陈让魏东生、周厚贵与白玛去岗托村测量，配合他检查房改的工作。魏东生是藏族，在县城长大，其汉族邻居姓魏，魏东生兄弟三人认他为干爹，"文化大革命"期间，三兄弟承干爹的姓，取了汉族名字。魏东生是上届雄松乡党委书记，调到县委政法委工作，周厚贵接班。也许这是县委派他来雄松督查的原因。魏过去是多杰的学生，对多杰毕恭毕敬。

雄松与岗托间有两条路：一是盘山小路，经夏亚村到岗托村，中间要翻越两座山峰，靠近夏亚村的山峰平坦如削，冬春积雪没膝，须踩着脚印行走；一是盘江幽径，贴着金沙江右岸悬崖，令人目眩，冬春无雪。走此路看蝙蝠洞则较近，看完后，先到如巴村，再从一条狭窄小路爬到岗托村，而盘江幽径迂回较大，比盘山小路多走两小时。

上面两条路，究竟走哪条，魏东生和多杰纠缠不休。魏东生坚决要走近道，多杰主张绕道走江边。周厚贵是倾向于走江边的，毕竟陈副县长给他写过信，但他不想得罪魏东生，就和稀泥说走哪条路都可以。可是，岗托村的老乡不乐意了。几天前向该村派马时，以县里要组织调查旅游资源沿途看蝙蝠洞、仙人洞和修道谷为理由，村民闻之振奋，似乎对于修公路有了盼头，听说不走江边，就炸开了锅。多杰借着民意，冲着魏东生大发雷霆，他说："为了三岩的老百姓，我腿不好使也下乡来，现在你们稍微多走几公里路就不肯，既然如此，我们自己雇马，后天去！"魏东生见老师火了，赶快改口，表示愿意走江边。于是，多杰和岗托村的牵马人脸上绽开笑容。多杰叮嘱白玛和魏东生："何教授是为三岩藏族好，希望多多配合，待你们回来我请喝啤酒。"

多杰留在雄松乡时，县府办平措副主任下乡采购藏鸡。鸡倒是买到了，但天降大雪，回不了县城。平措亦与多杰有师生关系。

一行九人九马。九人中，四位村民牵马（巴洛村与岗托村各两位），五人调查（我和徐搞旅游调查，魏、周和白玛搞房屋调查），乡干部说，这是个综合调查组。我希望在岗托村住进兄弟共妻的家户，近距离观察家庭分工与成员关系。

盘江幽径比盘山小路危险得多。先从巴洛村直下，走一个小时到江岸悬崖，沿着悬崖再走两个小时到蝙蝠洞。小道窄陡，寸草不生，下面是万丈峭壁，一失足成千古恨，人在马背上不敢动弹，马吓得身子往里靠，马背上的驮袋顶着岩石，摩擦出吃吃的响声。有些地段是树林，工作组带了一把袖珍冲锋枪，有五十多发子弹。金沙江两岸的狗熊很多，袭击人畜的事件时有发生，带枪是为了防备。休息时，魏东生和白玛趴在地上演练射击，表明枪械管制严格，他们也很久没有摸枪了。

岗托村派了一位小青年前来接应，我们到蝙蝠洞前面的如巴村与他会合。走了一程，迎面一座大山，山顶没入云层，山腰有一巨石拔地而起，村民说是喇嘛的生殖器，悬崖上的洞是尼姑的阴道，均与康贡山的巨石崇拜与岩洞崇拜异曲同工。这再次表明人口的重要，证明恩格斯两种生产理论的重要，生产力技术含量低，两性关系被神化了。又走一程，前面一座悬崖，上面有许多大小不等的洞穴，传说是巨型蝙蝠栖息地。在我看来，它们可能是翼龙，悬崖和洞穴则是第四纪冰川侵蚀的结果。

九人解开缰绳，任马吃草，来到一间平屋顶上生火打尖。我们走近悬崖仰望洞穴，洞穴上下两排，有八九个之多，类似石窟，刘赞廷在《武成县》中有所记载。当地流传：洞中蝙蝠如人大小，常飞到附近抓走小孩、幼畜，老百姓深恶痛绝，终于想出妙计。一日，人们挑着酒水，带着真假刀剑来到悬崖前面。打开缸子，倒水于碗中，饮后拿起假刀剑互相打斗，闹毕，留下真刀剑，拿走木头刀剑。洞中蝙蝠看得真切，全然不知秘密。待人走后，飞将下来，打开酒缸，倒酒痛饮，之后拿起刀剑厮杀，悉数倒在血泊中，唯剩一只放哨蝙蝠没有参与，见状独自朝下游飞去，永不回头。这个田野传说与刘赞廷的记录不同，两个版本都不真实。联想到英国人类学家海门道夫在北印度奇罗河谷（Ziro）调查时也有类似经历。他在《阿帕塔尼人和他们的邻族》[1] 第一章中提到当地人称为"布鲁"（Buru）的一种蜥蜴状生物，尽管他只说了这么短短一句话，却引起生物学家的跟踪追击，相关研究收入英文版的《神秘动物学指南》中[2]。刘的记录疑点是缺乏证据，既然已经射杀了一只大蝙蝠，并且让两位随行的美国人拍摄了蝙蝠的照片，为何没有流传于世呢？

我给蝙蝠洞照完相，目测悬崖的距离之后继续赶路。沿山谷到了一个簸箕口，魏东生、周厚贵和两位马夫在原地休息，他们似乎对探索没有兴趣。我和徐召月、白玛、岗托村小青年以及巴洛村的两位村民，六人徒步

---

① Christoph Von Fürer-Haimendorf, *The Apa Tanis and Their Neighbours：A Primitive Civilization of the Eastern Himalayas*, London：Oxford University Press, 1963.

② George M. Eberhart, *Mysterious Creatures：A Guide to Cryptozoology*, Santa Barbara：ABC - CLI-O, Inc., 2002. 全书772页，英文，按 A～Z 字母顺序编排，使用方法类似字典。资料翔实，部分著名未知生物附有插图，是神秘动物学爱好者不可多得的参考工具书。

上山看仙人洞。穿过青冈林，爬上悬崖峭壁，40分钟后，来到洞口平台。那里有根柱子，待白玛四人焚香事神后全体进洞。

洞中有许多钟乳石。两位村民说，不知何时，一只獐子闯入仙人洞，左冲右突，跑不出去，撞断了一些钟乳石。空气中散发着霉味，拐角处放了一盏酥油灯，里面一片漆黑，要用打火机照亮。靠近洞口有个神龛，放着几具修道人的干尸。高僧在洞穴修行，很少吃喝，靠意念支撑。悬崖上有些用硬物铲出的印迹，传说是修道人留下的。他们身轻如燕，上下攀缘。这些地方狗熊是上不来的。洞穴既可遮风避雨，又可防止野兽袭击。人们把千姿百态的钟乳石想象成菩萨，进洞上香，香火熏黑了钟乳石。如果白玛不是副乡长，他的虔诚并不令人感到奇怪。他与一位村民蜷曲着身体，艰难地从一条直角形的乳石孔道钻进钻出。他们俩一定是有什么乞求才会这么做。

全体人出了洞，忽听山脚传来"叭叭叭"的枪声，那是魏东生的召唤。25分钟后，我们回到簸箕口。打马走了200米，进入一条石缝，如《阿里巴巴和四十大盗的故事》中咒语里"芝麻开门"的山缝，窄得只容一骑，抬头一线天，低头石壁扑面，到处都是摩崖石刻，多为六字真言，今人称"修道谷"，可能是明代一群宗喀巴信徒在这一带山洞修行留下的遗迹。我们爬上陡峭的小路，在山坡坐了一阵，纵马奔过一片菜园，进了岗托村。

村主任把客人领到家里。他原是三兄共一妻，现为二兄共妻。走掉的那个兄弟泄气地说："这里要啥没啥，我白费力气经营农牧采集，依旧贫穷。"所以他报名到林芝巴宜区移居，离开大家庭，在外面单独立户。

林芝处在喜马拉雅山和横断山两列巨型山脉相切的区域，是青藏高原通往印度半岛的天然孔道，每当多事之秋，移民从不同方向汇集到这条孔道，前去寻找白玛岗（仙境福地）。墨脱在藏族历史上扮演着移民中继站的角色。从赵尔丰改土归流到1950年，三岩发生两次移民潮，人们举家搬到白玛岗。那边的炎热、疾病和饥饿，迫使人们返回林芝县、米林县安身。1977年，政府组织木协乡50多户搬迁到贡觉县斯塘村，令其垦荒种地，但主客关系难以调和，半年后被迫回原籍。1995年再次组织搬迁，在县城8公里处建新村，将木协乡12个行政村计32家贫困户迁于此处，莫洛镇协助安置。1999年，又搬迁166户、892人到林芝。

搬迁和不搬迁的人各有打算，但有三点共同的希望：家里有更多的土地种；孩子有好学校读书；有好的医疗条件。第一点很难达到，因为安置地土地有限，没法分到那么多富饶的土地。反而愿意留下的家庭捡到便宜，别人搬走后，耕地田园多了。有人觉得故土难离，有人抱着好死不如赖活的思想。岗托村的空房、空地，大都是搬迁户留下的。

天黑了。魏东生、周厚贵和白玛开始测量村主任家的房屋面积，又找人来火塘边询问。

我晚上9时睡觉，次日凌晨5时闻鸡起舞，出外只见几朵雪花飘下，村庄与山冈白茫茫一片。我静静地坐在二楼火塘边观察谁先起床，谁第二个起床，起床后干什么。访谈时，报道人总是说第一个起床的是儿媳，第二个是母亲。耳听为虚，眼见为实。那天我看见第一个起床的是母亲。

调查完毕，我们准备离开岗托村，下午4点，村主任派的马也拉来了。回程走盘山小路。一位村民伫立在转弯处等待周厚贵，递给他一包煮熟的鸡蛋，这个情景反映出干群关系融洽。我第一次在雪地上骑马，环顾四周，银装素裹。出村不远，魏东生骑着马追上来。

大约受多杰之托，魏东生沿途介绍情况。他工作负责，就是爱喝点酒。来到有泉水的崖边，他说这是"玛布琼果"（起誓的地点），民间保留神判的形式，有些秩序要靠神来维持，一旦起誓，大家都要遵守。上山时，碰到两姊妹和一个中年人徒步翻过雪山。我们超过他们，在山腰休息时又被他们赶了上来。快到山顶时，风雪特别大，只能下马步行。魏东生大喊走察拉寺那条路，好让我们师徒多了解情况。因之前他与周、白玛没有合计，他俩走得太快，想早点赶回雄松，所以没有绕到江边去看察拉寺。察拉寺为中三岩与下三岩分界的地标。到了山顶，出现一片平坦的雪原，我们深一脚浅一脚踏着没膝深的积雪下山。慢慢地，雪少了，下到山腰。白玛要求加快速度，否则天黑前到不了家。转过一道山梁，是一片丛林，有泉水溢出。魏东生说，这里也是"玛布琼果"。晚上七点半，到了山口，我们立于岩石上，雄松乡在望。晚霞渐隐，天空泛出星星，还有一个半小时的路程，大家不敢怠慢，牵马下到山脚小路，拍马急行，进入前面村庄时，天完全黑了。

平措副主任想到敏都乡去玩，顺路送我们。白玛等人也想去，于是一辆吉普车塞了8个人。吉米次仁前来送行，他噙着眼泪，依依不舍。车过台西寺时拐进去参观。该寺于1998年破土动工，现在颇具规模，看着满坡都是修行的小房间，我不禁想起陈新华说要带人来埋界桩。出了台西寺，快到敏都乡，路边有个陵园，纪念碑上写着三位公安人员抓捕持枪杀人犯的经过。到了敏都乡政府，我才发现铝饭盒被遗忘在雄松乡的厨房。这次进藏三次丢东西，不知是怎么搞的，以前从来没有过。

三、阿尼吊桥的记忆簇新

早晨，敏都乡乡长喜绕尼玛带路，陈新华拉着我和徐召月我们一行四人来到果巴村。村主任40多岁，行姊妹共夫婚。姐姐长妹妹20余岁，仍可看出年轻时的秀逸。她给丈夫生了七胎，全部是女孩。按照帕措的规矩，丈夫可在姻亲范围内再择一妻。恰好原配的妹妹闺中待嫁，便做了丈夫的续妻。妹妹年轻漂亮，体态丰韵，给丈夫生了两胎，头胎是男孩，可惜养到一岁半夭折，二胎是女孩，还在襁褓中。本乡除了这位村主任，还有一户姊妹共夫家庭，那几天其夫不在家，不便探访。

我跟喜绕尼玛说明需要采样做DNA分析。上周去到岗托村曾在村主任家采样。相传，三岩居民是格萨尔王的后代。通过基因分析可得出结论，看看他们与藏族其他支系的同异点。此外，兄弟共妻家庭的孩子与生父的关系是否如生母所说，有的可以辨认，有的不可辨认，也能从基因分析中了解到生母确认的亲子关系的准确度。关于DNA采样的事宜，我咨询了医学院的两位女专家，她们提出用棉花签擦口腔两壁脱落细胞作样品，也可以用镊子夹纱布刮左右口腔，阴干后，置入离心管保存。我又找了生命科学院的杨教授，他给了我半包小号离心管，介绍了用酒精保存样品的方法：把蘸了唾液的棉花签或纱布置入盛了酒精的离心管。我们采用前一种方法——彻底阴干，如不阴干放进离心管，就会生霉，鉴别到的不是人的基因，而是细菌的基因。DNA鉴定，最准确的是分析血液。但乡民见红就怕，为了避免误会，没有采血。同时，采血要的技术手段和成本费用也比较高。从岗托回到雄松，我们把采来的唾液样品放在宿舍靠走道的窗台上摊开阴干。当晚，平措副主任来找我们聊天。深夜又来找多杰，他不敲门，从窗户伸手进来扭门锁，不小心把DNA样品碰落一地，标签混在一起了。我们默默无言，劳动白费了，除了重新采样，还能说些什么呢？

晚上喜绕尼玛带我们到一户兄弟共妻家庭。这次吸取教训，我们把采来的样品放在室内的窗台上阴干，出外锁门。祸不单行，顶窗的玻璃破了，白天风很大，傍晚我们从阿尼村调查回来，发现半数样品吹散，标签又混了。当晚又去那一家采样，然后找承包招待所的老板，打开库房，把DNA样品摊在桌面上阴干，总算没有再出问题。

贡觉县三岩六乡与白玉、巴塘两县四乡隔岸相对。具体为西岸克日、罗麦对东岸河坡、盖玉，西岸沙东、敏都与雄松对东岸山岩，西岸木协对东岸半个甲英，另外半个甲英对芒康县戈波乡。沟通一江两岸的吊桥建在敏都乡阿尼村，正名"友谊桥"，又称"阿尼吊桥"。

喜绕尼玛当过敏都乡派出所的所长，早先还在贡觉县公安局工作。我问他是否去过阿尼吊桥对面的山岩乡，他摇摇头，但补充说，以前去过江对岸的沙马乡抓人，从德格县的岗托大桥拐下江边公路，插到白玉县，隐蔽在沙马乡政府招待所，雇马进村实施抓捕，两岸的治安没什么不同。一席话坚定了我从阿尼吊桥返回白玉的决心。翌日上午，喜绕尼玛安排乡干部普布扎西带我们师徒去阿尼村，一是看吊桥，二是看"1·12"特别小分队英烈牺牲现场。

路上普布介绍了自己的挫折，使我认识到基层干部的构成。他们是田野调查员必须依靠的中坚力量。1998年，普布在西藏民族学院读大三，当时学校的管理存在许多亟待改善的地方，他积极串联，收集意见，向上反映。没想到职能部门激化了矛盾，正当学生准备罢课时，校方一面安抚学生，一面追查组织者。经过反复动员，普布被指证为首要分子，校方以破坏教学秩序、违反校规勒令他退学。我对他的遭遇深表同情，也希望他吸取教训，在新环境中发展得更好，给予我们更多的帮助。

阿尼村的牧场在对岸。吊桥于1993年建成，桥长100米，宽2.4米，跨度80米。村民抛弃了传统渡河工具牛皮船、溜索。离桥远的村庄还保留这些传统工具，每年用牛皮船载牦牛过江，到传统的牧场去放牧。2003年，吊桥大修。2005年，金沙江出现百年一遇的洪峰，江水上涨了20多米，吊桥被冲垮了，又抢修一次。平常维修吊桥各村派义工。以前自由过桥，后来在西桥墩建了个检查站。

2018年10月11日和11月3日，在上游江达县波罗乡白格村与白玉县绒盖乡则巴村交界处，西岸先后发生大规模高位滑坡，堵塞金沙江，形成堰塞湖。第一次滑坡没有完全隔断江水，阻拦了2亿立方米水体，堰塞体自然溃决，引发特大洪水。第二次滑坡完全隔断江水，造成高于水位50米的堰塞坝体，库容超过5亿立方米水体，要是自然溃决，将引发洪灾，于是用10天完成挖掘流槽工程，江水冲开第二次堰塞体，险情才得以排除。但还是冲毁了下游十余座桥梁、几千间房屋。

滑坡一出现，下游沿线10万人畜转移，严禁车辆走318国道经巴塘进出西藏，确需进出的车辆必须绕行317国道经德格县岗托大桥或其他途径通行。敏都乡群众撤到3个制高点，最低处在"1·12"烈士陵园，海拔

3 000 米，高出江面近 1 000 米。两次泄洪冲毁了阿尼吊桥[①]和西桥墩的检查站。川滇藏十余座桥梁被毁。

普布扎西路不熟，我们走了 1 个半小时才到达。师徒俩立刻对吊桥展开测量，步测长度、宽度，目测高度。我们数了桥板条数、铁索根数、大螺丝钉个数，做得很仔细。

我们三人返回时，找到"1·12"现场。烧塌的房屋重建了，没有原先高，房前屋后地形依旧，结合纪念碑碑文，撇开血亲复仇，只看碉楼的防御作用，倒还真有些意味。这个案例具有法人类学的意义。

在返回乡政府的路途中，我问普布扎西江对面的路况。他说一年前有支水利测量队来敏都乡，他们不想绕回县城，从阿尼吊桥过江到白玉县，从四川回去。乡政府帮助他们租牦牛和马匹，由普布带队，全队一天走到山岩乡，他于翌日下午返回敏都乡。后来我告诉陈新华我想从对岸回白玉县的打算，陈说，几年前他在敏都乡检查工作，喜绕尼玛带来一位女青年，她自我介绍名为李婉，毕业于中山大学外语系，要求乡政府帮她租马，从吊桥过江。我听了，心里更加有底。

下午 4 点多钟，快回到敏都乡了。看见多杰与两个姑娘在路边。她们是阿尼村的姊妹，到乡里磨面。妹妹活泼貌美，姐姐文静老成。我给她们照相，又送给妹妹一件衣服，她笑得很开心。我向多杰建议，等总调查报告写出来，旅游局可改编成教材，在当地招募年轻漂亮、性格活泼的女性做导游，让她们学习普通话，讲解三岩的历史、文化，认真培养。

我们师徒在敏都乡访问了一位叫阿嘎的干部，他是两兄共妻。多杰想请报道人到乡政府来，便于翻译，但那几天请不来，只有我们主动下村。敏都乡还有两座寺庙，山腰的是根沙寺，山顶的是扎玛寺。高僧住在扎玛寺。我们打算顺路访问两处，一为根沙寺，一为阿嘎的家。听说阿嘎老家的村庄每年举行开耕仪式，我告诉多杰，这是民俗旅游资源，希望他能去当翻译。多杰一开始说他走不动，后来在陈新华的劝说下同意前行。

到了根沙寺，阿登活佛接待我们三人。一江两岸在文化上是个整体，这从信仰体系很容易看出。许多僧人、尼姑来自山岩，其中不少人在甘孜（前身为西康）寺庙学佛，然后到三岩弘扬佛法。阿登活佛便是如此。他是山岩乡八学村人，在扎玛寺学佛，出师后来此地建根沙寺。根据宁玛派的

---

① 许强、郑光、李为乐等：《2018 年 10 月和 11 月金沙江白格两次滑坡——堰塞堵江事件分析研究》，《工程地质学报》2018 年第 26 卷第 6 期，第 1534 – 1551 页。

教规，高僧可以娶妻生子。阿登活佛年逾四旬，带眷修行，一家六口，除他之外，尚有二子、二女、一妻。我问到树葬。活佛说，三岩无此习俗，对岸山岩则有。徐召月请求活佛赐名。活佛高兴地答应，在纸上写下"白玛群培"四字，"白玛"是充裕的意思，"群培"有"弘法、兴教"之意。照全家福时，活佛的妻子很害羞，喊了多次，她才过来合影（见图8-2）。

图8-2　根沙寺带眷修行的阿登活佛（左二）

离开根沙寺，我们师徒翻过一道山涧，爬山到阿嘎老家的村庄。在村外小树林，阿嘎告诉我们，那里有"土葬"。土葬在其他地方是极普通的，但在西藏很新鲜。当我要去看时，阿嘎却说那是小孩墓地，没啥好看的。见徐召月走累了，我对他说："我去看，如果有意思，再叫你过来。"我发现地上杂草丛生，没有坟包，而是有一些浅坑，或放着捆好的棉絮、衣物或烧过的骨头，其中有几块头盖骨、腿骨和手臂骨，我还发现许多大块的肋骨，显然是成年人的骨头。墓地旁有五口石头垒起的炉灶，里面也有一些骨灰。经过观测、分析，五口灶不是仪式煮饭用的，而是焚烧尸体的灶台；那些大骨头并不是牲畜的，因为里面有人的颅骨。说明有成人尸体在这里火化，之后才草草入土。一般说来，只有喇嘛活佛才用火葬，罕见平民火葬。一个小墓地居然有儿童葬、成人葬、土葬、火葬、一次葬、二次葬这几种葬式，可以肯定，金沙江两岸集中了水葬、天葬、火葬、土葬、壁葬和树葬等多种葬式，循着这条线索研究可以挖掘出丰富的丧葬习俗旅游资源，甚至可以做一篇博士论文。

所以，调查不缜密等于没有调查。报道人的话不能全信，也不能不信。到了一个地方，一定要不辞劳苦，少说"累了""算了"，有时现象就在那么一瞬间，专注就捕捉到了，不专注就忽视了。即使报道人如此说，也要亲自到现场看一看。

下午4点，我们师徒从阿嘎家回到敏都村。听说有个村庄还保留着牛皮船，我们很感兴趣，便跟随到乡政府开会返村的人去探望。走了一段路，村干部问明意图，接着议论了一阵，请翻译传达：牛皮船已被其他村收购走了，现在本村人须绕道从阿尼吊桥过江。说明现代化对传统文化的冲击。由于事先没有沟通好，我们只好原路返回。

三岩土层薄，石头多，植物扎根不深，没有高大的乔木，只有低矮的灌丛，点缀在山坳地带。村庄高低错落。低处村庄距江边半小时路程。高处村庄距江边一小时路程。春暖花开，白杨吐翠，海拔2 000米左右的坡地，青稞苗绿油油一片。海拔3 000米以上的村庄正在耕耘。高处不胜寒，越往山顶走，白色越明显，仿佛还是一个冬天的世界，显现出垂直性气候。

长在薄土里的青冈灌丛生命力极强，砍去主枝，会长出更多的侧枝。昂贵的松茸菌就生长在这种林子里。青冈树木质坚韧，是烧炭的上乘原料，也是制作木锄的首选。虽然家家户户都会做，但木匠做得最好，请木匠做一把要花几块钱。青冈树性凉，泉水经过树叶树根过滤，凉意十足。外来人到青冈树多的村庄，如果不吃几颗花椒，喝过水后肚子就会痛。这只是关于青冈树须知的事情，类似的地方性知识无处不在，反映了人类对金沙江峡谷的文化适应。

我们师徒在高处村庄看开耕节。过节时，每家每户都在忙碌，幼儿也坐在地边，方便母亲喂奶照应。别处的犁手柄长，可以站着驾驭，三岩的犁无柄，须躬背弯腰，身子屈成一张弓，双手用力压住犁头，任犏牛拉动。所以常常是青年人的工作，因为他们的身子软，年龄大的人骨头硬，躬身工作半晌就直不起腰来。犁地用畜力，二牛抬杠。十来岁的孩子牵牛，做辅助劳动。当地人说无柄的犁好使，真是慧眼独具，从主位角度方能体会个中道理。人们撒种也很随意，既可以在耕作之前撒，也可以在犁过之后撒。据我观察，后一种情形较为常见。

文化在碰撞中互相吸引。食堂左师傅四十来岁，原在县城开饭馆，因汉族人少、藏族人不爱吃汉餐，没赚到钱。敏都乡政府极力邀请他前来办食堂，许诺他住房免费，乡干部与小学教师按月交伙食费。于是左师傅三口之家来了，他们把搭暖棚种菜的技术介绍进来，开了一间小铺子专卖烟糖酒，不久儿子回县城经营发廊。老左闲时垂钓、捡山货。妻子性格开朗，喜欢跟人说笑。

一江两岸因通婚产生亲戚关系，亲戚间常走动。我托左氏夫妻通报消息。下午，左夫人说，一位男子从山岩色德村来到敏都村，正在小店购物。我赶过去见面，得知他明早要走，就与他约好一起动身。这时，喜绕尼玛也向村主任派了马。翌日早，师徒等待牵马的村民与色德村那位男子，9点还不到，遂决定徒步。徐召月问陈新华的小车司机，能否送我们到下吊桥的路口，司机不干。师徒俩便不再犹豫，背起行装就走。这可感动了司机，他迭声说："我送你们！"5分钟光景，就把我们送到了岔路。

我们师徒背上沉重的包袱，沿着山路走下吊桥，中途歇了一次脚，汗水湿透背心。走过桥，又歇了两次。爬到半山腰，徐召月掉队了。手表指针指着12点，对面是敏都村。照这个速度走下去，越走越累，天黑之前若到不了山岩乡，那就在江边牧场借宿吧。我正在盘算，风送来马铃声，两个农民各自骑一匹马、牵一匹马追了上来。他们是次仁巴德（52岁）和措吉康多（40岁）（见图8-3），拂晓从远方的山村启程，来到敏都乡，喜绕尼玛乡长说：人走了，赶快追。我们在极度困乏时见到四马二人，犹如见到救星，行李捆上马后，上马前行。政府派马采取轮流制，以极低价钱雇马的方式，本质上仍是一种拉公差，西藏农牧区大都不发达，行政费用有限，政府要办事也是不得已而为之，希望这种情形会很快改变。

图8-3　次仁巴德和措吉康多

135

四、骑在马上的所思所想

这次带队进入川藏交界的金沙江峡谷，费用来自国家社科基金和教育部的两个课题。骑在马上，两岸山峦起伏，蓝天下白云浮动，触景生情，不禁想对田野场景乃巨型文本的比喻说几句话：

（1）用结构主义方法理顺关系。按时间顺序（如清末民国、中华人民共和国）梳理材料，由近及远，或者反推，由远及近。调查员（包括我和徐召月）是解读主体，承担建构与解构的双重任务，以结构定向功能，复从功能导引结构。建构上，把蓝司机、李师傅、同车乘客、陈新华、泽建华、米教授等看成表层，起烘托作用，每人拉出一小段情节，细微牵引力扭成强大牵引力，组合成田野文本故事群。把三岩各乡干部群众看成深层，起巩固情节、纵深发展的作用。表层、深层均为话语客体。解构上，把生产方式看成文化底座来分析，把历史陈迹（治所、代理、庙宇等）和现实设施（各种制度）看成特定的上层建筑，三岩的内外矛盾构造了金沙江峡谷的国家剧场，各种剧本在此上演。解构就是打开积淀为结构的活文化和死文化，只有带着强烈的剧场梦景来阅读田野文本，才能盘活材料。

（2）自然有"横看成岭侧成峰，远近高低各不同"的立体景观，社会也是立体性的，也可以从纵横两个视角来观察，既调查现实又参考历史，了解来龙去脉。历史是前人活动的完整记录，这些活动调查员是不能感受的，但是，通过文献可以想象，弥补感官的局限。金沙江峡谷的古代民族关系有汉藏、东巴、西夏等文字记载，不是写在纸上就是刻在崖壁上或金属上，有比无好，不要嫌少。现代民族关系的记载更加靠谱，加入了实证科学成分，汉文的信息量最大，调查员一生奔波，仅凭直接观察和点滴感悟远远不够，除了从历史文献来拓展，还要求教于地方精英，发现和培养关键报道人。吉米次仁就是这样的人，精英能够提供系统化的地方性知识，但调查员要注意调查技巧，访问要耐心，每次集中谈一点，抓紧访谈耳聪目明的老年人，整理他们的口述史。以上两方面都做到，对社会的认识也就深入了一步。

（3）人类学具有两重性，既讲实证经验，也需要抽象理论。因这门学科有四个分支，两重性不是等量齐观的，其中，体质人类学、语言学、考古学完全是经验的；文化人类学有两个部分，民族志偏重田野调查，民族学侧重理论建构，总体上讲理论重实际。理论通常以概念、范畴、命题等抽象形式存在。范畴最抽象，故称"大概念"，呈"对子"（两个一组）形式，概念抽象度不及范畴，内容比范畴饱满，范畴与概念彼此支撑，用来表述命题。西藏东南河谷纵横，各民族面临封闭的环境，生产方式与生活方式既有独特性，亦有共通性，非常适合概念群来把握。无论是研究占有材料，还是叙述研究成果，都是"生动直观—经验抽象—思维具体"的环环展现，完整把握也就是先验的总体存在。概念反映事物的本质，用概念群把握河谷文化特质，使多样性服从于共通性。没有概念群，零碎的文化就不能吸附，更不能在思维中完成转换，田野调查就永远是零，摆脱不了经验论的窠臼，有了概念群，等于在零前面加上数字，零就获得了意义。因此，必须创立西藏研究的概念群，以理性规范经验。

第九章 东出山岩描绘研究蓝图

金沙江峡谷的考察持续了五周，触及四乡，右岸为主，左岸为从。同年夏天，徐召月带队完成木协、克日、罗麦三个乡的考察，写出三岩六乡的旅游资源调查报告。当时我已远赴北美访学。我在亲自调查的基础上总结两岸地理概貌、交通情况、民族心理及存在的问题，悉心规划研究前景、考虑投放的力量、加强与熟人的联系，继之而来的是坚持实证研究。下面仅谈第一次调查的后续情节。

一、八学村珠扎穿针引线

金沙江左岸的山岭多为阴面，右岸多为阳面。阴面滑坡较多，岩石土壤沿斜坡下滑，沙石滚落，狼藉不堪。四人四马刚穿过一条流沙地，又踏上一条两尺宽的绝壁小路，比走钢丝还险，令人胆寒，连马都害怕。徐召月在前骑行。一行人通过"Z"字形的险路，下了两个高山嘴，饮马江边。

江边有块平地，散布着几个石头垒起的窝棚，那就是阿尼村的冬季牧场，一年四季有人守望。四人下马，席地而坐。女主人30岁出头，提着一把烧得漆黑的茶壶走过来。马卸鞍后，趴在干粪堆上打滚，马夫说它们在擦痒。我无意中瞥见女主人椭圆形的脸蛋布满细纹，晶亮的黑眸上沾了一颗米粒大的白点，这是"角膜受损"的标志，不知是劳累折磨还是窝棚的烟尘，或者是女红针黹所致。唉，眼睛是那么重要，如果是城市人，早就去看眼科医生了，她却忙得无暇打理自身，头发不整，衣衫褴褛。眼疾是藏族女性的职业病，几乎每家都有患眼病者，所以我进藏时带了一些眼药。我拿出一盒氧氟沙星眼膏，取出四支，递给她两支，给次仁巴德和措吉康多各一支，又找出一小瓶诺氟沙星眼药水，用手语告诉她，每天洗脸毛巾应煮沸消毒两三次，单独使用，防止反复感染，每天交替使用眼药水与消炎眼膏。她丈夫赔着笑脸站在旁边。我提议给大家照相。女主人羞赧地走回地窝，洗脸、梳头、换衣，然后牵着个小男孩，身后是一群大孩子。她在这张照片中以微笑报答了我。

我们继续骑行。到了丁字路口，马队向右转，拐入色协龙箐沟，循沟而上。如不右转，沿江直走，再过一段滑坡地，就到了劣巴村。劣巴村与江对岸的雄巴村平行对峙。回首一个月前在沙东乡凭栏眺望的情景，现在我已脚踏实地。我们经过一座白塔，见昨天约好一起出发的那个男人在转经。不等我们询问，他就为自己的失礼而道歉："我以为你们不走，就先走了。"这说明他的自我意识较强，不愿为人所累，故不辞而别，也说明我们自己做得不够，如果昨天给他一点定金，也许他会来找我们。继续往上行，见到一片低矮的石头屋，有十几间，那是色麦村的冬季牧场营地。沿着箐沟上行一小时，来到一块平地，路上方是一扇木质结构的山门，两边用石头堆砌，中间是甬道，顶上辐射状地拉起绳子，绳子上拴满风马旗。循入山门，第一个村是色麦。我们继续走，快出山箐时，仰见左上方房屋错落，第二个村是色巴。又走了一程，第三个村是八学。左边山腰有座寺庙，马夫说是尼根寺，右上方有个山包，上面屹立着一幢土石木建筑，周边散落着民居。继续策马上山，刚才绕白塔的那位男子骑马追上，在岔路口纵马北去，奔向第四个村——色德。我们四人骑行到右边山包下，仰望那座雄伟的木楞子院落，主体建筑为两层楼。

早在两千四百多年前春秋战国时期，金沙江两岸就留下古代游牧民族活动的痕迹。劣巴村周围不断发现一些石棺墓，村民称之为"加岗"（羌人墓），认为与本村开基祖无关。村民齐扎家里保存着一个黑土陶罐，是从石棺内捡来的，其父用来装酒。表明古三岩一带是民族走廊，先民迁徙至此看见洪积扇平台，暂时住下，后来遇到劫难，怀揣一把故土，留下祖先遗骸，被迫离开。在川流不息的历史长河中，旧人走了，新移民又来。那么，现在的山岩居民来自何方？据说几百年前，一个男子叫发巴，携妻带眷沿着金沙江左岸顺流而下，突见一块洪积扇平台，宽阔而适合农牧，便住下来，以辛勤劳作换得丰衣足食，他感恩一方水土，于是取名劣巴，代代繁衍生息。后来杜果、拉却两兄弟和木勒一家相继迁入，形成七户。大家和睦相处，但随着人口增长，土地不堪重负，各家便分出一些人口到附近建村。后来附近没有适宜耕种的土地了，多余的人口被推向远方，如今，盖玉乡洞中村开基祖就是早先从劣巴村迁出来的[①]，山岩帕措"夏哥"与"拉学"长期对抗，夏哥不敌拉学，全部人口被逐到盖玉[②]。

无论是主动迁出还是被动逐出，建新村都是先派人到远处寻找场地，考虑水源、旷地、山包及与周边村庄的等距离关系。水源不远，在村的左右侧都行，在平行或稍高于村场的山腰处。水通过渡槽接到村庄与田头，汇成水池，各家从中舀取背回。水量总是能够满足人口与土地的载荷，故一村可以赓续数百年，为了方便取水有时会移动渡槽的位置。冬天水不结冰，为何？因山泉温度高于冰点，始终处于流动状态。旷地，近处用来建

---

① 2007年7月25日下午，笔者访问洞中村，村民阿苏（男，23岁）提供了这条信息。2020年7月10日，请知情人荣戈·多吉康竺核实无误。

② 红（山）岩乡党支部、工作组：《山岩乡关于戈巴组织问题的调查报告》（1974年4月），白玉县档案馆藏。

房、耕作与畜牧，远处指夏季的高山牧场与冬季的河谷牧场。土地有承载极限，故各村都要保持距离。山包主要是安全、信仰的需要，最好有几个山包，交错重叠，村庄隐于其中，冬暖夏凉。以上三个条件满足后，就派出拓荒队去殖民，建好后，新村与老村形成母女关系。

当土地与水源有限时，建新村就是争夺这些资源。为了巩固与扩大权力产生了帕措血缘组织，有血缘的家户扭在一起，盘根错节，向外发展。正如亚马孙河的热带雨林，那里人口稀少，土地辽阔，但土地根据类别分为农耕、狩猎、采集等，也就是土地优劣不同，结果引起人们以血缘组织的方式来占有或争夺最有利用价值的土地。

很快，我们四人从房后绕到房前公路，走进院子去，平台上有三栋建筑，美观大方，主体有两个：一是四合院楼房，作为山岩乡党政办公楼；一是中心小学，即那栋楼房与两排平房。裙楼是商店（见图9-1）。四合院前面打横的房子类似于屏风，一楼中间开大门，两边悬挂的分别是乡党委、政府和武装部的招牌。四合院的一楼作仓库，二楼是办公与住宿，楼顶有一台锅盖形的电视信号接收器。现在已经看不见原样的建筑了，因山岩乡在整体搬迁过程中被拆毁了。

图9-1　山岩乡机构（左图为从背面看，右图为从正面看）

四人下马，我伸直腰板走进门洞，三人牵马跟随。院里停着一辆吉普车。二楼探出几只脑袋，我询问哪位管事，答曰：乡长和书记不在家，请上楼说话。上楼见五人在水泥阳台上，放着一张圆桌，几把椅子，墙上挂着一台电话，四面厢房十几间。当再次问哪位当家时，一位二十七八岁的英俊青年站起来，他是副乡长，名叫珠扎，巴塘人，病刚愈，身体衰弱。听说我们一行从西藏过来，不敢相信。我把敏都乡喜绕尼玛乡长开具的证明递给他。马夫次仁巴德与措吉康多同珠扎搭话。珠扎翻译说，他们现在要去亲戚家住，明早回家，马脚费怎么办。我对珠扎说，待我写张条子，注明金额，请你看后念给他们听，并告诉他们执条回到敏都找到喜绕乡长，他会带他们找住在那里的多杰，多杰是贡觉县旅游局局长，他定会付钱，因为我们双方有约，马脚费由多杰支付。

两个赶马人走了。珠扎拿着一卷条纹塑料布，进了一间套房，在里间铺好，又抱了一床被子、垫褥，再垫上我们自己的床单。外间是空房，旁边是厨房，转角过去是厕所，用水在楼外渡槽边。

村小放虫草假，学生都走了，刚才五人中有两位是教师，另外三位是乡干。大家围拢，珠扎指着一棵白菜对我说："晚饭你们要吃就拿去煮，只剩一棵菜了。"我心里嘀咕，在敏都乡，大雪封山，早餐吃稀饭馒头，中午入户调查带干粮，晚上回来吃面条，连续四天没有吃到蔬菜，来到山岩乡又断菜。我不禁想起一个故事：穷人家吃不起盐，买了一条咸鱼悬于桌上的屋梁。扒一口饭，抬头看一眼，再扒一口，再看一眼。现在这颗白菜也有"望梅止渴"的意味。于是我就跟珠扎说："权且留下吧，我们跟乡干一起吃土豆煮面条。"

徐召月问起住宿费。珠扎回应，你们只待两三天就免了。又说："台湾记者杨雅兰来山岩的次数最多。1997 年、1998 年来过，2004 年她又来住了3 个月，月租200 元，她很讲卫生，从县城买纸糊墙壁，把房间装饰一新。她走后，上海人钱钧华①来过。2005 年，税晓洁②来了，不久女朋友赶来，才来几天就要走，被劝住了。两人各租一房，经常争吵。林业派出所一名驻乡警察给他俩当向导，那女人跟他聊得来，待了三周。文化人来访，乡政府一概不多收费。"珠扎进屋去拿出影集，内有上述人士的照片。这时小学校长泽翁多吉发问："你们觉得'一江两岸'的乡干素质哪边较高?"我想了一下，说："江东的干部比较实干，江西的教师学历高些，性别结构匀称，他们都是从师范学校分配来的年轻教师，男女各半，女教师很多没有对象。"泽翁多吉听了，鼓动其他人抽时间过江去玩。

晚上，因只有一床被子，我与召月挤在一张床上睡，被盖短小，寒风追背，第二天召月就感冒了，咳嗽不止。

---

① 1957 年出生，1984 年从上海大学文学院社会学系毕业。2004 年与 2006 年先后在中国青年出版社、上海人民出版社出版姊妹本《女人国：中国母系村落利家嘴》和《男人国：川藏边境原始部落漫记》。

② 1969 年 6 月出生于陕西周至县，1993 年毕业于湖北十堰大学美术系（湖北工业职业技术学院艺术设计学院的前身）。

早晨，我对珠扎说："小徐感冒了，再拿一床被子行吗？"珠扎说："乡长、书记不在家，我得尊重他们的私人财产。"我问："我写一张留言条给他们，好吗？"于是珠扎多抱来一床被子，晚上，我和召月分开睡。

下午，珠扎请泽翁多吉任向导兼翻译。他喜欢我的挎包，几天后分手时就送给他了。

清晨，我出门去渡槽边洗涤，冷水冻红了双手。太阳出来时，早餐煮好了，叫召月起床。师徒同行，导师教专业知识，也讲生活常识、待人接物的礼仪与敬业的态度，做给学生看，身教胜于言传。我从老师处继承来的①，一言一行默默传授。我还带了衣架，随处可以晾衣服。调查员的工作与生活密不可分。严谨是一种美德。田野工作首先要学会生存本领，离开现代设施依然可以生活好。我独立生活惯了，即使在美国访学期间也自己洗衣服，从未拿到洗衣房去，保持调查员的本色。

听说盖玉乡也有树葬，我就想顺路调查。从山岩乡出发，先翻越门口的大雪山，再走30多公里的下坡路就到了。从盖玉乡去白玉县城76公里许，仅半天路程。我请珠扎派马。珠扎说："两匹马连带一个牵马人付200元。你们是来工作的，所以按优惠价格付马脚费。"我明白，在这种情形下乡干部只需付100元，但对我师徒已够优惠了，若是旅客租马，何止这个价！我赶快送一件衣服给珠扎，权表心意。

珠扎试探性地说："倘若你们不愿骑马或走路，我可以联系乡长，他正在县城开会，让他替你们租一辆吉普车，顺便买些蔬菜送过来。吉普车过不了前面的雪山，只能停在山腰收购虫草的营地，距此20公里。我派马送你们去那里搭车，马再把蔬菜驮回来。租车费500元由你们支付。"想到每顿吃面条，乡下没有油，就用酥油，深切体会到冬春两季金沙江两岸道路不畅、副食品供应的困难。

从白玉县城租车到盖玉乡要370元，再到虫草收购点要130元，再付500元，当天可赶到白玉县城，共1000元。这么大手大脚花钱不是我的工作作风，且也失去在盖玉乡调查树葬的机会。虽然珠扎等人已两个星期没有吃到蔬菜了，但是我帮人要帮在明处，不想帮在暗处。晚上，珠扎端了一碗菜给我们看，那是鱼骨头煮土豆。原来他们下山到江边，选一个有迴水、鱼多的地段，系上定网石，把网抛向江心，流水会把网张开，然后去

<hr>

① 何国强：《态度决定成败——小议黄淑娉先生的精神财富》，《青海民族大学学报（社会科学版）》2020年第1期，第7页。

上游几十米处燃炸药抛入水中，被震晕的鱼顺流而下，有些撞在网上被挂住，将其取下即可，原来江中炸鱼就是这么操作的。

五位年轻人都没谈对象，又不肯降低标准找山岩藏族姑娘，不愿把"种子"撒在山旮旯里。有位漂亮的村姑在木楞子房外逗留，她是从理塘来山岩挖虫草的，住在亲戚家，汉语流利。泽翁从窗户探出半个身子，叫她上楼玩。她应声而至。我恰好在泽翁旁边，也跟她搭了几句。看得出来，她想跟泽翁相好，但碍于社会地位的差距。黄昏，我在门洞旁的渡槽边遇见她，和她聊了几句。我刚回到院门，八学村的几位小伙子从后面一拥而上，质问我跟村姑讲了什么，警告我不要亲近她。我赶紧点头。我知道青年女性是村社的宝贵资源，青年结社有一个目的，就是结伙去追求对象。

第二天，我们6点起床，7点一切料理妥当。两人静候马匹。珠扎起来相送，好几次翘首西望，马匹是从色巴村派来的。马铃声终于传来。两个男子年近五十，各牵一匹马进了大门。他们不谙汉语。珠扎翻译说："这两个人不跟你们去盖玉，他们没有空，而是让其中一个人的儿子带你们去，那个年轻人在半山腰等你们。"行李上驮捆好，五人走出乡政府大门。珠扎生怕大家走错路，穿着拖鞋，踏着露水，走了一里地，送到八学与色德两村交界地，叮嘱那两个牵马人要把我俩送到接应点。

金沙江两岸的生态迥然不同。左岸是阴坡，树林多，水土保持较好，土地肥沃。右岸是阳坡，山头光秃秃，没有树林，水土流失，土地贫瘠。经济水平也有差距：左岸略好于右岸，年年有余粮煮酒；右岸全年产粮只够吃半年，其余靠畜牧提供肉奶。灾荒年景，储粮会就运作了，秋后每户拿出12斤粮入股以备青黄不接，也有高利贷，无论借钱还是借粮都是三倍利息（每百斤还一两虫草）。在藏传佛教不杀生的戒令影响下，渔猎经济不普遍，猎户、渔户稀少。

灌丛盖满山坳，骑行在丛林，太阳透过缝隙，在地上留下光斑，走到山冈，前头是一座座雪峰，身后是稀落的村庄。峡谷那边是西藏的土地，刚从那边来到这里，又要离开这片土地，不舍之情油然而起，我默默地说：再见山岩，我一定要回来！

经过色德村，一位牵马人把缰绳交给我便径自离开，另一人继续带领我们师徒上山。转过一道弯，他开始吆喝，山谷隐约传来应答声。当我听清楚回声时，已见那个伫立在青冈树下的年轻人。两人交接，年轻人叫扎西，二十出头，是这位牵马人的儿子，年长的父亲确定儿子不会迷路，就返回村子去了。年轻人牵着马匹，继续往上走。我问了几句，得知他已成家，去年一岁的婴孩不幸夭折，行树葬。妻子已怀孕，过几个月就要临盆。走了两个小时，我们拴马歇脚。再次启程时，见有兄妹俩走上来，妹妹牵一匹白马，他们是小伙子的亲戚。扎西开口借马，两人爽快地答应了。现在，我们三人骑马，速度明显加快，兄妹紧随其后。上山时，妹妹图省力，拽住马尾巴。哥哥走在我的坐骑边，拉住嚼子。他指着右边一块弧形山坳说，这里的虫草最多。又告诉我，左边悬崖峭壁上的洞穴是喇嘛修道处。快到山顶公路，五人分手。由此开始是几公里长的雪原，马儿走在公路上，积雪深达马膝。这样的路况，汽车怎么开得上来呢？垭口风景独好，近处山形险峻，远处雪峰连天，世人多喜欢城市，其实荒原才是人间仙境。

我们一行越过山脊线正要下山，忽见一群年轻人沿着山坡上来，赶着驮满货物的马匹和牦牛，来自珠扎所说的雪线下面的营地。每天有一辆车开到那里，运来货物，带走虫草。告别了这群人，我们走了半小时才到那里，稍事休息，继续上路。途中遇到扎西的另外两个亲戚，两人两骑，也要到盖玉乡，便五人五马一起行走。雪线以下是茂密的森林，在林中是不敢骑马的，树枝高低错落，随时有被挂住头、扫下马的危险，五人各自牵马而行。到了一个叫多场的山腰，再转十几个弯道，走到山脚，经过一座拱桥就是盖玉乡与沙马乡的三级公路，通往山岩的土路在此交结，形成三岔路口。周边是大块平地，路边立了一块水泥碑，正面背面都是枪眼，似乎曾作为靶子演练射击。碑正面是简介，背面是立碑单位与时间，其云：

> 山岩扶贫公路工程长 56 公里，甘孜州交通局测量队设计，白
> 玉县农牧民、民工承建，省工赈投资 270 万元，干部群众捐资 50
> 万元，义务投入劳役 38 800 个工日，1996 年 2 月 25 日开工，1997
> 年 7 月 1 日竣工。白玉县政府 1997 年 7 月 1 日立。

桥下是清亮的降曲，它从沙马乡流出，河岸森林茂密。公路沿河走，到盖玉乡一直是坦途。

二、盖玉乡与县城之花絮

我与召月心情格外舒畅，扬鞭奋蹄冲向盖玉乡。那三位藏人原以为我们两个汉人不敢骑马跑，所以慢悠悠地落在后面，看见我们打马疾驰，心痛地喊："别跑坏牲口！"

此番进藏，骑了几次马，唯有这次骑行路程最长，从山岩乡到盖玉乡

有 50 公里。过去在江雄河谷骑毛驴，摔过两次。在三岩骑马也摔过两次。想到自己会骑马，将来有利于工作，甭提有多高兴。下午 5 点，随着马蹄得得声，我们踏上了街道。

街道沿降曲两岸分布，岸上生长着杨柳。盖玉乡有两个政府机构：一是区办事处，是虚级，设在左岸，为县府派出机构，监管盖玉、沙马、山岩三乡；一是盖玉乡政府，是实级，设在右岸。实级虚级的划分主要看班子是否由本地人民代表大会选出。我们三人过了桥，走进乡政府大门。乡长唐勇的妻子、统计员曲珍奉上热茶，张罗一个孩子去叫同事。不一会儿，来了一位温文尔雅的青年。他与我握手时介绍："我是白玛洛登，毕业于西南交通大学专科，是盖玉乡办事员。"马夫把牲口拉进院子，卸下行李，我付马脚费，请曲珍上楼开收据，扎西签了字，牵着三匹马走了。

洛登和曲珍打开一间办公室，擦干净地板，抱来垫絮、被子，又拎来一个八磅的热水瓶，热情地为我们安排住宿。这里的条件比山岩好得多。

之后，洛登邀请吃饭。召月说，今晚我们招待吧。洛登说："乡长、书记不在家，我有权代表他们接待远方来客。"这次在金沙江两岸调查食宿皆自理，但获得的新鲜感不同。四川这边的经济状况与开放程度要高于西藏那边。我们在山岩乡免费住了两夜，还吃了两顿饭。盖玉乡更为大方，不仅安排住处，还有接风酒。

三人坐进包厢，洛登点了菜，要了一瓶酒和两包香烟。他把烟推到我们面前，得知我们不吸烟便罢了。菜上来了，他说："你们走了一天，喝几口酒消除疲劳！"我们恭敬不如从命。在举杯之时，我提出明天去看在建的叶巴滩水电站，再顺路看树葬。洛登一拍胸脯："没问题，明天叫上一辆车，如果没有，叫两辆摩托车也行。希望你们多住几天，到处看看，回去写文章替盖玉宣传。你们就在这间店吃饭，吃毕挂账，由乡里开支。盖玉乡有义务接待远方来的学者。"一瓶喝完，再拿一瓶，我们已到量，他还只够垫底。告辞时，他带上喝剩的半瓶酒，再次交代我们明早来这里用早餐。我请厨师盖好剩余的肉菜，待明天加热再吃。

可否将盖玉作为一个调查点？晚上，我们师徒俩在被子里论证：其一，山岩搬出 20 多户人家，可以通过他们了解到山岩；其二，盖玉是交通枢纽，可沟通沙玛乃至巴塘、山岩和县城，便于综合比较；其三，这里汉族人多，懂普通话的藏族人也多，找人介绍情况相对容易；其四，这里有区乡两级政府、一个派出所，干部有合作意识，政策与法律辐射强，现代化与传统文化的碰撞明显；其五，商业、饮食、卫生、教育机构齐全，田野调查的后勤条件好；其六，叶巴滩水电站建在降曲河口以下600米的金沙江干流上，现代工业将嵌入盖玉乡，给当地带来长远的变化，因此对盖玉的调研不仅是抢救性的，也是开发性的。

清早，在镇墟边走边看，9点，洛登起来了，听我们说吃了早餐，就自顾调糌粑吃。这时，扎西彭措副乡长来了，我们先访谈他，然后跟洛登去看树葬。乡卫生院背后有道土坎，生长着一棵大树，上面挂着许多蜂桶般的小箱子，有些跌落到树下的坎坡上。我们边询问，边记录，边拍照，持续1个半小时。洛登说，沿着降曲前行4公里，还有2处树葬点，一处在左岸，一处在右岸。我想去，但洛登与召月不太响应，我不禁想起前几天在山岩看树葬的情景：召月照了几张相片就没兴趣了，可能觉得树葬与他研究的婚姻选题无关。其实学问是触类旁通的，专注与发散并不矛盾。我与他不同，我要持续地指导一批人撰写学位论文，没有广阔的视野不行。因此我看得仔细，对树木的数目、间距、冠高、挂箱的高度、箱子数量及分布情况，树与小路和小溪的方位与距离都作了认真记录与画图。我当时没带三脚架，就用一根树枝作独脚支架，多方位、近距离、小光圈、慢速度地拍摄照片。当我在做这些工作的时候，召月与泽翁多吉坐在远处百无聊赖地等待。

中午，店老板将昨晚的剩菜回锅热了，加炒了两个青菜，我们三人凑合吃了。适逢州县两位人事局局长带了一帮人在吃饭。门口停着两辆进口车。洛登介绍我们认识。没料到那位年轻的州人事局局长相当鲁莽，故意用挑衅口气说话，很明显，他不是不懂职场谈吐。他在同僚面前绝不会如此，其中可能隐藏着一个深刻的问题，我在藏区调查时常会遇到此类人物，总之，不管他抱着什么目的，都不要同他计较，更不能被他激怒，原本是偶然相遇，现在我只能拂袖而去。

吃饭时，洛登说下午去叶巴滩。想到昨晚他说过如果没有车子，就让同事开两部摩托车去，我们很坦然，以为搞定了。切莫高兴过头，饭桌上的话不要当真。果然，我们下午步行去看降曲的小水电站，只有两公里路。叶巴滩的大水电站甭提了。

回来后，我们去访谈药店老板娘。她自称是自贡人，一边卖药，一边讲解当地的常见病，尤其是妇科。下午4点半，一辆东风牌汽车驶入镇墟，停在对面店铺门口卸水泥。车子是从县里开来的，替三四家店铺进货。

在偏僻山区调查，切莫忽视顺路车。我们本来晚上还要访谈，第二天才回白玉，现在车子就在面前，何不打听一下？听说司机卸完货马上返回县城，我们先回去收拾行李，再出门找司机。一位 30 多岁的男人是司机，得知只有两人搭车有点泄气，说每人 50 元，不容讲价。我回到乡政府找召月商量，见曲珍站在大门口，便跟她说了几句。这时，卡车已开过桥，驾驶室里坐着两个乘客，驶过我们身边，见曲珍招手，前行了 20 多米停了下来。看来司机有点犹豫。曲珍一溜小跑。她有 3 个月的身孕啊，我大为感动。她带来司机的口信："刚才 50 元可以坐驾驶室，现在只能坐货厢，一人 45 元。"我们同意了。

这是一条林区公路，路况极差，位于四川省最西部，沟通川藏南线与川藏北线两条国道，全长 190 来公里。现在是下午 5 点，70 来公里，即使开得再慢，晚上 9 点也应到县城了。随着汽车的颠簸，水泥灰弥漫。经过木材装载点时，要等前面运原木的汽车让道才能过去。装卸工见有人拍照，做出各种逗趣的动作，这是人性的自然流露，今日许多地方难得一见（见图 9 - 2）。

图 9 - 2　装卸工

一次，货车与对头车相会时司机把车停在路边，打开车门，探出身子，扶着车厢，要求我把挎在身上的照相机卖给他，被我婉拒了。走了十来公里又停车，路边两人要求托运摩托。趁他们装运时，我对司机说，上面滋味不好受。他说，那就下来，坐驾驶室后排，不加钱！我们坐进驾驶室，行李依旧放在货厢。

司机一路搭客，现在车厢里已有十几人。汽车经过一个村庄，停了40分钟，又上来一些人。开车才20分钟，前轮右胎被扎破，司机花了40分钟换完轮胎，已到晚上8点半。换胎的时候，我担心行李，就爬上车厢，发现一个背包被当作枕头，一个被当作坐垫，遂扯出一个背包，又去扯另一个。枕着睡觉的瘦子故意不起来，同车人说他喝醉了。他见我还扯，就举起拳头跷起脚，做出又打又踹的姿势。我只好放弃。晚上10点半，终于到了县城。我以为司机会赚一笔车费，谁知他不要车厢里的乘客一分钱，就连坐在驾驶室里的两位藏族乘客给他钱，他也不要，唯独伸手向我们要钱。那些人与司机素不相识，如同我们跟司机萍水相逢一样，他可能认为"四海之内皆兄弟"的准则只适用于同民族，另一个民族则不行。我拿出小手电，察看行李。司机接过去看了看，询问可否卖给他，我摇摇头。说明藏区的工业品奇缺，不然这人不会连续两次要求乘客转让物品。

司机的哥哥承包了白玉县武装部招待所。他把我们拉去那里。我上二楼一看，15元一个床位，没有热水，不行，得换一间。我们走过旱桥，找到一家有热水的旅店，住进一间6人房，一个床位10元。洗盥完，上街吃完夜宵，回去就睡下。12点，来了4位旅客，一阵捣鼓，我们被惊醒，很快又睡着了。

四川省经济水平垫底的县分别是稻城、雅江和白玉。我们从西藏来，觉得白玉比贡觉繁华。可见，同样是藏区，属于甘、青、川、滇的省和属于西藏的自治区有些不同。早晨，我去县政协找范河川副主席，他是团结户，父亲是河南人，母亲是山岩劣巴村人，藏名荣戈·多吉康竺，母亲先生他，之后又生一女，接着产下一对龙凤胎。后来父母将大妹送给县里一对无子女的夫妇作养女。这时，秘书给范河川打电话，约他上午11点见面。趁有两小时空闲，师徒俩搬到城边停车场，广播电视局的招待所在那里。里面是三人房，收拾得挺利索，有电视机，每个床位10元，长途司机喜欢在此歇脚。

41岁的范河川成熟稳健。他毕业于中央民族学院（现中央民族大学）文学系文秘专业，在许多岗位锻炼过，如参编《白玉县志》、任盖玉区委书记、任县广播电视局局长，二妹继他之后也担任过这个职位。我们的谈话常被电话铃打断，电话里所谈的内容不外是些琐事。12点到了，他赠送我们处女作，又邀请吃饭，他夫人和局里三位下属都来了，饭桌上才得知当天是他的生日。他告诉我，五天前我们在金沙江左岸溯江直走就到了生他养他的劣巴村。

三、归来偶得的远忧近虑

我们下午遇到盖玉乡白玛洛登的母亲。她是县政府的勤杂工，行兄弟共妻婚，故洛登不止一个父亲。接着访问了中国长江漂流队、洛阳漂流队和美国漂流队在叶巴滩遇险的目击者。

翌日早，范河川赠送了一册《白玉县志》，并带我们去县档案局。下午，他叫来一位报道人，名叫阿拉。我们在招待所里谈了一阵，约好晚上去他家再谈。阿拉原在兰州军区当兵，随部队调防云南麻栗坡参加老山轮战。中越关系正常后，阿拉也复员回乡，为生活所迫，经常到中越边界去做生意。

我们拜托招待所的承包人秦某帮忙找车。暂无消息。一日走在街上，看见一辆重卡在卸货，司机是叔侄，叔叔50岁，侄子20岁，称明日空车回道孚。老司机要价比客运站的价位还高，谈不拢。晚上，秦某回话，称停车场有一辆重卡，两位司机在招待所过夜。我说已跟司机商量，未成交。白玉到道孚400公里。秦某熟知货车带客的价格，可当说客。脾气倔强的老司机在秦某的撮合下只肯让步到250元。秦某说："'二百五'指傻头傻脑、倔强莽撞的人。"司机最怕不吉利，听后立刻服软，接受了秦某的开价，200元带两人去道孚。我深切地感受到会讲价是田野调查员的一门技巧。

史书上的东女儿国大致在今昌都、甘孜一带，道孚县鲜水河遗有走婚习俗，本质上与云南省宁蒗县永宁区的走婚相似，形式略有不同，是小伙子晚上到姑娘家，爬墙到闺房，钻窗口进屋过夜。2004年，我曾建议一位研究生做此选题，凭学术直觉，认为大有搞头。可惜他不是这块料，过于患得患失。2005年我路过道孚，没下车。这次似乎有了机会。

清晨6点，我们料理妥当，去敲司机房门。叔侄不洗盥，爬上车就开动。驾驶室有两排座位。我坐在前面，召月和司机的侄子坐后排。司机拍着我的大腿讲话，令我感到惬意。昨天为了价钱毫不让步，今天极力套近乎，感情色彩多么强烈！我陪着他讲话，让他心情愉快。他给我看身份证，上面写着次孜卓孜，四川麻孜乡洛法村人。上午重卡驶过白雪皑皑的草原，下午来到阳光灿烂的甘孜县，晚上到了道孚，汽车经过上道孚铁矿的岔路时，我不禁想起去年的那一幕。明天次孜卓孜的这辆车还要开回这里上山拉铁矿，然后到成都去。在离道孚县城5公里处，次孜卓孜说，他家从这里分岔走，要是重卡送人进城再转回这里，时间与油钱都不合算。他建议电话招出租车送我们师徒进城。不一会儿，出租车来了。我们拿下行李准备换车。次孜卓孜喊住我："诶，拿钱来！"一句话，又拉开了之前已贴拢的距离，但是至少要比前两次旅行尚未开始就要付清路费舒坦。我想起早晨重卡经过一个集镇时，有位藏族人招手拦车，次孜卓孜让他坐到甘孜州，200多公里，下车时分文未取。看来他实行的是双重标准。

我们在汽车站旁边的旅店住了一晚，翌日去县委宣传部接洽。副部长将我们带到旅游局，介绍洛戎尼玛局长与我们相识，局长立刻叫秘书打电话。不一会儿，两个报道人来了：一位是顿珠，62岁，曾任扎巴区区长，这个区在鲜水河谷，有爬房子的遗俗；一位是退休老师肖军，扎巴藏族，在扎巴区从教多年。肖军的原配是走婚认识的，现在的妻子是第二任。局长叫秘书安排两间房，让我们一对一分开访问到12点。下午约他们继续谈，地点在茶馆。谈到4点，顿珠和肖军领我们去方志办。女副主任是顿珠的老部下，另外几人也与他相熟。我提出以文会友，用自己的著作换方志，他们高兴地答应了。

两位报道人辛苦一天，不能白干。四人来到一间经济实惠的饭馆，点了菜，叫了啤酒和白酒。饭后肖军邀请我们到他家。晚上两人依依不舍地送我们师徒回旅社。

扎巴寺每天有一趟班车到县城，我想去那里待几天，召月也不急于返回，愿意跟随我前往。不巧，第二天扎巴寺的班车停开，原来县里出了恶性交通事故，影响到山区客车的运行。

我给次孜卓孜打电话，问他拉铁矿去成都可否带客，结果没谈拢。于是联系搭货车的事情没有了下文。我不着急，楼下是车站，每天上午10点都有一趟甘孜县开过来的顺路车。

早晨6点半，有人敲门询问是否去康定，两人100元。答："去成都，不去康定！"对方说："康定每小时有一趟车去成都，很方便。"我心想，这倒是一个选择。便问："车票能否打折，70元如何？"他说不行。看我没有加价的意思，转身走了。这个动作表明70元是底价。我叫住了他，80元成交。

下午到康定，1小时后坐上去成都的客车，晚上8点半上了雅安的高速公路，10点到了成都新南门车站。刚下车就被人引到一栋楼前，称有实惠房间，15元一张床。可房间在4楼，没有电梯，要把这么多行李搬上去很麻烦。于是我们放弃了，沿着街道寻到一间旅社，15元的床位只能住十人一间的大房。

成都有一条公交线路到火车站，末班车是晚上11点。徐召月倾向于坐出租车去火车站。他说，顶多30元，别省了，他来付。我听了没吭声，继续寻找公交车站。我一路奉行节俭精神，这一趟共用了4 000元。到了繁华都市，不能"晚节不保"。

我们到了火车站，又碰上拉客妹，两人被哄上一栋楼，一个床位15元，还是走廊的地铺。师徒原路返回，想上茶楼买个座位挨到天光。进了一间茶楼，里面又小又挤。出来经过快打烊的餐厅，要了两碗面条充饥。深夜1点，买了早晨8点的火车票，11点抵达内江。正好衔接直达广州的火车。召月建议到网吧熬几个小时。确实，好久没上网，该收信息了。网吧设在车站大楼上，环境很好。

进站检查行李，查出一把藏刀，我们把几份证明递给值班员，告诉他"刀是收购来作博物馆藏品"。车到内江，行李不出站，免得进站再次查出藏刀。一人留守，一人出站买票，已无卧铺了，便买了硬座票，上车花手续费补办卧铺票。

这次进藏收获颇丰，有些想"冷藏"起来暂时忘却，有些想提前考虑。后者大约有以下几点：

第一，熟悉了三岩与山岩的内外环境，"外"即由贡觉、白玉两县县城到金沙江的交通状况，探查到过江道路、路程、村庄、桥梁与治安情况，"内"即确定了三岩藏族的族体、族源与文化类型，了解了地理、物产、人口、神话传说，增强了深入调研的选择自由，即进入与离开方式、研究内容与范围等。

第二，为在"一江两岸"布置研究力量做好准备。我自2005年始招博士研究生，从此连续几年，每年招到两名，全部投放在青藏高原选题做论文，若无适当积累和储备是不行的。我把研究重点转移到三岩是前期研究卫藏的江雄河谷"逼"出来的，经过摸底排查，诊断为值得勘探的"富矿区"，研究对象多、调查场地广、进出路线多，坚持了10余年，完成了若干学位论文、3本专著、2部人类学电影和一系列文章①。这个研究仅仅是

① 博士学位论文3篇：《论三岩藏族的身份及其认同（1368—1970）》《三岩"帕措"研究》《金沙江上游三岩峡谷丧葬文化研究》，此外，另2篇博士论文《差异与动因——青藏高原东部三江并流地区兄弟型一妻多夫制研究》《魂归"故里"——川青滇藏交界区丧葬文化研究》的内容也涉及三岩。硕士学位论文1篇：《金沙江畔三岩的纠纷解决机制研究——社会控制规范化的一个视角》。著作3本：《整体稀缺与文化适应：三岩的帕措、红教和民俗》《生命观视阈中的藏族丧葬文化研究：金沙江上游三岩峡谷的田野调查》和《中华民族共同体意识下文化模式研究——以金沙江畔为中心的社会组织的考察》，后两书是博士学位论文的翻版。人类学电影2部：《三岩树葬》《更青寺法会》。文章如《游荡的侠骨豪气：三岩峡谷的罪与法》《再论三岩的社会控制：从法人类学和民族志的视角》等。

在三岩"富矿区"挖了一锄头而已。

第三，产生了对一江两岸的文化概貌进行对比的想法。两岸的地形、地貌与植被有差异，文化形貌也有差异，历史上曾是文化与行政整体，后来又"以江为治"，分属不同的行政区域，民众有不同的向心力，这些是对比研究的基础。

第四，回程拜访了甘孜州，获得了文献资料，结识了新朋友，获得了直观认识，还扩大了调研的故事圈，产生了把青藏高原分为核心与边缘两区的设想。甘青川滇可谓边缘区，西藏为核心区，两区应前后相续、相辅相成地展开研究，某些不能奔赴核心区的学生，可派往边缘区调研。

第五，以言传身教来培养人才。调查中无车租马，无马徒步，勤俭节约、扎实细致、任劳任怨、锲而不舍等作风通过言传身教传递。徐召月跟我两次做调查，身教是最多的。他在挑战中迎来机遇，执笔完成了四万多字的旅游资源调查报告，给合作调研画上圆满的句号，为后续深入调研留下了好印象。总调查报告当时为许多人所称道，一段时期内成为研究三岩的重要参考。

也有几个问题引起思考。

第一，在研究背景变化了的条件下如何开展调研？民族学既要研究本地原生态文化，又要研究它与外来文化的碰撞，本着文化保护主义的态度，重点在弱势文化而不是强势文化。最近二三十年，外来因素加强，形成共享民族学资源的局面。游客的介入，拉高了本地市场价格，田野调查的成本也提高了。当官员要政绩、百姓要脱贫、青年要就业、商人要赚钱的时候，大家不约而同地把目光集中在外地人身上，争取投资，发展基础设施建设，提升交通、通信、物流的水平，建设商业街、广场、纪念碑、博物馆等硬件，以吸引人气。2015年6月，贡觉县在木协、雄松、敏都和沙东四乡范围内搞"三岩民俗景区建设"，提供一个昌都文化风景的缩影，把三岩的民居、服饰、生产生活工具、婚俗、丧葬、节日、语言及帕措等放进来，配合餐饮、娱乐、客房、员工宿舍、停车场、洗浴中心等建筑。中心场地2 000平方米，投资预算近千万元，此与叶巴滩水电站一样，为三岩藏族的发展提供契机。它们始终不是本地文化，虽然强势嵌入，但很难依附在本地文化的机体上。随着三岩整体搬迁，这项诱人的计划完全落空。

民族学资源向旅游资源转化是一种迹象，但不可能完全转化为旅游资源，这是因为游客、导游与民族学的调查目的不同，前两者追求热烈而狂欢、爽快而高兴、新奇而浪漫的场面，回避凝重而沉闷、悲情而惨烈的民间叙事。譬如，婚丧嫁娶，旅游人士必重婚事怕丧事，如把三岩看成丧葬的自然博物馆，能够让游客、导游参与进来吗？民族学则重白轻红，重原始文化，轻现代化。如果一个村庄同时发生红事与白事怎么办？我们师徒遇到过这样的事情，当地人举行婚礼，我们送了一些小礼物，然后守在现场观察，坚持记录，新郎回赠我们两瓶橙汁。通常婚礼之夜要举行晚会，大家围着篝火跳舞唱歌。前几天村里死了人，不能在人家悲伤的时候狂欢。转玛尼堆之类给死者解除罪孽的活动倒是允许的，所以从去世第二天开始，全村老幼妇女都来转白塔。汉族有白事红事一起办，以红事冲白事之说。旅游追求表层的、道具式的表演，民族学通过表象透视深层，剖析社会结构，二者可以结合。

第二，调查员的胸襟要宽广，凡事看远一点，不必在乎一时得失。为了进入三岩，打开调查局面，我们不计前嫌，践行约定的原则，该自理的费用决不赖账，该承担的任务决不含糊，树立了良好的口碑。需知，不通过地方组织就进不了三岩，更何况要在那里展开工作，而调查中兢兢业业，争取做出成绩，才能回报当地各界的支持。

第三，人都有狭隘的一面，也有公平与开放的一面。某些藏族人对待外来人的态度，可能受到与他相接触的群体成员的影响，他们说话伤害了外族人，应该弄清楚他们是否有过不愉快的接触。普通藏民对外族人并无恶感，某些干部与知识分子就不一定，他们长期待在城镇，与其他民族交往较多，对邻族的优点与缺点都有认识。

第四，尽量雇佣合格的译员。译员的品质与对情景的控制很重要。多杰的口译敏捷而准确，因为他充分认识到调查的重要性。他与报道人有着相似的经历，且长期在基层任教，经验丰富，处事老练。我们想问什么，他就能够帮助我们问出来。如果是敏感问题，他能够恰到好处地使用民族习语、配合动作和笑声松弛气氛，使报道人讲起来无拘无束。他对报道人充满同情。一次，访问兄弟共妻家庭的一位中年男子，随着话语的深入，被访者的语调带着沉重的喘息声，多杰也热泪盈眶、语调呜咽。他极力控制住自己的感情完成了口译。这么好的译员是难得一遇的。不少乡干部给我做口译，由于不了解田野调查的重要性，对我的提问大惑不解，甚至要求不要这么问。有的译员很害羞，不愿把提问转述给报道人，也不愿把报道人的回答如实反馈给调查员。有的译员带有情绪，以为是汉族人挖藏族人的阴暗面，三言两语便带过问题，甚至于反问调查者："你问来干什么？"雇请这类不成熟的译员不仅浪费时间与金钱，而且会贻误大事。

第五，创造访谈气氛。访谈的情景是很重要的，如果谈论历史性的主题，最好请几位报道人一起谈，类似于小型座谈会，彼此不回避，互相启发，活跃气氛。如果谈论个人隐私，最好选择回避闲人的地点。在询问一般问题时，突然切入敏感问题，选择环境为时已晚，不如用玩笑调和紧张，反而有效果。但入户调查由于时空的限制，往往没有那么好的条件，所以，调查员不能过分挑剔环境。一个问题，假如问了几次仍然不能深入，就不要问了。我们这次是参与观察，因调查者住在当地而有时间接触报道人，故谈话循序渐进，细水长流。切勿采用记者提问方式：准备好问题，匆匆过一遍，问完就走，每次10分钟。没有创造会话情景的提问，顶多得到一些表面答案。

第六，工作态度。优秀的调查员是随时拿得到原始材料的那种人，为此，他要动脑筋想办法，要永不满足，不要一叶障目，要亲自询问当事人，不能以询问乡干部来代替，很多情况乡干部也不了解，或熟视无睹，或不轻易说出，存在顾虑。在县城，我问干部，本县有无兄弟共妻，他们摇头。到了沙东乡，问乡干部同样的问题，也是摇头。后来到乡政府旁边的雄巴村，发现大约40%的家庭是兄弟共妻制，马上提醒摇头者，他们才点头承认这类现象，并且提供了更多的信息。所以说，调查员有时要相信他人，但不可轻信他人，应该时刻相信自己的判断，这个判断必须建立在亲自得来的原始材料的基础上。

第七，要辩证地理解"言传身教"和"诲人不倦"。导师不能用填鸭方式让一个自满的学生学到知识，也不能从一个有知识盲点的学生那里取走什么。当导师把自己摆到小学生的位置时，就会虚心地向当地干部和群众请教，注意细节。当把弟子看成小学生时，导师要因材施教，能教到什么程度就教到什么程度，绝不勉强，否则就等于拔苗助长。反过来，导师做什么，学生要盯紧点。如果导师认真做事，学生在一旁闲着，不仅场面上不协调，而且出现学习动机上的障碍，最终这位弟子可能还会迷失人生。

第十章 "六人团"开拔白玉

民族越是封闭、居住偏远，原生态文化资源越是丰富。然而，经济的快速发展，交通的日趋便利，为调查这类民族创造了条件，也加快了他们传统文化因子的覆灭。因此，田野工作者要听从时代的召唤，为抢救资料、深化研究做出应有的贡献。我到三岩做调查是国外同行享受不到的福分，相关部门的支持、当地民众的配合、教书育人的责任以及民族学服务社会的目的，使我加倍珍惜这个来之不易的机会。

一、出征路上"四节课"

机场大巴在广州的海珠广场东边停稳，等候多时的五位弟子围了上来。看着他们质朴向上、朝气蓬勃的面庞，我心里盘算，还有半个月就放暑假了，应尽快组织他们到西藏去。

这次最终组织了七人进藏，分为两组：第一组到芒康县纳西民族乡，成员是两位硕士生，一位是高微茗，另一位是吴成立，实行"以老带新、以新促老、男女互助"的原则；第二组到川藏交界的金沙江两岸，我带队，成员有五位，两位是硕士研究生，覃仁花与车晓东（覃刚毕业，车准备升三年级），另有三位年过三旬的博士研究生，他们是乌近亲、汪振宝和丘忆山，其中乌、汪同届，准备升二年级，丘是新生，还没入学。我准备先带第二组一个半月，再去第一组检查、指导。

前面说，我帮高微茗申请到一笔经费去西藏芒康调研，又让徐召月带乌、汪、丘去三岩继续调查旅游资源。当时丘还是四川省社会科学院的在读硕士研究生，他想毕业后报考我的博士研究生，届时他会不会改变主意，或者能不能考上都是问题，在这种情形下，我就在他身上"投资"，给他进藏机会，可见是我的仁义之心。乌找借口规避了，晚一年接触实际。汪、丘提前使研究方向与调查点挂钩，学得有滋有味。

第二组的两个人选是最终敲定的。车晓东是人类学系的本科生，考到法律系做研究生，想去做法民族志的硕士论文。覃仁花学的是影视人类学专业，刚获得硕士学位，暂不打算工作，想弥补既没拍过民族文化片子也没去过民族地区的缺憾。考虑到研究三岩需要多种手段，如能拍些影视资料，剪辑成人类学短片，仍有其意义，我因此给她 3 000 元买胶卷，同意她随队。

此番进藏的任务有四项：一是帮助研究生选题；二是开展调查，抢救珍贵的田野素材；三是体质调查，将在三岩取得的活体数据与其他民族作对比，依靠大数据给三岩藏族定位①，测量来自仪器，观察标准来自教材②，希望能够突破扑朔迷离的臆断，例如，三岩社会是"原始父系部落"，三岩人是"古格王朝后裔"等；四是确定调查点之后，要测量各村庄的间距、坐标与海拔高度，考察资源分享是否存在等距离关系。所以携带了体质测量工具、旋转仪与 GPS 定位仪，还带了两个三脚架。

离穗前开了几次会，我讲解调查要领，统一装备（背包、睡袋、电脑、相机、塑料盆、行军壶），请专业老师指导：一是培训仪器操作技能，例如，如何使用测距仪、定位仪及体质测量工具；二是教授测量活体的技术，制作表格，并复印几百份带去；三是要求每人找两三条内裤，拿到缝纫组钉成长方形暗包装钱。我单独带一笔钱支付集体行动的开支，由丘忆山管账。待各人确定主题与调查点、分开工作之后，再各用各暗包里的钱。

动身前夜，大小十几件行李集中。个人的经费到位，我给乌、汪每人5 000元，他们在"六人团"分散后还要调查1个月，其余每人只调查1个月，给3 000 元，共2.5 万元。丘忆山的经费到了成都再给他。

翌日早，师生在学校饭堂誓师，谈笑风生，寓紧张于松弛。本系两位教工送到地铁站，一位研究生送到火车站。上车坐定，我简单讲了从买票到备药，再到采购副食品的过程，以及带电饭煲和铝锅的必要，带上车泡菜、水果、蒸咸蛋和米饭，学生可能不知道我操了好多心。"兵马未到粮草先行。"这是田野调查的第一节课，虽然省不了多少钱，但能保证途中肠胃不出问题。

师生同甘共苦坐硬座。顶不住者可以补卧铺票，费用自理，就是可以自由选择，但如果选择舒适，选择逃避困难，也要付出代价。我带了一些报纸，疲劳时铺在座位下面的地板上，把鞋子脱掉踩在报纸上就凉快些。半夜趴在桌子上睡，或者是互相靠着睡，实在坚持不住就睡在报纸上，这样座位就宽松了，其他人也舒服一点。我和学生有言在先，要求他们不当着生人面叫我"老师"，叫"老板"都行。学生面子观太强，没人敢像我那样睡地板。有人以现代医学的卫生观来解释，说距离地面0.6 米以下的高度全是细菌。由此可见，严格意义上的田野调查是一场洗礼，世界观的问题是根本的、原则的问题，一离开校门就开始洗礼了。

---

① 参见何国强等：《三岩藏族体质特征研究》，《人类学学报》2009 年第4 期，第408 –417 页。
② 参见吴汝康等编著：《人体测量方法》，北京：科学出版社，1984 年。

熬了两天一夜，下午我们到达成都。正值 4 点下班高峰，交通拥挤。丘忆山领着几位硕士师弟到火车站迎接。一人提一两件行李，挤上了公交车，买了 16 元的车票，在四川省社会科学院下车。覃仁花未随队同行，而是去自己熟人家住。丘是湖北襄阳人，1999 年从沈阳理工大学市场营销专业毕业，在武汉某单位工作了 5 年，感到前途暗淡，便考到成都，转读历史专业的研究生，2007 年毕业前夕报考了两所大学的博士研究生，志在必得，其中一所大学没录他，他说幸亏被我录取。黄昏，他在一家小食馆给师生接风。他的几位同门也来了。

藏区昼夜温差大，我请丘忆山向毕业同学收购了几床棉絮，免除从广州带到成都的麻烦。我们在广州买了八个塑料盆，摞起来带到成都。丘收集到七八床棉絮及八九个塑料盆。现在盆子增加一倍，每人两个。在外面工作，睡袋、床单（棉絮垫在下面）、盆子都是自己的，可保持干净卫生。我带了药品，防止疾病传染，有人带了红景天冲剂。

师生住在四川省社会科学院：一可节省经费，住旅店每人少说也要 15 元，团队 6 人，简称"六人团"，两夜就是 180 元，研究生宿舍干净俭朴，丘忆山安排房间，我与陈运旗住三楼，丘本人与乌、汪、车住五楼；二可拜访任新建研究员，任老师是藏学专家，时 68 岁，他把丘忆山引上正道。我接着把丘引导到民族学方向，给他提升的空间。我带了一捆书，以文会友，一份给任老师，一份给社科院图书馆。连续两个晚上都有学生造访我。陈运旗更是穷追不舍，也想让我把他招至门下。

翌日 9 点，我去拜访任新建，坐到 11 点半，夫妇俩待客热情周到。下午丘去买票，其他人在宿舍休息，汪振宝在摆弄仪器。我联系到伍秋鹏。他毕业时去了重庆某单位，后来调到成都中医药大学。他陪我上街买了个气动式的血压计。我带上听筒，手捏气囊到一定的高度，徐徐松开气阀，看着水银柱慢慢降下，听到第一声"咚"时，水银柱所在位置就是高压，听到第二声微弱的"咚"时，显示的就是低压。活体测量本来不需要量血压，但调查员往往可以通过量血压来吸引人们参与体质测量。再说有个血压计，也方便随时掌握师生的健康情况。

捆扎包裹时我发现，东西刚减少一半，棉絮又凑成一堆。我告诉学生，就像"书到用时方恨少"，把调查环境设想得困难一点有好处。翌日早，丘的几个师弟前来相送，大家拿着行李乘公交车先走。陈运旗请朋友开小车来，把棉絮和脚架运到长途汽车站。进站后，汪振宝突然发现旋转仪的蓄电池遗忘在宿舍，而过 20 分钟就要开车了。丘忙打电话，幸好室友也发现了，赶紧送来。

每次带学生实习，我都会指定食宿管理人，由他支出与记账。我拿个趸数给他，用完了再拿，既可锻炼学生，又可减轻导师的负担。丘秀外慧中，可让他管账。中午在雅安路边餐馆吃饭，正是生菌子的季节，餐馆就地收购采集品，烹饪加工。

下午 4 点到达康定车站。我们卸下行李，堆在地上。拉客女频频招徕生意，价钱最低 20 元。不敢贸然答应，我与丘忆山去看房，货比三家，找到一个离车站很近的地方，10 块钱一夜，女的单独给一个房间，男的两人一间，小食店在楼下。

康定在四川盆地西缘，地处 317 国道的咽喉。县城在一条狭长的簸箕谷内，此谷状如树杈，一条岔谷，一条主谷。晚饭后师生上街走动，觉得很新鲜，归来后洗脸睡觉。旅店是由住房改建的，大厅作厨房，厨房为卧室。厕所只有 1 个，每次只能 1 人。待最后一人洗盥完毕已经 12 点。学生们体会到"在家千日好，出门处处难"。

从康定到白玉，路窄弯多，适合娇小玲珑的金龙 25 座客车。然车身瘦，行李舱窄，车顶没架子的局限也很明显。我赶早去车站排队放行李。客车开得快，从康定出发，第一天行程顺利，下午到丹巴，休息片刻，黄昏到甘孜。路上临时停车解手，男的转过身就解决了；女的蹲在坡底或者围墙后面方便。下车后与同车的两位藏族女教师扬手告别。她们从乡下到成都进修，欲返回白玉，现在去熟人家里投宿。师生找了个大房间，6 个床位，15 元一个床位。我不放心覃仁花住单间，生怕出事故，让她在一起，各自和衣躺下。

翌日，从甘孜县到白玉县。早晨，车刚进站，乘客排队摆放行李。我们排在前面，刚放好行李，当地一位盛气凌人的妇女就把仪器箱扯出来。我据理力争，学生则无一帮腔，且不说他们缺乏自我保护意识，至少显得比较清高，后来司机出面调解了事。行李舱在车尾，仪器箱放在那里又颠又落灰，真没办法。

上午 7 点半，车开了，照这个速度，下午 6 点赶到白玉没有问题。没想到，车刚走了 2 小时就抛锚。司机喝了酒。早上折腾行李时，我就闻到他有酒气，手上立刻捏了一把汗，又不想戳破这层窗户纸。藏族爱酒，虽然他没把车开得摇摇晃晃，但换挡时稀里糊涂地把牙包的齿轮打坏了。司机钻到车底，拆了齿轮，默默地拦了一辆回头车走了，乘客被抛在荒野。风和日丽，绿草茵茵，间有黄花，乐得欣赏风景。乘客有人打坐、有人念经，汪振宝向两位女教师学藏语。过了几个小时，大家雅兴全无。昨晚在甘孜，我买了一些糖果、饼干和软包装牛奶，现在与大家分食。不久，天气骤变，乌云密布，寒风刺骨。乘客眼巴巴地等到下午4点，司机带着修理车开来，钻下底盘安装齿轮，约莫半小时，车子上路了。

司机安装齿轮时，手划破了，流血不止。他酒后驾车，打坏齿轮，但返回找人维修，饭都没吃，值得同情。师生不记旧仇，给他止血贴关心他，毕竟乘客的命捏在他手里。司机耽误了大家的时间，有点过意不去。汽车飞驰在昌台草原，景物飞速向后退去。暮色将至，汽车来到察青松多，钻进峡谷，乘客眯眼打盹，从麻绒到章都再到绒盖，谷长几十公里，来到灯火阑珊的水电站时车子突然停下，路边停了辆吉普车。一位女乘客带着两个孩子下车。原来，在候车处没有信号，家人与她断了联系，车上路，又联系上了。她让家人不要来接，结果还是开车来了。前面就是县城。晚上10点，总算熬到白玉客运站。

师生背着大包走到一家旅店。老板想赚钱，一个房间4张床，一个床位30元；旅客想省钱，讲价到20元，把带来的棉絮和塑料布铺在两床之间，打地铺。老板真抠门，睡地板也要收20元。三男一女睡床，两男睡地板，100元。睡前我们先到小食店吃了夜宵。翌日，换到广播电视局招待所，一年不到，小秦把承包的招待所转包给一位叫作"老七"的四川人，他给每张床位提了价。我给小秦打电话，请他让老七按原价收费。这里位置比较好，还可以洗到热水。

乌近亲忍不住发牢骚：一路上导师老是注意住宿节俭，不过是省点小钱，何必呢！乌不懂学会讲价是田野调查的第二节课。首先，会讲价的调查员安全系数大，因为每个地方都会有一些不良分子，外地人是他们觊觎的目标，我们通过讲价给他们一个错觉，以为我们没带多少钱，不值得打荷包；其次，住宿属于开支中的大项，是降低田野工作成本最值得动脑筋的。

换了住宿点，我把背包里的方便面清出来，早晨，用铝锅煮了，又开了罐头、榨菜佐餐，叫学生起来吃。上午要去找范河川。

一年前，河川在县政协工作，现已调到县人大履新。师生出门不久，下起小雨，汪振宝等急步返回旅店拿伞。我留在原地，久等不来，索性先走。到河川办公室时，见学生已经来了。欲赠的书籍放在桌上。河川把旅游局的黄兴局长叫来。他也是团结户，母亲是藏族，父亲是汉族。

范、黄在与师生的交谈中，屡次提到甘孜州一位领导，因喜欢山岩文化，指示不让外人"玷污"，留着本地人研究开发。他们听到师生要去山岩乡，竭力劝阻，说："山岩迁出 20 多户在盖玉乡，你们向这批移民了解情况足矣。"我体会到良苦用心，委婉地说："我们主要是借道山岩到金沙江对岸的三岩，不会给白玉县添麻烦。"他们觉得既然劝不住客人，就打电话告知盖玉、山岩两乡负责人妥善接待。

黄兴展示了一部 5 分钟的宣传片。覃仁花想借来参考，再糅入自己的素材，但看到每个画面都有强调版权的符号，觉得还是不借为好，担心日后自己拍摄的资料片会有版权纠纷。河川很会摄影，覃问河川要些照片。河川委婉谢绝，说他打算用于出版。覃感到理想与现实有距离，完成她的拍摄计划有困难，决心丢掉幻想，做好自己的调查。河川拿出钱钧华的姊妹篇，两本书都是写金沙江边的群体。我不禁想起 2006 年与徐召月路过山岩乡，珠扎副乡长介绍情况时提到了作者。

河川与黄兴商议，先由旅游局给师生简单接风，待向县长汇报后，由县里再接待一次。中午，我们进了一家酒店，坐上八仙桌。他们要了几瓶中档酒，又抬来一箱啤酒——在民族地区做调查，多少要喝点酒。一瓶喝完，又来一瓶，主客同乐。我深知喝多不好受，始终在控制酒量。河川有点醉意，但控制能力还行，发现自己不能喝就告退。他家就在酒店这条街，汪振宝扶他回家后又回来喝。接着我也走了，临行时告诫学生别贪杯。

那天从早晨到中午，气氛其乐融融。他们吃了 1 小时，换了一家又吃，结果被人耍了，自掏腰包 200 元。这就是第三节课，田野调查中见好就收，不能没有节制。

下午丘买些糕点，泡上一壶茶，权且当清理肠胃，又当作晚餐。茶毕，我找乌聊。几天来他心事重重，一路上，不停地甩头。晓东低声耳语："他又犯毛病了。"白玉海拔 3 500 米，初次上高原的人后脑勺会阴痛。我想他可能用甩头方式来消除痛症。晓东说："不对，你看和他并排坐的那位年轻人也在甩头，但甩的姿势与汽车颠簸晃动和谐。乌近亲则甩得没有节律。"我定睛揣摩，果然如此。不禁想起听到的闲话，是渲染他感情用事的。离穗那几天，人人精神饱满，偏偏他郁郁寡欢。我问他是否生病，他矢口否认。我没多想，以为他第一次来藏区，可能顾虑太多，于是跟他旁边的乘客交换座位，与他聊了一阵。

这次再聊，师徒靠墙坐定。我问："家里安排好了吧?"他有些迟疑，看到我坦诚的眼睛，禁不住将烦闷一股脑儿地倒将出来：多年来，他与发妻磕磕碰碰，出发前几天，他回老家与妻子了断，现在扔不下女儿与家产。说到此，他"唉"了一声，看见导师在倾听，就继续讲。

原来因家庭而分心哪！我的疑虑消解，再给他量血压，高压140毫米汞柱，低压90毫米汞柱，处在临界点。身体没有大碍，唯心理已怯阵，他连声说自己上不了山岩。为了缓解他的压力，我好言相抚："白玉县城海拔3 000多米，盖玉乡海拔2 800米，山岩海拔2 640米，虽然爬高山、下深谷，但都是乘车，情绪不紧张就没事。实在不行，你就回家。"

乌近亲赶紧问：博士论文怎么办？我说：如果你回家，学习进度会受影响，但学制可延长啊！他马上问能否改题。我心中不悦，不动声色地说："看情况而定吧。"我不想点破，报考时他联系别人，被婉拒后才改投我，曾经信誓旦旦，现在却耍小聪明。

温室里培养不出强悍的花朵，怯阵是作风不硬的表现，有投机取巧的心理是做学问的大敌，要是同意改题，让这个人回去，不仅他失去这次锻炼机会，而且对别人影响不好，万一又有人提出改题，这支队伍就带不下去了。在旅程艰辛的条件下，导师要与学生打成一片，乐观向上，关键时应喜怒不形于色，表面软，骨子硬，不轻易修正研究预设。导师心里要清楚，带学生走一遭，不只是保障彼辈的安全，提醒他们珍惜资源、严谨务实、廉洁自律，更重要的是培养硬朗作风，今后才能少吃亏。不仅在穷山沟，就是在大城市，也不能粗心大意。对于有家室的人来说，只有后方安稳，自己在前方调查才能安心哪！

早晨，我举着公函告诉学生，这次出外，介绍信是我要学校开的，初次去到一个地方，切勿"一竿子插到底"，抬头写的是县级党政部门，再由县介绍到乡，尊重地方领导，同时，县城有很多信息源，所以我们在县城待了三天，跑职能部门咨询，拜访权威人士，去公藏机构查阅。这些注意事项如果不点破，初出茅庐者未必知道，这就是田野调查的第四节课。

二、各项任务铺开

然而，到公检法部门了解所办案中涉及偿命金、帕措（戈巴）的情况更难些，因为这条线的保密性太强，几乎空手而归，不过结识了盖玉区派出所来县办事的杨涛，算是意外收获吧。我们接着去宣传部了解文化建设的政策导向。

鉴于在档案馆发现了几条珍贵的历史材料，过了一天，我又派两男一女去那里"淘宝"。中午，河川介绍了一位名叫丹巴的干部，年近五旬，曾做过山岩乡的书记，河川做盖玉区委书记时，他调到盖玉区，河川调离盖玉后，丹巴接替区委书记一职。丹巴的基层工作经历丰富，我让覃仁花和车晓东带着摄影机去访问他。他俩是初入道者，提问不太专业，拍摄时又没检查音量，拍回无声片。看着一卷废片，我很痛心。

下午，汪振宝与车晓东去国土局索取本县经纬度数据，输入测距仪中，以便架起仪器就可测量。我跟丘去采购粮油副食品，顺便租车。乡下烂路多，面包车轮子小，我们的行李多，装上车底盘就接触到地面，最好是租皮卡，带无车顶货厢的那种。说时迟那时快，对面开来一辆皮卡，司机叫嘉措，开价 800 元。我们请嘉措开车去市场，买了一堆东西：一桶菜油，20公斤腊肉和一些午餐肉罐头，粉丝、大米和面条各一袋，几十斤白菜、萝卜，几斤红糖。红糖是快速补充体力的营养品，届时敲成碎块，随身携带，必要时啃一点，效果堪比朱古力。车子开回招待所停车场，用帆布盖好货物。约定翌日早出发。

河川向县长汇报，说来了一个六人团队，领队是某名牌大学的教授、博导。县长委托县政协与县人大接待。丹巴代表县政协，河川代表县人大，账记在县政府名下。晚餐是麻辣火锅。席间，乌近亲不停地接电话，出去半晌才回来，简单扒几口饭，推说不舒服先走了。看来他还陷在感情纠葛中。这时我告诉两位主人，翌日赴盖玉，计划先在金沙江东岸调查，再去金沙江西岸。他们起身，擎着酒杯说："那就让今晚的接待变成饯行吧。"

第四天清早，大家提行李装车，继而到小店吃早餐。五人在店里吃，丘守皮卡。

近日，乌与汪意见不合，为了避免结怨，我让他俩各踞一岸调研：乌在东岸，汪在西岸，已经照顾乌了。晓东因饮食不适引发痔疮，要保持俯卧才能入睡，显得消瘦疲倦。我对他说："若难以坚持，就留下与乌作伴，在县城调查，之后回成都。"他回答："老师，你自己没涂防晒霜，鼻子晒得又红又肿，还在关心学生。我不想接受悲剧性的结局，朝思暮想进山岩获取第一手资料，还想跨江到对岸去搞调查，为学位论文奠定研究基础。"他力劝乌珍惜导师亲自带队的机会。就这样，团队成员互相鼓励，怀着对前途的向往，踏上了通往盖玉的路程。

盖玉在白玉县东南部，离县城 88 公里。车刚出城，迎面走来两个系红领巾的孩子，向车子立正行队礼。我心里蓦然唱起《在老师身边》这首歌："将来会有那么一天，我们要走得很远很远……"今天不是去实现少年时代的理想吗？千万不能大意！皮卡在甘（孜）白（玉）公路上走了几公里，在绒盖沟口前面拐上一条土路，两边林海苍茫，到处是两三人合抱的大树，令人领略到金沙江林区的浩瀚。汽车沿着崎岖的山沟行走，路面凹凸不平，悬崖峭壁千奇百怪，不时可以看到岩石上雕刻的经文与佛像。司机嘉措建议团队工作完毕返回白玉时住他的连锁店。师生记下了电话号码。我更想住停车场附近，那样方便寻找顺风车。这次去盖玉若有货车，顶多400元车费，但短处也是明显的——不能随叫随停，下车拍照或使用GPS定位仪，而且货车司机不可能像嘉措那样充任导游，沿途讲解地名。

嘉措快人快语，当问及治安时，无意中他提到民枪，内容大体与前述阿拉的报道相同。我们后来在盖玉街上看到一条红横幅，印了黄色字"依法严厉打击涉暴涉枪违法犯罪活动"，金沙江西岸的三岩常有人来买枪。每一个帕措都有枪。嘉措原在盖玉卫生院做赤脚医生，改革开放后停薪留职，借钱买车搞运输，赚到第一桶金。接着去当包工头。他头脑灵活，娶了汉族老婆。现在夫唱妇随，各自有一摊子经营，闲时他才开皮卡干老本行。

到了泽其西，皮卡开始爬米拉山，山巅海拔4 915米，从沙孔箐迂回下山出了沟口，就看见闪亮的降曲，顺公路左拐，皮卡沿着河边奔驰。嘉措指着岸边几座木塔，那是用原木搭成的四角形小木屋，中空，四面是木头围栏，里面供养着数千个擦擦（袖珍泥佛），每个体积不及莲蓬大，堆满木头围栏。司机说，木塔下面不远处的灌木林就是树葬点。公路前面是帮果村，再走8公里是德来村。11点半，皮卡开进盖玉区工作委员会大院。这里简称"盖玉区工委"或"南区办事处"，是县政府的派出所（见图10－1），负责监督与协调盖玉、沙马、山岩三乡的业务。院内有四十余间空房，墙上有涂鸦，派出所、林业站与办公室职员共六七人。我想在南区解决住宿，要是解决不了，再去乡政府，便递给泽仁拉媪介绍信。她看后说，书记、区长都不在，工委只有阿冲与周强两位副区长。周强住在乡政府，接到电话马上赶来，让师生把东西搬进会议室。嘉措拿到车钱走了。

图10－1　盖玉区工委大院（图左为大院，图右为办公地点）

这时，前几天认识的杨涛进屋与周强嘀咕，提出让陌生人睡在会议室不妥，要求师生住大门口值班室。那是两层楼房，楼下为一大一小两室，兼洗手间。于是，小间放行李，大间供五位男性在水泥地上打地铺，二楼是值班室，杨涛住了一间，另一间给覃仁花住。会议室宽敞明亮，四周藏式沙发靠墙，沙发前是茶几，明显优于这间大房。我有点懊悔。有什么办法呢，客随主便，周强比较人性化，杨涛则比较刚性。

德来村傍着降曲，左岸的商业街是水泥路面，有十几家店铺，业主大半是四川的汉族人，且是县供销社解散后自谋生路的职工及其家属。店铺楼下做生意，楼上住人。店主合伙租用大货车，直接从外地进货。虫草、野生菌这类土特产涨价后，大量现金涌入偏僻山区，利润相当可观。店铺既收购又卖货，偏远地区大都如此。有位藏族农民在杂货店买农药，他掏出一沓红颜色的钞票沾着唾沫数，约一百张。我看呆了。大人孩子都会消费，红牛 6 元一罐，照样买来喝。

消费水平与交通状况相关。在盖玉吃一顿饭，少则三四十元，多则五六十元，只能半饱。既然是来工作的，餐饮就应该制度化，况且我们已带来电饭煲和铝锅，也买了粮食与副食品。我与丘跟大院门口的店主商量，请他加工饭菜，每顿 10 元。店主同意了，煮了一大锅萝卜肉汤面，师生吃得很饱。连续两天，我每顿都是拿食材过去。乌说全放在店里，省得麻烦。单凭这句话就知道他没有当过家，不知家事难。出外还是多长一个心眼为好。紧跟着，我们发现派出所一楼每天都烧着一炉火，我们完全可以买口高压锅来做饭。工作尚未全面展开，翻译问题亟待解决，报道人不知在哪里，何况带了铝锅炒菜做汤，只要再添口高压锅，吃饭问题便能自己解决了，可节省部分经费。最后给店主结账，吃了 4 餐，应给 40 元，我们多给10 元。从此每天做饭，早晨面条，中午晚上吃饭，腌肉比较咸，煮完萝卜汤后捞起来切片，炒青菜。

说起做饭，生火是一门技术，须将柴劈成纤细的与中等粗的两种。点燃细柴后横竖搭空，待点燃里面的报纸，火苗蹿起，加中等粗的柴火，火势渐长后再加上大柴。生火技术与田野调查是连在一起的。我带头做饭，也点名轮值，打杂也行。学生应该看到，导师既能做田野调查，写文章，又能在野外烹饪，会生存。虽然这类小事教材与课堂不讲，但是田野工作离不了。野外自己开伙不光节约，还很卫生，并且可以烧水、泡茶，可以用热水洗脸烫脚。

到达盖玉的下午，乌的高原反应消除了，我不失时机地给予鼓励，希望他与车晓东寻找调研的突破点。两人与杨涛密切联系。从杨涛的角度看，盖玉的社会秩序不好，但从政治人类学或法律人类学角度，紊乱正是社会秩序的有机部分，它排泄了一部分集体无意识，使社会这只"汽缸"不至于爆炸。县公安局为了改善剽悍的民风，把警校分来的20多名毕业生组成一个治理队，南区办事处腾出两间房子作审讯室和关押室。"严打"之下，当地的年龄级团伙瓦解了，社会秩序好转后这队警员才撤离。南区派出所现只剩下三个人。

连续两日传来新消息。

第一条：盖玉有一桩起于2006年的纠纷最近死灰复燃。某戈巴的调解人（甲）与本家亲戚的一位朋友（乙）产生芥蒂。乙在甲家借酒发疯，把甲的妹妹脑袋打破了，留下了后遗症——她到成都看病，住院三个月，医生诊断为受了惊吓。甲将各种单据收齐，要求乙赔偿，计路费、食宿、住院、营养共9万余元，实际要求赔偿10万元。甲乙分属两个戈巴集团，双方诉诸中立的戈巴（丙）协调处理。赔偿是法律学的关注点之一，切合车晓东的选题。

第二条：盖玉、沙马临近山岩，三乡治安复杂。2006年初春，沙马乡发生了一桩盗窃大案。3月下旬某日黄昏，几个人影溜进60户人家的火巴村，悄悄潜至牧场，见四下无人，赶走正在吃草的牦牛，翻山而去。傍晚，那家人去牧场，一小时后哭叫着返回，40多头牦牛不见了，全家急得团团转。整个戈巴很快行动起来，有人报警，有人组织追踪。派出所接报后迅速出警，只见牧场一片杂乱的蹄印，县里支援的民警也赶来，警民展开拉网式搜索，同时在路口、山口布下暗哨，不给盗贼转移财产的机会，连续两天追踪，终于在盖玉乡米拉山上一条箐沟里发现牛群。大家心里明白，盗贼在暗处，居高临下看着赃物，警民在明处，已进入盗贼的视线。这时顾不了那么多，两面夹击，直奔山顶，盗贼吓得丢下牦牛，仓皇逃窜。村民把牦牛赶回家。乌近亲研究血缘组织，正好由此切入。

晚上，我们到诉诸赔偿金的甲家访谈，拍摄纠纷的前景，得知次日下午开始调解。第二天上午师生去甲家做体质测量，大人孩子共12人，顺便送给他们一些小礼物。下午就去观察调解过程。甲乙两家在协调。一家在这边草地，另一家在那边草地，中间隔着一个山嘴，巴巴（协调人）两边奔走，传递协商的结果。晓东在硕士学位论文中有所描述①。有位巴巴四十五六岁，名"雍仲"，汉语流利，是我们的关键报道人。

我上次经过盖玉未见唐勇乡长，只见到他妻子曲珍，当时她怀孕，现在孩子已经 1 岁。我给曲珍带了几件童衣，顺便交给了唐勇乡长。唐勇说盖玉有 33 户山岩移民②，移民村有个片长，唐可以帮忙联系，还可给我们介绍乡中心卫生院昂翁彭措院长。

回到南区办事处，师生把地铺打好，练习体质测量技术，量血压，测量身体各部分，计划一周后向山岩开拔。大家当时已达成共识，乌、丘、车不过江，就在盖玉与山岩调查，还可去沙马乡，然后返回白玉，再从白玉回成都。

下午 4 点半，师生去到盖玉中心小学，校舍都是平房，学生刚放学，熙熙攘攘。副校长让师生到办公室坐定，告诉他们，全校有 130 多名学生，来自不同的家庭，单亲家庭约 3%，一夫一妻家庭 55%，一妻多夫家庭 40%，一夫多妻家庭约 2%。不同家庭的孩子成绩没有太大的差异。教师很快到齐了，共 11 位，7 个藏族人，4 个汉族人，有一对是夫妻。全体教师会讲普通话，沟通方便。

中心小学与卫生院之间有个树葬点。较早介绍盖玉树葬的是范河川与拉玛泽仁。河川约于 1999 年在《甘孜报》上发表了一篇短文《树葬》，并向美国人弗德瑞克作了介绍。中心小学的唐老师也做过调研。他三十来岁，执教八年，常到山上打柴、采集。他在《雅安晚报》上报道了盖玉的树葬。盖玉大约有五个树葬点：①降曲右岸沙棘和刺槐构成的一片灌木林；②降曲左岸山麓的一片云南松树林；③卫生院后面的一棵硕大的桃树；④洞中村左村口的一条山箐；⑤火龙村的一条山箐，这个树葬点为德沙孔、协巴、郎帮、火龙等村所共有。一般人都知道①与③，因其在公路边，知道②的人不多，知道④的人更稀少。

此外，在金沙江左岸，绒盖乡有一个树葬点，位于离县城 20 公里许的绒盖沟内。沙马乡有一个点。山岩乡有两个点，大的树葬点在八学村，小的树葬点在色麦村。甲阴乡也有树葬点。凡是有树葬的地点，植被茂密，树木阴森。总体上，金沙江左岸多阴坡，右岸多阳坡，两岸植被不同，左

---

① 车晓东：《金沙江畔三岩的纠纷解决机制研究——社会控制规范化的一个视角》，中山大学硕士学位论文，2008 年。

② 33 户是 2007 年的数据，后来又搬出来 70 余户，至 2020 年，盖玉乡共有 109 户山岩乡的移民。

岸有树葬，右岸则无。这里的树葬与林芝波密县扎木镇卓龙山箐的树葬属于同一类型。

师生告别中心小学，来到一墙之隔的卫生院。门口有个玛尼堆，旁边竖了一块石碑，刻有蛙、蛇图像，这些两栖类动物在降曲到处都是。当地人不兴杀生，认为打死蛇蛙者应来此赎罪。我从蛙蛇碑看到了遗存的纳西文化。纳西先民来自游牧部落，属于西羌分支，东汉年间在此建立了白狼国（或白兰），后代逶迤南下，在丽江一带定居的称为"么些"。明代，么些人在木氏土司带领下北伐西番（川滇藏交界区的藏族和普米族）。手抄本《木氏宦谱》讲了这些事情。克盐井、过绳水（金沙江），打回老家，军民驻扎巴塘，远至沙马、盖玉。[①] 降曲发源于马达龙箐沟，沿途湿地多蛙、蛇，"蛇不见，蛙不鸣"为生态链之连环，蛙繁殖力极强，蛇令人恐惧。民间把大蛇看成龙的象征。纳西族将蛙、蛇视为图腾。石碑为今人所竖，故事乃源于远古。

关于树葬，之前发表的文章只涉及葬俗，闭口不谈成年礼、死亡率、妇女疾病、人口控制等相关问题。在田野调查中，这些问题与活体测量一样，需要卫生院配合。我在医院找到了昂翁院长，他毕业于甘孜州卫校，当时正在学习藏医。他让格桑次仁护士协助，她也毕业于同一所卫校。他俩跟师生约定后天由格桑张罗病人，看病拿药全权处理，昂翁院长通知片长，让移民到卫生院来检查身体，一天就可测量完毕。"漏网"者，师生入户补测。昂翁院长也是位关键报道人，当晚我带丘去找他，他倾筐倒箧地介绍了所知，我把记下来的树葬材料给了丘忆山，让他写入博士论文中。顺便说，让丘选题葬俗也是带有照顾性质的，我必须因材施教。

降曲上游有个小型水电站，发电量本足够河谷地带的村庄照明，但小水电站有故障，长年得不到维修。南区办事处书记原是教师，招聘为公务员，协调能力有限，用电问题没解决，老百姓很有意见。夜晚师生只得点蜡烛，出门打电筒，限于水泥路地段。黄昏，师生漫步到山岩移民村，与住户聊天，拉近关系。我总是先去敲门，带学生入户，让这些新手了解，田野调查员应该落落大方地接近访谈对象。

几天来大家都抽空练习测量，为入户做准备。车晓东对测量比较熟悉，2004 年，他作为三年级本科生，跟随我到黔南兴仁田野实习，当时共测量

---

① 影印本《木氏宦谱》，昆明：云南美术出版社，2001 年。

了200多个活体①。他也传授知识。师生说服南区办事员泽仁拉嫫做翻译。早晨9点，带上家什出发。

搬迁房沿着降曲而建。移民处在新旧生产方式的转换中，住在盖玉，生产基地在山岩，耕地、旧房、牲畜等生产资料都在那里，季节性地往返，从事农耕、畜牧与采集。与此同时，移民开店铺、搞运输，亲属合股。无须驾驶执照，路上亦无交警，买一部车就能上路营业。

路过一栋楼房，家人在窗口与师生打招呼。院里停着一辆北京牌吉普车。我想进去了解租车到山岩的可行性。师生上了楼，男主人见到我们怒气冲冲，藏语中夹带少许汉语。拉嫫翻译："他说你们不讲信用。你们在县城讲好租车，他一直等待，不敢揽其他生意，不敢贸然回家，不然当天下午4点多钟就回来了，其间给你们打了多次电话，打通了又按掉，最后干脆关机。"我一脸茫然："电话打给谁？"男主人打开手机翻电话记录。丘忆山反应过来。在我与他租嘉措的皮卡之前，还问过一位吉普车司机，就是此人，他要价1 000元。丘的手机是成都的卡，记下了他的电话号码，同时把乌近亲的手机号码留给他，因乌一到白玉县城就买了张当地手机卡，丘答应如果决定不用车，就打电话告诉他。结果丘忘了此事，也忘记提醒乌。乌见到几个电话打来，号码不认识，就不接，生怕用了话费。我来不及责怪丘、乌，立刻向车主道歉。乌在场，也给他道歉。这家人对我们师生印象不好，不配合测量，并说租车到山岩，不少于1 200元。

我们继续往前走，看到另外几家移民。门口坐着一些老年妇女，我们前去搭话。有位长者略懂汉语，双方聊起来。他们愿意量血压，但看到我们技术不熟，他们立刻不愿意测了。拉嫫捋起袖子伸过手臂，几次量不准，她也有点泄气，说："先要熟练，继而'生巧'，不然人家都烦了。"快到10点，好像要下雨，不如回去演练算了。

大家静下心来，分解活体测量的40多个数据，流水作业，每人分管几个口径，力求准确快捷。下午再去测试，效果好很多。翌日我们到卫生院测量被片长叫过来的移民。

乌近亲似乎想通了：已经费尽周折来到调查点，打道回府不划算，换题损失更大，最好是坚持下去。他开始转变工作态度，手拿笔记，缠住报道人问个不休，生怕漏掉一点材料。我看在眼里，喜上眉梢，搞材料就是

---

① 何国强、陈华主编：《盘江民族识略：贵州兴仁人类学调查与研究》，北京：知识产权出版社，2008年。该书收录了10篇报告，第一篇就是体质测量报告。

要有一股韧性。我拿出自己的笔记本，告诉他记录的要领：询问应以观察、思索为前提；要有章法地询问，不能想到哪就问到哪，提问时要保持专注度。乌近亲暗暗对比了两本笔记：一本记得乱糟糟的，满页都是涂改；另一本则记得很厚实，信息全面，条理清晰，还贴了小标签补充记录，就像一本书。

每天晚上，师生都要凑近烛光交谈当日的收获，讨论明天的做法，然后并排躺在地铺上。覃仁花独处二楼。

师生到南区好几天了，区委书记下乡检查工作仍未归，我们有事找区里其他干部，皆推辞。第三天晚上，书记宿舍门口停了一辆吉普车，人却不见。有人告诉我，那是书记的专车，可以跟他商量，送你们去山岩，如果他不同意再跟司机协商，给点报酬，出点汽油费，请司机送你们去。司机是山岩人，当兵学会开车，复员后被区委书记雇来作专职司机。直到就寝时，区委书记的房间仍然紧锁。次日早 10 点他开了门。师生前去拜访，他看了介绍信说："欢迎你们来工作，不过这里条件较差，需要什么找副区长。"我提出雇马和雇车。他说马是没有的，公路修通以后政策不支持养马，农民也就不养了。至于用车，他一口回绝："你们可以跟街上藏民租车呀，即使用我的车也要按市价出租！"此为反话，意谓"没有商量余地"，并非他要用公车赚钱。县里干部说，下乡遇到问题给基层提出来，会得到帮助的。派出所已经协助解决住房了，其他困难我们就自己克服吧。

派出所的一辆北京牌吉普车停在院里。拉嫫说，车要大修，停了快一年，底盘下长出一尺深的草。乌近亲从杨涛那里得知车是好的，但杨驾驶技术不过硬，且他在等一个线人送情报，不便出行。杨说，几天后县公安局有人下来清查民枪、整顿治安，届时再跟下乡的司机商量，请他开派出所那辆吉普车送你们去山岩。此话肯定靠不住。

降曲河水在金沙江叶巴滩入江，落差 20 余米，江面上挂出一个大瀑布。叶巴滩因 1986 年的长江漂流而出名。第九章说过，河口下游 600 米处是水电站工地，在幽深的峡谷筑坝拦水，交通配套。面对现代化的冲击，我们感到责任重大。人类学学者的工作量可用空间（跑的路程）和时间（调查的天数）的乘积来计算[1]，师生不仅是资料收集者，也是水利建设的见证

---

[1] ［美］科尼尔尔斯·奥斯古德著，何国强译：《20 世纪 30—40 年代中国的农村生活：对云南高峣的社区研究》，上海：复旦大学出版社，2017 年，第 340 页。

人,去叶巴滩见识一下有好处,但由于交通不畅与时间紧张,只好作罢,把心思用到山岩移民、血族运作及树葬上面。

三、洞中村寻访树葬点

早晨,我向区委书记请求翻译协助。他应允并打电话给雍仲,说:"他是山岩移民,有吉普车、摩托车,你们去山岩可以租他的车。"雍仲正准备去县城,就对书记说:"你交代的事情等我回来再议。"我请雍仲把师生捎到降曲右岸第一树葬点(见图10-2)。唯有乌近亲不去,他认为与自己的选题无关,我感到可惜,他还不能从文化整体来看待自己的选题。雍仲只顾开车,过了地点才反应过来。

师生倒回去,从上游沿着降曲左岸走,在向导带领下先去看第二树葬点。据当地人描述,两条弯曲的河道犹如母亲的胳膊,河水清澈透明,在阳光的映照下翻着白沫,象征母亲的乳汁。这一带有1个水葬点、2个树葬

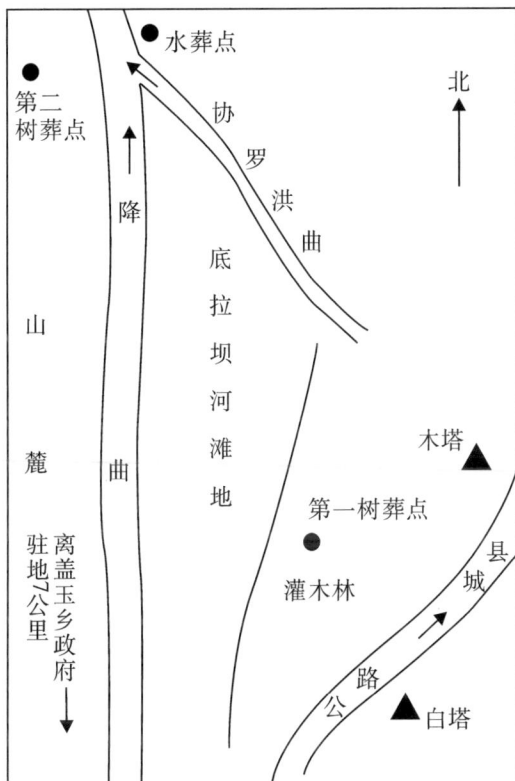

图10-2 帮果村附近的几个树葬点

点、1座白塔、几座木塔(内有擦擦),以及5处悬挂着风马旗,供灵魂栖息(见图10-2)。河滩地形犹如女人的阴部,婴儿在子宫里长大,轮回新生。树葬大都选址于这类地形。水大之处往往建立水葬点,两河相汇处就有一个水葬点。水葬有两种方式,一为全尸裹白布入水,一为肢解尸体或砍碎入水。降曲水流不大,第一种方式不时兴。

山上的白塔,与两个树葬点处在一条直线上,直线与路边四角形的木塔呈90°夹角。第二树葬点在对岸山麓,树木茂盛,全是云南松,有些路段要攀缘才能过,途中景色如画,可看到山坡上的白塔与对岸第一树葬点。再走一程,可看到协罗洪曲的白水与对岸的水葬点。看完之后蹚水过河来

173

到右岸看第一树葬点。我卷起裤腿，从浅水道提鞋先过，再两次返回，把丘忆山（见图10-3）与车晓东背过去，汪振宝与覃仁花无意让人背，从上游绕路。两个树葬点各有四五棵树挂尸箱，第二树葬点全是木箱，第一树葬点也有塑料桶。尸箱用带子或铁丝固定在树干或树枝间，两个树葬点都有散落在地的尸箱，内部填充物明显。覃仁花与车晓东在拍摄时，我和汪振宝轮流讲解，将来放映时现场录音很重要。

图10-3　我从浅水道把丘忆山背过降曲

有个尸箱被人打落在地，并用利器砍开，断裂处痕迹呈白色，表明至多1个月，未氧化变色。我们质疑："为什么会被打掉呢？是仇家所为还是外地民工破坏？"从这个活例中可以看到关系的紧张而且看到非物质遗产保护的重要性。

走出灌木林，12点半钟，每人吃了一块红糖就往回走。覃仁花掉队了，我要帮她扛设备也不肯，咬紧牙关争口气。我走到工地仓库，路边一栋楼房的窗户露出一个藏族姑娘的脑袋。我用藏语打招呼："普嫫，有没有酥油茶？"她叫我们上去。大家端碗喝酥油茶，很快恢复了体力。这时，男主人进来，有人向他提问兄弟共妻的问题，他说本村有七八户这样的家庭。又说，次日早8点去打一西村的康翁寺看庆典，坐拖拉机每人单程25元，问我们去不去。我希望覃仁花与车晓东去拍点资料片回来，声称资助50元拖拉机车费，另一半自理。直到晚上，那家人打来电话询问，覃、车还犹豫不决。连续劳累，他们有点吃不消。

晚上，我们带着白天的观察与思考来找昂翁彭措。他听了打掉尸箱一事很震惊，不敢断定是谁，但猜测树下有条小径，行路人以为不吉，从而产生"打掉以免倒霉"的心理。实际上尸箱下面没有小径。带着这个问题，师生到山岩请教了向秋喇嘛。他斩钉截铁地说："是敌对帕措报复。"联想到汉族挖祖坟，这两种行为的性质相同。大约仇家了解到孩子的死日与归葬点后下手。向秋喇嘛的地方性知识来源于高僧的传授和四方游历的经验，他的解释应该可靠。

第三树葬点在卫生院后面的一棵桃树上。一年前我与徐召月看过，这次又看过两遍。翌日分头行动，汪振宝整理思路，乌近亲到学校访谈，我与丘忆山去洞中村寻访树葬点。早晨，覃与车想去康翁寺，瞻前顾后，结果手扶拖拉机开走了，本来街上也有一辆要去康翁寺的手扶拖拉机，待到他们出门时也开走了，乘客都要交钱，表明商品经济下现金的重要性。既然看庆典没去成，我督促他们把这个树葬点拍摄下来。

当我和丘忆山带上干粮，背上行军壶出门时，恰好覃、车要去卫生院，有一截路四人同行。到了卫生院，覃仁花支好脚架，安上摄影机，拍了1分钟就没电了。昨夜睡前她没关机，马达空转了一晚，耗尽了电池。幸好没去成康翁寺，不然白去了。覃仁花辩解，不是她的责任，有时摄像机放在背包里会摩擦到开关。可是，睡前总得检查一下电量吧。有些人的工作态度就是这样，老是犯同类性质的错误，但别人还不能批评。趁他俩回去充电，我与丘拐入山林。

唐老师说，一次他去捡菌子，沿着洞中村一条山箐往里走，无意中抬头，吓得一身冷汗。树上挂的尸箱比卫生院后面那棵桃树以及降曲右岸树葬点的还要多！若果真如此，表明孩子的死亡率较高。唐老师的话激励着我们非要去看看。记得他说过"喜学村有个黄木塔，沿着岔路口进去"，不料，师徒在岔路口走错路，拐进了一条山坳，来到亚达村。

我们向老人问路，因语言不通，反复念叨"洞中"，老人指着对面山梁。正午，两人还在林子里，打尖之后，又走了半个小时，见一小村，以为是洞中，问一老人，答曰："这是喜学行政村属下的自然村。洞中村还得往前面走。"请老人带路，他开口要150元，讲价100元都不干。几个年轻村民说，开摩托车去，因坡太陡，一辆摩托车只带一个人，要200元，这样就要两辆摩托车。我们一来舍不得400元，二来怕1米宽的陡峭山路骑车不安全，担心这帮后生仔心术不正。一个年轻人说："不坐摩托车也行，带你们从小路去，回来后，再用摩托车送你们回盖玉，只要100元，行不行?"
我没吭声，其实是可以答应的。

下午两点，师徒准备回盖玉。今天转了一天山，什么都没捞到。但
"不入虎穴，焉得虎子"，既然来了岂能徒手而归? 我说："再往前走1小
时。"丘忆山表示同意。

洞中村位于山腰，海拔3 600米左右，两人走得气喘吁吁。终于看到黄
色的木塔，正是唐老师所描述的，塔前面有几个玛尼堆。塔旁有两条路，
记得唐老师说过："不要往左边，左边是到亚达行政村，要往右边去。"可
是，右边近处没村庄，远处山腰上有个村庄，而左边近处却有炊烟，我们
鬼使神差地向左边走，又一次走错路。

走了半个小时，天要下雨了，我们到了亚达行政村桃花源般的一个自
然村，村口有寨门，里面有两三户人家，几个妇女和孩子在家，男人都去
康翁寺了。师徒借讨水喝询问情况。村民端来酥油茶和糌粑，我把红糖敲
碎分给孩子。6点了，我们极度疲劳，因身处山坳，手机没有信号。我想在
此过夜，等男村民回来多了解些情况，给他们一点钱，明天带路去树葬点。
妇女们议论了一会儿，打手势："洞中不远，带你们去。"她们害怕这两个
不速之客是坏人，想使计策甩掉我们。我今天得到的惨痛教训是，没有译
员与向导，决不要轻举妄动。乌云滚滚，暴雨就要来了，怎么办? 好在森
林里有躲雨处。一位村妇带着我们走了十几分钟，来到一个山坡，比手势，
说："翻过山就是洞中。"

木已成舟，现在必须翻过这架山梁。看山势，不高，坡陡，估计半小
时过得去。以前，丘忆山做调查都是一伙人坐汽车，没有孤身一人到茫茫
林海作调查的经历，现在两人沿着山脊走。他害怕地说："别走了，还是回
去吧，万一天黑了找不到路。"我说："回去人家不接受我们。已经走了20
多分钟了，回去又得花时间，先翻过这道梁再说吧!"走出那段灌木林，看
见参天大树。路也找到了，两人沿路慢慢往上爬，过了山梁。

眼前是一片开阔的草地，没有村庄。我情绪高涨，兴许走过草甸，下
面就是洞中村呢? 兴冲冲地再次离开小路。金沙江两岸植被茂密，间有大
片青冈树林。在林间穿插，我不禁想到这种杂木是烧炭的最佳原料，而藏
族人以干牛粪为燃料，没有烧炭技术，青冈树由于弯曲不能成材，利用率
极低，除做木锄等工具之外，顶多有些林下产品，如野生菌与药材可以利
用。6点半了，得赶紧找到通向村庄的路。这时判断力非常重要，上山时偏
离小路，现在别拐弯，一直往下走，肯定能够岔到路上。我叫喊："跟着

我，丘忆山！"两人一前一后，直走下去，从树窠里钻进去又钻出来。10 分钟后，看到路。成功了！我喜出望外，赶紧循着路走，绕了几个弯，走了20 分钟，看到了一个漂亮的村庄。这就是山下黄木塔处看到的那个山村。终于在太阳落山之前找到了洞中村。今天走了 30 公里山路，晚上想方设法要在村里过夜。

我借着夕阳照了两张相。从山上下去村边，一路喊叫，村民看到山梁上下来两个汉族人，都围了上来。会讲汉语的人问："你们去哪里？"我告诉他们，丘忆山展示了照相机里的树葬点，他们立刻懂了，手指山下的一条箐沟。我请他们带路。回答："要给钱！"问："多少钱？"有人说 50 元，有人说 100 元，即至少要 50 元。本地商品经济不发达，老百姓最缺现金，人人懂得跟外地人要钱，可能与地方政府一级级宣传有关。原想看完树葬马上租摩托车回驻地，现在人多嘴杂，与刚才碰到的情景相同，师生不敢讲价，怕出现意外，于是随机应变，说："不去了。先找村主任。"我们按照他们指的方向从村边绕过去，已经接近那条箐沟了。

到了村主任家，家人不允许进门，称："有个孩子病了！"我们只好待在门口说肚子饿了。村主任老婆端出糌粑。少顷，我双手合掌，头微微右倾，手背贴住右脸，做出睡觉的姿势，同时递给他们盖公章的证明。一位青年拿着证明端详，当我们吃毕，转身要走时，他说："进来吧，没关系。"他叫"阿苏"，23 岁。是村主任的幼弟。他的女儿感冒咳嗽。村主任名"其古"，62 岁，其妻叫"仁青措"，50 多岁。我们在阿苏家聊天，得知洞中的开基祖来自山岩劣巴村，属于同一支戈巴，以前全村人口较多，后来迁走一部分，现在只有 21 户人家，25 栋房。阿苏有 78 头牦牛，如按时价卖出，可卖得 20 万元。这时阿苏发问："你们有没有车子？我想搭车送女儿到县里看病。"我说，没有车，但可以在盖玉乡租到。接着他给我们煮面条，撒点盐，倒点酱油，搁点辣椒，就这么吃。然后提来一罐白酒，没菜，喝寡酒，师生俩陪着喝。又来了一个老头，他喝了很多，喝完就走了。阿苏安排客人睡在二楼堂屋墙边，就走了。他明早要跟妻子骑马带孩子去县城看病。

入夜温度低，我怕受凉，移到火塘边来睡。丘忆山胆子小，他说火塘边是有灶神的，这个怕不好。我说没关系，以前在藏民家住过的，可以睡在火塘边。仁青措睡在墙边。他家壁柜装满棉絮被，不管来多少亲戚都有盖的，但很脏。我把外套脱了，穿着里面的长衣长裤睡。丘忆山见被子黑黢黢的，没脱外套就睡了。

晚上煮的面太多，剩余的面没倒掉，次日早加热再吃。阿苏来了，我让他带去树葬点，他要钱。问："多少钱？"他说："60元。"后来主动退让成50元。不过他现在要带孩子去白玉县城看病。既然已经搞清楚树葬点就在山下箐沟，自己怎么都找得到，再说都到了洞中，还要再交50元有点傻。我就说："我们不去了，要回盖玉。"不这么说怕他们产生怀疑，认为外人去找树葬点会冲撞神灵。阿苏就告诉我出村的小路：下山左拐是那个树葬点，右拐就是回去的路，沿着路走半小时就是黄色的木塔。

8点离开阿苏家，天气寒冷，雾气弥漫，许多家庭还在闭门睡觉。露珠湿透了我们的裤脚鞋袜。根据村民的描述，"箐沟上面有两股水汇合，下面就是树葬点，再下面就是桥"，两人很快找到那座小桥。从桥侧进入箐沟，逆向而上，找到两股山泉相汇之处，就是找不到树葬点。究竟是眼花，还是方位搞错？于是回到桥边，像箅头发似的箅了两遍，扶着大树，一棵棵地仰头看，确实没有尸箱。两人很懊丧，返回村子去找向导。走到岔路口迎面碰到一位村妇，她背着孩子，不懂汉语，大声喊叫，另一位妇女闻讯赶来，她也不懂汉语。丘忆山打开照相机，再次展示树葬点。这两位村妇可能是外嫁进来的，不懂或者是害怕，表情惶恐。师徒准备离开时，正好昨天黄昏欲带师生去树葬点的小伙子过来了，真是天赐良机。他还是要钱。他说："昨天80元，今天少了50元不行。"后来讲到40元，他同意了。由于没吃早餐，他要求等一等。他喝了酥油茶，吃了糌粑，示意跟随于他。

走到那座桥面前，这人不过桥，也不下桥，而是沿着箐沟边缘往上走。刚才师徒是从桥侧下到箐沟，再沿着箐沟向上而行，遇见茂密的荆棘绕开，即使绕开，也注意里面的树木，偏却忽略了箐沟右坡上的目标。小伙子带着两人沿着右坡来到几棵高大的云南松面前，树下两米处散落着一些片状物，能够看出两个木桶的残骸，还有蓝色和黑色的小衣服，最大一棵树胸径350厘米，高20米，树干上绑缚了8个箱子和几个圆筒。师徒俩的高兴劲甫提了，尽管这个树葬点的尸箱没有唐老师描述的数量多。小伙子胆怯地说："你们下去吧，我在坡上等。"我边观察边做记录，丘忆山从不同角度拍照，两人与向导合影。联想到范河川在一本书中提到成人行树葬：一般是死于疾病，但不是传染病，先将尸体火化，再用布包裹，悬挂于树枝上。[①] 洞中村没有发现。三人往回走时，经过一个土葬点。小伙子说地下埋着一个老头。师生围着这个小土丘做了一些测量。我见丘忆山有些缩手缩脚，批评道："你的博士论文以丧葬为主题，胆子要大一点，研究丧葬的人

---

① 范河川：《解密三岩帕措》，成都：四川民族出版社，2020年，第304–309页。

还怕丧葬，这怎么行！"我问小伙子洞中村土葬的方法。他说人死后捆成婴儿投胎状，不用装棺。我跟他说："你做个样子，让我们拍照，行吗？"他死活不干。我蹲着摆出手脚交叉的婴儿降生模样，问他像不像，他点头称是，丘忆山赶紧拍了照片。师徒俩是外地人，心理上不受制于本村的地方性习俗，不用害怕。小伙子受制于这个适应系统，怕魂魄被摄取，此乃涂尔干"集体意识"的表现。到了村口，我付给他带路费。这个点确实不容易找到，它与前面的描述，每个树葬点都有个服务区，半径囊括周遭村庄的道理相同，未过成年礼的孩童夭折后，经喇嘛打卦，要是算出行树葬，即殓尸悬挂在本区树葬点某棵树上。获得了第一手材料，心情真好，我们走路如风，不一会儿就到了木塔。一辆摩托车追上来，师生让到旁边的茅草地。摩托车停了，骑手主动要求带我们一程，一路下坡，在喜学村路口停下，节省了20分钟，再走1小时，回到盖玉乡。

这时，下午4点了，吃了饭，准备躺在地铺上，丘忆山发现肚皮上有一个小黑点，用手拂不掉，定睛细看，一条小爬虫钻进皮肤里。我也脱掉内衣检查，覃仁花看见我背脊上钻进去一条虫，吓得惊叫起来。两人赶紧到盖玉乡卫生院，让昂翁彭措处理。丘忆山肚皮上的虫子钻得较浅，用镊子轻轻一夹便出来了。我背上的虫子钻得较深，进了大半个身子，昂翁怕把它拉断，就用一根注射针头折弯，用镊子夹紧，将它挑出来。院长说这种小虫子属于牛虻，藏名叫作"嘎特"，意为"无肛门的血吸虫"。院长还说，这种虫子专门叮牲畜，特别喜爱叮牛，头和身子都能够钻进去。待牛宰杀后，牛皮上会留下虫子的残骸。我们猜测那条嘎特就是阿苏家的被子里带来的。

四、活人不能被尿憋死

前面提到独立研究需要申请经费一事，这里顺便说一下我是怎么解决这个问题的。回顾以往，我从未申请过横向课题，而是沿着纵向课题的根基从低端走向高端，起先向杨振宁任主席的香港中山大学高等学术研究中心基金会申请，后来申请教育部社科基金、国家社科基金。有人认为"找米下锅"有些屈尊俯就。我不能自恃清高，有投入才能有产出，自己提出的研究方案立项才能名正言顺地做调研，于是养成申报课题的习惯。

2007年，高校拉开研究生教学改革的序幕，导师要支付部分培养费，有的高校还颁布新规，有项目的导师才能招研究生，我的习惯符合改革的方向。我将获得的课题资助向招到的学生倾斜，把他们带到我的研究领域选题做论文，不要求他们承担我的项目，我自己完成课题。在自身调研域的同时，兼顾了研究生的指导，这是一种良性循环，允许学生在各自的投稿上加署导师的项目名称，增加发表的筹码，我从不采纳学生的文章，我所做的纯粹是为培养人才。这套做法与理科生参与导师项目，学位论文即项目分解不同。

如无纵向课题支撑，师出无名，西藏东南的田野工作绝对不能进行，此处有三点反思：

（1）国家社科基金一般项目代表了国内较高的研究水平，敢于申请本身就是挑战自我的表现。自己必须站在学界前沿，面向西藏社会经济、文化发展的重大需求开展论证，把西藏研究带到一个新高度。申请成功就能积聚人气，申请不成功也不要气馁，而要总结经验，指出以往的局限，充实薄弱环节，继续明确方向，加强原创研究，提出有新意的认识，构建有希望的结题目标，还要合理搭配资源，巧妙组织实施，以最好的姿态参与角逐。就这样我先后申请到四项关于青藏高原的项目，其中国家与教育部各半。除此以外，我还申请到两项不是青藏高原的项目，也是国家与教育部各半，间接地支持了西藏研究。

（2）较之理科，文科项目经费少，好钢用在刀刃上。每次做田野研究，要计算投入产出，花了多少钱，获得多少素材，得到什么启发。在本章中，到达白玉县城的第三天各项工作就铺开了，人人有自己的任务，晚上交流经验，清点白天所得。到了盖玉，一边做体质测量，一边聚焦问题，明确对象，去洞中村寻访时，几度迷路不言放弃，终于看得宝贵的树葬点。此外，田野调查结束，回到学校，开始撰写论文或专著，也要算一算为此所花的钱值不值，总之雁过留声，花了钱就要作出相应的贡献。衡量成果不仅要看数量（篇、本），更要专注质量，看结论、观点、建议是否转化为生产力，促进社会进步，丰富教学内容等。

（3）不仅要给人以鱼，而且要授人以渔。研究生起初使用导师的资金，在调查中学习专业，慢慢懂得今后若要走学术之路，就得申请经费的硬道理。我向他们介绍申请经验，告知论证诀窍，把标书借与他们参考；分析以往研究的厚薄：强项是在历史、宗教上，沉溺于总体比较和文献整理，弱项是轻实证，缺理论，年轻学者的产品不多，学术变局必然是"抑强扶弱"，应根据自身特点扬长避短，满足《指南》的要求。学生毕业后，皆以学位论文为基础积极申报，经过煎熬和等待，理想的萌芽在立项公示的喜讯声中破土而出。屈指算来，有十几人先后申报成功，计二三十项纵向课题，较好地解决了学术追求与个人职称的关系问题。

第十一章　在川藏边缘"走钢丝"

2007 年夏天，我带研究生到金沙江峡谷去落实一个久经思考的计划。此行之后数年间，陆续出了一批成果，内容涉及当地的血缘组织、丧葬制度、心理认同、社区秩序等方面，逐步揭开三岩的区域文化神秘面纱。与此同时，我在沿金沙江下行 150 公里、跨越白马雪山的澜沧江峡谷区也倾注精力，经过数年持续研究，团队先后产生几篇学位论文与一批学术稿件，展示了外来精神文化与本土物质文化的内涵。但只有当事人才知道丰富的学术成果与苦涩的经历往往并驾齐驱的道理。

一、五兄弟设局玩"碰瓷"

"六人团"在盖玉待了 8 天，吃完了从县城带来的蔬菜，准备去山岩。那几天急着找车。以前藏区养牲畜较多，租借骡马、毛驴方便，公路修通后，少了驮畜，多了摩托，随着油价上涨和旅游者不断涌入，物价抬高了，租车越来越贵。

一辆皮卡车从县里开来，经过盖玉去山岩，车上有七八个人、一顶帐篷，是进山修公路的，司机听说"六人团"去山岩，有大堆行李，要价偏高，人可坐驾驶室，行李虽可放卡车上，但被损坏的可能性较大。协商后，司机同意降价，叫赶快收拾行装。师生反倒镇定下来，想到当地很多人无照开车，现在车已满载，仓促上路，难以保证安全，遂主动放弃。

下午 6 点半，找到一辆皮卡，是吉普车改装成双排座的客货两用车。两位司机都是汉族。一位姓王，跑运输多年，有执照，刚从山岩下来，未揽到明天的活，答应再进山岩，要价 1 000 元。我照例讲价，见他不肯让步，便转而问另一位童姓司机："最低多少？"那人回答："少了 900 元不去。"我顺着话说："那就 900 元吧。"见王司机不干，小童赶紧改口："刚才说着玩。"我正色对王司机说："老乡！他都说 900 元了，让我们 100 元，行不？"王司机迟疑了一下，答应了。晚上，他将车停在办事处，让师生清早来装东西。

早餐毕，我们将余粮和腊肉装上车，又去菜园子买菜。几年前，一对四川来的汉族夫妇与南区办事处签订合同，在放电影的河滩地开荒，砌起围墙，种大棚菜，饲养猪、禽。菜价稍贵，但可自由采摘，新鲜欲滴。我给团队买了一麻袋，乌近亲单独给自己买了 10 斤，他准备在山岩待长久些。

给汪振宝的预定调查点在西岸。他这些天"陪太子读书"，显得急不可耐，觉得导师对其他人比较照顾，对他有所"怠慢"。丘忆山研究树葬已有眉目，乌近亲研究帕措组织也开始收集到材料；车晓东研究偿命金，几个案例已收入囊中；覃仁花呢，至少在看菜吃饭，树葬已拍了不少。唯独汪自己八字没有一撇。我心中有数,让他别急,多看下东岸情况,将来踞守西岸恐怕难以过来。

8 点,正副司机来了,后面跟着两人。我心想,外人要搭我们包的车,需跟我们打个招呼啊,碍于司机情面,只得忍了。皮卡开出盖玉,沿降曲驶了 10 公里,到一个三岔路口,左边通沙马乡,有 20 公里,再延至巴塘,50 多公里,故称"巴白"公路,"白"指白玉县城,全长 108 公里。右边通山岩,56 公里。一些藏族男女或站或坐,准备上山修公路。司机停车让我们师生合影留念。当驶上右边公路时,车子突然颠簸起来,路也陡峭了许多,听说由此到山岩乡,有 51 个 180° 的急转弯。汪振宝闲着无事,每转一个弯,就记一个数。突然,吉普车停了。一辆摩托车载着 3 人爬陡坡,传动链挣断了,正在路中间修车。本可叫其让路,驱车行走,但王司机刹住车,让随车的两个人下去修车,"六人团"在皮卡上乖乖地等了 1 小时。链条接了又断,断了又连。直到没有配件,车主才将摩托车拉到路边,派人回盖玉街上买零件。随车的两个人坐上来,王司机又开车。走了 1 小时,爬上海拔 4 000 米的垭口,遥见火龙山与欧业山双峰对峙,峰顶海拔平均5 000 米。车又停了,前面是辆抛锚的吉普车,车主派了两个男人彻夜驻守。随车的那两个人下了。原来一人是车主,另一人是修理工,他们从皮卡上卸下啤酒、食品与工具,守车人马上拧开瓶子喝起来。路面窄,皮卡过不了,又等了 1 小时。乌近亲缠住修理工,记下电话号码,一旦有需要,要求对方开摩托车到山岩接他,足见他在逃生方面的深谋远虑。吉普车修好了,车主开动,让出道路,皮卡继续行进。过了垭口,云开雾散,太阳露脸,正好 12 点。王司机播放音乐,远处山坳幽深,森林茂密,近处绿草茵茵,鸟语花香,皮卡不知不觉驶近公路断口。

一群藏民正在填补断口,二十来人。皮卡远远停下,"六人团"走拢一看,路基垮了一半,原来修路人想炸掉一尊巨石,结果装药太多,连同上方的岩石都炸崩了,引发大量石头倾泻,翻滚的大石头把路基冲塌一半,剩下的宽度不够车身过去。

修路的村民看到汽车停泊,好像小贩看见商机,纷纷放下手中活计,陆续回到营地烧茶,想以故意怠工的方式索取钱财。

无奈之时,一辆白色的吉普车开来,三人下车。我迎着一位戴白手套的高个子走去,双手递过介绍信。他是山岩乡书记,单手接过,阅后递给乡长。乡长扫了一眼,撇撇嘴:"一周前就接到电话,我们着手准备,没料到现在才来!"电话是河川拜托黄兴打的,他不知"六人团"要在盖玉待一周。乡长指着路旁崩坍的山体说:"昨天来也好哇,最后一辆车没出山,还不允许放炮。那辆车开出后,一炮就炸垮了这面悬崖。"他力劝客人先退回盖玉,待路修好后再来山岩。我表示无法接受,因为租车费白给,时间也浪费了。乡长建议跟书记反映,因为这条公路是全乡干部分段承包,这一段路归书记管。书记当着我的面用藏话向带领修路的村主任布置任务。然后说:"坚赞教授,村主任答应派强劳力连续干,估计下午三四点可以修好。"

乡长、书记刚走,村民就收工。王司机当时觉得四点多钟若能通过,到山岩乡后,当晚可以返回盖玉。现在他气呼呼地说:"修得好?修得好我王姓倒写!"我想,休怪司机,如果他不了解当地人的雕虫小技,断然不会如此生气。不过由他埋怨去,如果定要下山,只能付一半路费,"六人团"留下,在当地帐篷住一夜,翌日步行去山岩,总之,开弓没有回头箭。

下午2点半,村民三三两两走回工作场地,路过皮卡,又跟"六人团"要钱,重申没钱不修路。师生处在贫富、城乡、汉藏等交界线上,左右为难,只能眼巴巴地等待。

下午3点多钟,营地那边驰来一辆摩托车。车手30多岁,大块头,带了一位拿铁锹的人,经过汪振宝身边停下。尽管藏话听不懂,汪振宝还是赔着笑脸与他搭腔。他开车走了,到工地后让那人下车,自己飞快地开回来。王、童两位司机说:"要出事!"话音刚落,听见"啪——哄"两声,摩托车在百米远处滑倒。大块头摔得爬不起来。三岩人恶名在外,"六人团"生怕有诈,不敢去搀扶。5分钟光景,见他起来,发动摩托车,开过来,停在8个人面前,指着脸上挂彩处不语。汪振宝拿出纸巾给他擦血。他说:"不要你擦,你叫烧茶,我就回营地烧茶,现在我摔伤怎么办?"一屁股坐在皮卡后面石头上。正、副司机见状,吓得远远地躲开。他斜靠着,做出疼痛难忍的样子,喃喃说:"你要赔钱的!摩托车是4 000元买的,要你们赔,我受伤了,也要赔。"说着,捡起个卵石:"我也要打伤你们当中一个人!"他见人们躲开,就走到驾驶室,拉开车门坐进去,把头埋在方向盘上。每个人都被突如其来的情景吓呆了。王司机反应激烈,冲着我吼:"我叫你们退回去,不听,现在惹祸了吧!"

方才汪振宝说"烧茶"指到了山岩去他家喝茶,并非现在去营地喝茶。在互不通晓语言又没录音作证时,大块头硬把责任推到汪身上,这与城市"碰瓷"有何不同?5点半光景,断口不见人影,人们还在树荫下睡觉。"六人团"成为怠工的牺牲品。大块头不离开驾驶座。他的脑袋俯着,眼睛滴溜溜转,见两副扑克牌,顺手牵羊塞入口袋。他在拖时间哪!

太阳下山前，人群扛着铁锹收工，经过皮卡时，看见大块头，5位男子应声将他扶出驾驶室，背回营地。他们是大块头的哥哥，盯着我低语，似乎说"那个鼻尖有疤的人"是"六人团"的老板，很快，老大、老二左右挟住我，逼着拿出5万元。一位懂汉话的村民愿当通司（翻译），传话说："伤者亲属要求交现金，你们派一人到盖玉乡打电话，人车作抵押。"我想只能施予缓兵计，拖到基层官员出现，别无其他选择，就说："家里筹钱要时间啊！"对方老练地说："我们先把车开走，你们拿钱来赎。"我求情说："车不是我们的。""甭管！司机找你，不会找我们。"老大拔出腰刀，在石头上磨出"欻欻欻"声，在皮靴上擦了几下；老二搬起一块面团大的石头威胁："拿不到钱，就打死你们一个人！"这帮人好像抓到一只肥羊，勒索不成就直接抢劫。遗憾的是覃仁花目击了整个过程，摄影机就在手里，却没有把那些惊心动魄的场面拍摄下来，她吓得浑身哆嗦，当她镇静下来，意识到应该拍摄时，天已擦黑儿，月亮悬在东方。

几位村民对这出闹剧有些反感，遂建议师生先到营地喝点茶再商量，也给了五兄弟一个台阶下。王司机开车过去，公路下面是修路者的帐篷。大家饿坏了，在帐篷里喝酥油茶、吃糌粑。王童两位司机不吃不喝，担心皮卡安全，他们着实吓坏了。我请村民找乡干部来仲裁，没有官方介入，此事不好解决。乡长的帐篷在对面山上，路不远，他来了，村民跟他不怎么说话，他是新来乍到的年轻干部，他从营地回来气呼呼地跟我说："最好把书记叫来，因为这个路段归他管。"此时丘告诉我：乌坐那位通司的摩托车先走了，到山岩乡政府有20公里。

晚上9点多，乡里的顾司机开着白色吉普来了。我简单地向书记介绍情况，他听罢与乡长去村民中了解。我在等待谈判结果，不赔钱可能不行，关键是赔多少。最担心去不了山岩，退回盖玉，这次调查彻底泡汤。

书记和乡长回来，钻进车内跟我谈："坚赞教授，我们说了很多好话，甚至许诺，下次乡政府发救济多给他们几个名额，村民看在我们的面子，由原来的5万元削减到现在的3 000元。如果让南区派出所解决，交到县公安局，他们也不情愿。那个大块头确实伤势不轻，现在睡在被子里。他们五兄弟集体发毒誓，要是伤者讲假话，天打五雷轰。应该是你们的人叫他来烧茶，你们有责任。"他借着语言的障碍、文化的误解为赔偿找到很好的理由。我们蒙受了不白之冤，却有苦说不出来。我感谢两位领导的调停之功，接着说，藏族兄弟摔伤，我很难过，愿意支付营养费和医药费以表心意。但我们现金有限，要留足路费回去，3 000元实在爱莫能助！书记在山岩工作了六七年，有一定威信。他说："你们能出多少？"我回答："两位领导口水都说干了，才谈拢这一步，我们要珍惜，实不相瞒，我们最多只能出一半。才能保住回家的路费。"两位父母官两边跑，就像前面第 168－169 页提到巴巴工作方式，不断传送信息，用貌似公平的策略打探我们究竟带了多少钱。我提醒自己头脑清醒，保持低调，尽量装穷。书记沉吟片刻，说："我不知村民是否同意，再下去做下工作。"他绝顶聪明，片刻工夫就上来，说："坚赞教授，可以了。"我已准备好 1 500 元现金，让车晓东再数一遍，免得出差错。书记数了一下，说："教授，谢谢你！请一起下去举行发誓仪式。"我就和丘忆山一起去到村民的帐篷。

在民间，发誓是解决问题的普遍方式。小偷小摸等类事项不用发誓，但是小事办错酿成大祸等项就需要。发誓地点一般在圣山、圣水、玛尼堆、白塔、木塔等处。盖玉乡有三座神山，其中扎日神山的位格最高，适合重大意义的发誓。我们的发誓是在营地。

帐篷里点着几盏蜡烛，那人睡在被子里，一个人在服侍他。中间摆张桌子，他的五个哥哥坐成一排，我们和两位官员坐在另一边。我揭开被子看了一下，那人闭着眼。书记一声不吭地把钱塞给一个人。他是大哥，点了数。发誓仪式开始。由我先说。书记把我的话翻译给他们，待兄长发完誓，书记宣布："现在钱已还清，双方已经履行协议，这个人的生死跟你们无关。今后双方谁也不准复仇。否则，人神共诛。"这种合谋是基层干部必须掌握的技巧，我很佩服书记。

回到车内，书记说："我又批评村主任了，管不住喝酒，破坏'三禁'，修路还磨洋工。村主任保证明天干好，12 点以前修通。"他转过身来对王司机交代："人家包了车你们就要负责到底，不准加钱，此事不是他们的问题，是自然规律。"司机只好答应。这番话是我要求书记说的。他让司机把车开回白天停车处，今晚到乡长帐篷里对付一下。我们怕晚上下雨，拿塑料布盖住车卡，然后各自带上贵重物品进了乡长的帐篷。顾司机煮了一锅方便面，每人吃了一点，就睡下了。帐篷拥挤，天冷没被子，下面是潮湿的草地，就这样挨到天光。

东方露出一点晨曦，我第一个起来，帐篷外是斜坡，无数奇花异草，几无隙地（见图 11－1）。很多马匹拴在那里，早起的妇女在生火，炊烟缭绕。不久大家都起来了，书记让顾司机又煮了一锅方便面，殷切劝每人吃一点，然后与师生向缺口走去，边走边回答问题，包括汪振宝提到西岸白洛活佛的轶事。上一段公路修好了，村民在拆帐篷，用牦牛搬家。走到昨天停车处，书记说："今天你们一定能到山岩！"然后挥手道别。

今天村民动真格了。一来他们获得了赔偿，二来要给书记一点面子；再说不干也始终是他们的工作。师生坐在车里休息，不时走到缺口观看进展。11 点路就修得差不多了，师生也去帮忙。一个修路者知道今天车走得了，领了个孩子来搭便车，也得让他坐。路修好了，司机开着空车过了缺口，师生再上车。王、童两司机担心回程经过缺口时村民又要钱。尽管书记向两位保证："要是哪个龟儿子收了你们的钱，我就扣他的救济金！"他们还是心有余悸。从书记的行事风格看出民风越剽悍，地方官员越要威严，否则没有行政效率，而不能单凭思想工作就能服人。

图 11 - 1　帐篷外是斜坡，无数奇花异草，几无隙地

汽车在"之"字形的公路上行驶。路边屹立着一块门神般的巨石，车停下让大家照相。车到垭口，又停下，GPS 定位海拔 5 300 多米，仰望山峰，垂直高度 500 多米，估计峰顶海拔 5 800 米。上次我与徐召月步行至此曾感叹：世人多舍不得城市，殊不知荒原才是人间仙境。真好！现在感觉回到了那一刻。

汪振宝又开始数路上的弯道，当数完"51"时，车子驶入政府大院。乌近亲出来了，满面红光，提了两件物品上楼，并叫来两人帮忙。他昨天晚上到，赶上政府食堂吃饭，很快与乡干部混熟了。我叫人把提上楼的副食品拿进厨房，他们先将蔬菜、大米、面条、粉丝拿走了，所有人都没有注意到楼上一个孤零零的大纸箱，里面装满腊肉，被几条追踪上来的大狗各叼一条跑远了，可能损失了 5 公斤。

乡政府旁边是小学。施工队正在修缮，民工自开伙食，司机与施工队熟，到那里吃饭。我让丘去给车钱。回话说，司机要 1 100 元，理由是昨天没有退回盖玉，丢了今天那单生意。我指示学生提醒他，书记打了招呼，不许加价，给 1 000 元竖数。乌近亲说："不加 100 元也行，我们被敲诈他不是不知道。"我说算了，适当加一点。两位司机拿了钱，高兴地开车走了。

二、见证了天葬台的工作

山岩乡海拔 3 600 米，面积约 450 平方公里，当时全乡人口不满5 000，分设色德、八学、色麦、劣巴、然翁、巴巴、当拖 7 个行政村。乡里有间中心小学，设一至三年级，开语文、数学、藏语、体育 4 门课。校舍计 5 间平房、教师 3 位、学生十几个。教师住校，与乡干部一起开伙，每人每月交 450 元伙食费，凡有人出山，顺便带蔬菜、副食品回来。

我们住在二楼，是个套房，人住里间，外面有灶台，睡在楼板上，先铺报纸，再铺棉絮或卡垫，然后垫床单。乌近亲昨晚赶到，住在副乡长珠扎干净舒适的卧室，珠扎去学习，暂不回来。我请求他让给覃仁花住，关照女同志，他顺从地搬出来，5 位男性住一间，免得多占房。

十余人吃饭洗盥，用水得一担担挑上楼。师生带来的副食品放在食堂，与乡干部打平伙。大家一起烧火做饭，油滚了放辣椒，香气弥漫，刺激食欲，车晓东的痔疮在山岩发作到顶点，痛不欲生。吃完中饭，杯盘狼藉，没人洗碗。乡干部做饭炒菜，该休息一下，我环顾四周，学生一脸倦容，就强支身体，用大塑料盆装上碗盏筷，端到大门前面的水池洗涮。池边有根水管，引自山泉。当晚，我作了布置，以后两人一组，吃完饭，轮流洗碗，不得偷懒。

汪振宝欲研究宗教，需要找个寺庙作为调查点。翌日除乌、车两人留守外，其他人陪他去尼根寺，小学校长章拉尼玛、教师陶淘作译员。陶淘是团结户，略懂藏语。

尼根寺在西面山腰，走公路要行一个半小时。我们先走小路到色巴村，再走一程公路来到寺门。老尼曲仁真开门，师生进来，好几条狗围着吠，章拉尼玛叫老尼拉住狗。寺庙历史一百多年，分上中下三殿，殿名吉祥、德江与卓玛，三殿建于不同年代，后来卓玛被火焚毁，现存吉祥、德江二殿。祸不单行，几届活佛连续死亡，于是该寺一蹶不振，现在作为养老院，安置了 25 个信佛老人，此外尚有 10 个喇嘛、15 个尼姑。尼姑住大殿外的平房，那里养着许多流浪狗。

曲仁真60多岁，住寺20多年，带师生进了吉祥殿，生火煮茶。迄今无人研究三岩妇女，汪振宝本可拈上这个选题，将尼姑作为切入点，展开调研，即使他不是女性，也能有所收获，完成学位论文。无奈他没有兴趣，覃仁花对此也没感觉，只浮光掠影地拍了些生活照片。

这时，一个找曲仁真借锅的老头出现了。他背锅离去后，我抬眼看见窗外几只秃鹫"哗"地俯冲，箭一般伶俐，立刻警觉起来，见空中还有秃鹫盘旋，就问老尼，得知今天上午有天葬，马上放弃访谈，带队离开，紧随背锅人而去。想起早晨上山时有人牵着一头黑色牦牛，驮着两桶泉水。原来是驮尸牛，死者来自山后劣巴村，生前是位帕措头领。慌乱中覃仁花将装脚架的套子遗忘在寺内，等她回去拿来，耽误了一阵子。一行人气喘吁吁地爬上山坡，白塔与天葬台就在面前。

七八月是高原最好的季节，到处鲜花盛开。两头黑牦牛站在漫坡上，有人在生火煨桑。章拉尼玛告诉我们这是藏族的烟祭，煨桑时燃烧柏树枝产生浓烟，待明火出来后还会加上糌粑等粮食，以表祭祀。经他沟通，我们得到允许进入场地，全体人目视白塔，塔下是天葬台。整个过程记录得繁简有序，将另文发表，此处不便展开。

这次共召唤到六七十只秃鹫。把死者送走后六位动刀子的年轻人并排让我们拍照（见图11－2），接着从方形塑料桶掬水，抹肥皂洗涤，然后下坡到营地。主持天葬仪式的向秋喇嘛跟下去。一干人坐定，牵牛人拉过那头黑牦牛，大家围成一圈，让向秋喇嘛做祓魔仪式，以消除邪气，回归洁净。向秋喇嘛念经三四分钟，人畜解除罪孽，各自散开。天葬结束。

图11－2 亲手给帕措头领送行的青年

　　时针指向 3 点半，该去八学村做体质测量了。下村途中，我们见到一位带身孕的妇女背着一捆草。趁她歇气时，搭上话，她自称娘家在西岸敏都乡。我取了一件半新的衣服给她，转头提醒覃仁花："你不是说要拍摄藏族妇女吗，别放弃啊！"覃觉得体力不支，又无译员协助，担心对象不配合，她似乎已悄悄放弃了在广州组队时自告奋勇申报的任务——拍一部反映三岩或山岩妇女题材的短片。青稞长到膝盖高，快抽穗了，村民在麦地里除草，师生就在地里给人家测量。山岩的女人大都 1.65 米左右高，男人 1.73 米左右，高鼻梁、宽额头的人很多，这个现象表明，金沙江峡谷的人种、族源、族体值得研究。八学村有位戈巴头人叫泽珠。他与孙辈正在干活。此人身高 1.76 米，年届七十，牙齿完整，曾任村主任与支书，待人大方稳重，接受过多家新闻媒体采访。乌近亲约他访谈。他巧妙地说："电视台来山岩，乡长叫我接待，采访费三百元。"乌近亲怔了一下："不会让你白讲的。"给他量血压时，他说肠胃不好。我答应给他些药品，请他晚上来，以便聊聊，权且用药品作为劳务费。

　　青藏高原晚上 8 点天还没黑。泽珠如约而至，谈了半小时告辞。我送他几瓶肠胃药，是在县城药店买的，花了两百多元。田野调查员不能动辄给报道人钱，只能给小礼品，因为钱会玷污当地纯朴的民风，还会把民族学的职业作风带坏。再说荒山野岭有钱也买不到东西，还是给物品实在。

　　第一天收获很大，晚饭后各自放松，有人找小学老师聊天，有人整理笔记，有人洗盥，躺下看书。一大堆碗盆待洗，泉水冰冷刺骨。谁不累啊，我点名那两个轮值者，这时没有什么话好讲。当地人日食两餐，上午 11 点起床，12 点吃早饭，下午六七点吃晚饭。师生日食三餐，早晨我起床生火，走路腿脚得轻，不能把乡干部惊醒，饭后全体人出门调查。

　　翌日早下雨，报道人向秋喇嘛没来，于是师生就去做活体测量，仍由章拉尼玛做翻译。大家拿着雨伞，走到乡政府门口，见向秋喇嘛骑摩托车来了。覃仁花赶快回房间拿器材。树葬点倒是比较近，一路小平坡，不一会儿就到了。雨停了，云开雾散。向秋喇嘛坐在树下，头顶是尸箱，摄影机对准了他。我们按事先约好的程序，导师作一般性介绍，主要由丘忆山提问，因为他要以丧葬为博士论文的选题，故提问较有针对性，继而由乌近亲、汪振宝等人补充提问。山岩乡有 5 个树葬点、2 个岩葬点、1 个水葬点与 1 个天葬点。这 9 个葬点可为本社区及毗邻社区提供归宿性的服务。九岁以下夭折的孩子都可行树葬。据说以前还有崖葬，自从向秋喇嘛学佛回乡，主张念经超度，二次葬与崖葬就不吃香了。至于石棺葬，向秋喇嘛在色麦村见过两具，八学村有一具，虽然与山岩藏族没有必然联系，但是与古今文化有叠压关系，可从民族考古学角度研究。这种实地教学，将时间空间、历史文化、理论现实捏拢，效果较好。

下午泽珠来了。汪振宝不敢去访谈，也劝乌近亲别去了，怕平摊费用。乌说不怕，请章拉尼玛做翻译。结束时泽珠果然提到钱，说他已讲了一个小时。乌说："我给你两瓶药，一瓶要八十多元。"泽珠拿着两瓶药走了。从此乌近亲不敢再约他访谈了。从报道人索取现金这一点可以看到从事田野调查的难处。山岩乡供销社有位退休干部在里面卖东西，他懂汉语，知道很多。乌近亲和汪振宝去访问他仍要给钱。可见电视台拍片给钱、旅游者以钱购买服务给民族学研究带来的挑战，我们尤应注意报道人为了一己私利，对田野调查员投其所好，编造故事，甚至"碰瓷"的行为。

两位乡领导回来了。覃仁花要跟书记等人上山采菌子，被我叫住，担心她走不动。晚餐是肉罐头煮菌子。夜晚下大雨，房间漏雨，嘀嗒声就在地铺间。年轻人睡得挺熟，浑然不知被子湿了，我起来用盆接住雨水。早晨，书记、乡长来看望，说："如果想单独开伙，外屋有灶台，可趁着小学修缮捡点烧柴！"此言暗示食堂有压力，瞧，来了六个人，要煮两锅饭，碗筷也不够。我环顾大家，视线都在躲避我。想到车晓东痔疮复发，还是分开吃好，炒菜可不放辣椒。我们已经吃了两顿，用带上山的副食品相抵，继续合起来吃就要交伙食费，自己做饭还可烧热水洗脸脚。大家表示同意。搞调查就要察言观色，该自理就要自理，不要让人家吃亏，尽量不跟人家发生金钱关系。如有必要可通过中介谈价钱。

乌近亲给人憨厚之感，他擅长搞关系，买了几包烟给陶淘，作为感情投资，想让陶淘给他当翻译。在我点拨下，乌近亲向文书借出山岩全乡户口簿，这是乡干部挨村挨户调查来的，每一户有多少人，有多少财产，多少牲畜，房子面积等，非常详细。师生用数码照相机拍下来，将内存卡插入手提电脑，车晓东带了一个小型打印机，把户口簿打印出来资源共享。

户口簿上有大量信息：人口、男女比例、年龄金字塔、教育水平、通婚圈（外嫁妇女）等，乌经过统计分析，理出头绪，可确定重点访谈对象。随着获得感的增加，压力越来越小，那时只需全身心参与当地生产生活，带着经历的目的，改变自己的身份，学会主动观察。

第四天早晨，我跟书记、乡长提起雇马过金沙江一事。他们满口答应，不过他们看得出来，来者一在州县没有靠山，对他们升迁调动没有好处，二不是来投资的，对吸纳山岩剩余劳力没有好处，犹如烫手山芋，否则他们都会巴结，现在表面应酬即可。或者说，他们可能向村主任交代了，但没有盯紧。第五天，两位乡领导与章拉尼玛去县城，雇车把城里学校以新换旧的桌椅拉回来。告别时，我问书记拜托之事，他说放心，已跟村主任讲了，会处理好的。

村主任说村里没有马，要到夏季牧场去牵，来回要两天，一匹马1 000元的费用，牵马人要500元。简直是天价！去年我与徐召月出山岩时，租一匹马才100块钱。县乡两级干部动员老百姓开发旅游，鼓励村民对外抬价。情况变化之快超出我的预料。陶淘的藏语还不能胜任翻译。顾司机则不懂藏语。汪振宝心急如焚。到白玉县已半个多月，他还没有接触到研究对象，要赶快帮他找到调查点。我还要到盐井去检查另外一个小组的调研情况。

我与汪计议天晴出发，想雇人挑行李，雇到人就走，剩四五百元的粮油副食品留给乌、丘、车、覃，希望他们坚持调查，雇不到人继续待在山岩。丘忆山想跟我过江。后来证实没带他去是对的，因为西岸一个树葬点都没有，金沙江峡谷的树葬资源全部在东岸。晚上我跟覃仁花说，来之前你打算拍摄的主题山岩都有，千万别来去匆匆啊！

早餐吃罢，我去小学找修缮队，要求工头派个劳力背仪器送到阿尼吊桥。工头开价200元，我硬着头皮答应了。工头知道没有雇到马，乘机抬价。他又问路上吃什么。我说带了一些方便面和饼干。他转向工人问："哪个人想去？"工友跃跃欲试，一个叫波瓦的人抢着说："我去！"别人见状不争了。他是四川甘孜州丹巴县的藏族人，我让波瓦准备好，自己回到乡政府，催汪振宝吃饱饭。他听说要过江，激动得只扒了两口就搁碗了。

车覃两位硕士生过来问，是不是马上要走。我不想让他们惊慌失措，就说还没雇到人。他俩走了。丘忆山和乌近亲帮着把东西拿出政府大院。

波瓦来了，归他挑的东西只有4件：旋转仪、塑料箱和两个脚架。我和汪背上行李，手拎提包。走了200米，刚进入山箐，他就撂挑子，要求加钱。他有按酬付劳的经验，见我犹豫，就敲诈说："不加钱的话我就挑回去。"师徒一人帮他拿了个脚架。他不好吭气，索性把挑子当作拐杖，背着塑料箱与旋转仪。我宁愿自己多负担，也不争议，维持现状。三个人从9点半出发，走到江边时11点半了。

波瓦越走越懊悔，本不该接这份活，在山岩小学搞修缮，日工资100元，赚得轻松。原说送到箐沟下，回去还可赶工，赚够300元。现在已到江边，他问："吊桥还有多远？"我说："不远了。"拿饼干与水壶给他，态度诚恳。

12点，三人沿江走。走了100米，波瓦感到做完这一单活，返回小学再做另一单活已无望，于是歇倒在一块平地上，再次要求加钱。他见我没理睬他，就说："你不加钱，我马上把仪器箱投入江里，信不信？"我制止他："这台仪器 7 万元啊，你真要这么做吗？"波瓦强硬地说："大爷才不管！再说一遍，不加钱就丢到江里。"我问他加多少？答曰："200 元！"师生俩一人说好话，一人打圆场。我说："我们与你一样，都是外地人，身上没带那么多钱，我们还有 4 个人在山上呢，再加 100 元好不好？"他想了一下，不吭气了。既然加了钱，两个脚架就应归他背，汪振宝说："我们已经帮你从山上拿到江边了，现在拿不动了，你都背上吧。"波瓦毫无退路，只得往前走，师徒跟着。我自幼打柴，走山路很正常，这时仿佛回到过去，背着沉重的柴火一步步爬坡。太阳当头，路边全是小灌木，没有阴凉处可躲。汪振宝图方便没带水，以为到江边就有水。我便把自己那壶水给他喝。

身负重物的人最希望目标就在眼前。波瓦走一程问一句吊桥有多远。我指着前方说：过了这个山嘴是个更高的山嘴，然后平缓下坡就是吊桥。有经验者知道，高海拔地区要沉住气，咬牙硬挺，切莫慌张，不然心跳加快，特别耗氧。汪振宝掉队了，在山下大喊。我回答他："别叫，赶快跟上来！"他还是叫个不停，我干脆不理他，留着力气爬山。"救命啊"的叫声突然传来，当时 1 点半光景，野兽不会出来，我得先走，过了吊桥再来接他。波瓦怀着受骗之感，径直往前走。他的心情坏透了。在他歇脚时我超上来，听到一声痛骂，似乎要把我们捏成灰。然而，300 元不是个小数目呀，现在难过，拿到钱时，那种美滋滋的感觉就不一样了。再说雇主与佣工同甘共苦，我们不也在流汗吗？

2 点 10 分，我们终于爬上那个山嘴，面前是贴着陡峭岩壁缓缓下行的羊肠小路。江风吹来，我打了个寒战，一路土质松散，得站稳脚跟啊。2006 年骑马走过此路时，马偏着头，努力往里倾斜身子，不敢向外看。当时 4 月，寸草不生，下面无一遮挡，只见江水汹涌。现在灌木长起，挡住下方的险景。走了一段，来到滑坡地段，小路若隐若现。我跟着波瓦走，遥见远处横在江面的吊桥，感觉浑身都是力气，只管走，不敢多歇，因为越休息就越想休息。走到阿尼吊桥左岸桥墩，将旋转仪放在桥墩下，波瓦过桥去找水，我在桥墩阴凉处歇口气，抬腕看表 3 点多钟，走了 6 小时。我们背着行李走过吊桥，两边铁索随着脚步摇摇摆摆。波瓦在右岸一块斜坡处掬水喝。我拿军用水壶在泉水冒出处接满水。两人吃了饼干，休息片刻，他开口要钱。我请他写了收据，给他 300 元，并请他带着这壶水，在回程途中交给汪振宝。

三、第三次走过阿尼吊桥

第一次过江是我和徐召月测量吊桥,第二次过江是两人从敏都到山岩。这是第三次,从山岩到敏都。我随波瓦走过吊桥,目送他上山循原路走远,然后自己来回搬运物件,把东西集中到右岸桥头,接着坐下,看着对岸山路,只要出现汪振宝的身影,我就过江去接应。金沙江水在脚下滚滚而过,4点光景,山梁上出现了他摇晃的影子。他看见我上山来,干脆卸下背包。

现在,我们来到右岸桥头,仰望水天一色,没有一个人影。汪振宝掏出手机,给陈新华拨去,还好有信号。电话那头问:"何教授,你在哪里?"得知师生俩在敏都乡阿尼吊桥边,他失声问道:"哎哟,你们跑去那里干吗?"进而得知两人走了6小时,来到西藏门口,连忙安慰:"敏都乡的书记、乡长正在县里开会,我让他们马上叫人接你们。"师徒俩彻底放松。5点,来了一位藏族男人。双方通过手语确认身份。他带来一根绳子,拦腰绑好仪器,背起来就走。他老婆随后赶来,接过我的行李。我背起两个脚架,让汪振宝空手。走入敏都乡的一个村庄,这对男女带路,来到熟人家,捧上毛桃,是本地种的,个头小,汁多味涩。敏都乡位于河谷,海拔低,气候好,桃、李、苹果皆有,只是品种不好。想到早上从色协龙箐沟下山,见到一片梅林,熟透的野梅挂满枝头,忍不住摘了几个吃,地上掉得一片金黄,可惜本地人不会收集起来做果脯。想着想着,酥油茶冲好了,我们大口喝下,能量一下子就补上来了。

歇毕又走,快到公路时汪振宝力气恢复,他抢过一个脚架背上肩,又走过一个村庄。碰到一位村姑,手拿树枝像是做仪式。这令汪振宝大为感慨,一路跋涉,凶险万般,突然进入寂静的村庄,每户院里有果树,人们笑脸相迎,让人顿时换了一种心情。

敏都乡人大主席扎西打开三楼一间16平方米的空房门,师徒俩在水泥地上铺垫好,安顿下来。

晚上两人打开旋转仪演练,准备天明到寺庙去测量,辅助画图。要是去不了寺庙,就测量人体,我们已在盖玉和山岩收集到88个活体样本,至少要测量100个人。睡了一觉,翌日周身疼痛,汪振宝痛得爬不起来。

早晨,我泡了红糖水,吃了饼干,就去洗衣服,见汪振宝不肯起床,顺便把他的衣服也洗了。敏都乡有两处工程,分别由内地的两个工程队承揽。一个工程队已完成工作,留了一人等待验收,那人单独吃饭。另一个工程队正在建露天操场,共5人,四男一女,自己开伙,厨工早晨起来做饭，中午一起参加干活；11 点提前回来做饭，12 点开饭，真材实料。我想跟他们搭伙。厨工心里不情愿，嘴里推说他做不了主，让我去问包工头。此人正在屋顶扎钢筋，我请他下来，问："我们昨晚过来，在此待几天，跟民工一起吃饭行不？"他说："你们吃得惯吗？"我说："吃得惯，我们没有地方煮饭，去食堂左师傅那里吃又吃不起。"后面的话其实是问他搭伙要给多少钱，因为老左那里是 20 元吃一餐。这人倒很直率，说："中午就跟我们一块吃。你们两人每天 10 元，早上要吃面条再加钱。"我称谢，回去跟厨工说工头答应了，你多煮点米。厨工瞪我一眼，表示不相信。我说："你问工头嘛，快把我们的米煮下，我现在上楼了！"

民工从县城买蔬菜、腌肉，到江边钓鱼煮汤，每天晚饭要饮酒、炒花生米，吃完碗筷一扔。我们师生俩准备收碗，厨工说："放下，莫动。"真好，连碗都不让洗！出外做调查，只需记住四字"坚定、灵活"。学生跟我那么紧，不知是否有所体会。

吃完中饭，与刚调来的罗布相见。他率真开朗，看了介绍信，就去找测量对象。大楼旁边是荞麦地，妇女在劳作。有人掐荞麦尖，这种嫩尖掐下晒干可以做菜；有人挖坑，挖出土来背走。我叫汪拿工具下楼。他忍着脚痛干起来，原来 5 个人掌握的项目现在 2 个人承担——量血压、测身高、系腰围等，那天下午测了五六个人。罗布说："原来这些尺寸有用，明天我再多叫几个老乡来。"

藏族人普遍信仰藏传佛教，经常看到寺庙在积聚人气、僧侣在满足世俗与神灵需要时各尽本分。然而，调研宗教问题非常敏感，所以，我们在西藏很少调查宗教，如果允许调查，也只是采取短暂参与、迅速告退的方式，在三岩便是如此。

曹溪与更庆是敏都乡境内的两座寺庙。曹溪年代早，更庆是新寺。"更庆"藏语意为"乌有"。早年人们意识到寺名不吉而放弃建寺。白玉县亚青寺有四五个活佛，阿宗白洛为其一，他于 1972 年出生在敏都乡。因活佛之间关系紧张，阿宗白洛决意离开亚青寺，返乡后，他认定更庆寺地形开阔，适合发展，决心重整旗鼓。靠着宗教政策的落实和他在亚青寺学到的经验、认识的人脉，筹措到许多钱财，于 1993 年修建小经堂、僧人宿舍及活佛全家的豪华住所，1997 年建成大经堂、菩提八塔、僧尼闭关房与僧房，还建了食堂、医务室、敬老院及商店。全寺经济为白洛家族掌管，近亲给他理财，车队在各地搞运输。寺庙频频扩张地界，侵占了附近牧场，弄得乡县两级政府很是头痛。

四、风尘仆仆赶往盐井村

我离开更庆寺两三天，覃仁花与车晓东就来了。他们从山岩乡雇了两匹马、一位马夫，共1 500元，一匹驮行李，一匹换乘。正赶上更庆寺开法会，覃、车两人拍摄纪录片，见到了那几位汉族喇嘛，他们已不像当初那么热情了。汉族尼姑央宗卓玛借了口锑锅给汪振宝，跟他说："你别问我是谁，我见你可怜，借给你煮面条。"可想而知，更庆寺的调查环境极为敏感，在特殊的环境下，人心隔肚皮，所以点滴帮助分外宝贵。

却说那天下午6点半，白洛活佛回到更庆寺。汪振宝与大管家来到他的房间。白洛活佛只顾处理私事不搭理他。汪振宝拿出十二万分勇气坐在行李旁边等候，直到晚上10点。他太老实，书生气十足，田野调查不能这样，如果等1小时还没动静，就要坐到白洛活佛身边，或者叫大管家安排住处，明天再来谈。出来工作，要理直气壮。他等到白洛活佛办完事，才把介绍信递过去。白洛活佛第一反应是抓起电话打到县政协："你们是否委派中山大学的研究生来寺庙调查？"县政协说："等我们了解清楚再说。"当县里告诉他"没有"，白洛活佛才放心，就让汪振宝住下，用两三天来接待他。央宗卓玛教白洛活佛侄子汉语，前来做翻译，白洛活佛给汪振宝介绍了很多情况。法会开完之后，汪振宝一行就撤退了。

汪、覃、车三人回到敏都乡，顾书记让他们住招待所，床位费在10～15元之间。他们说没钱，争取到一间办公室，又打地铺。县里派人去验收乡卫生所，覃、车没搭上顺风车，隔了一天，乡政府有车上去，他们回到县城。跑了一些部门，住了两宿，陈新华专门请他俩吃饭。恰好一辆运菜货车空车返蓉，两人给司机一些钱，坐回成都。

汪振宝继续待在敏都乡，整日跟随书记、乡长到处跑，了解到很多情况，还去了曹溪寺。县里来人检查工作，他跟着走。村里举行宗教仪式，由在家修行者（男称"扎巴"，女称"觉膜"）主导，他也参加。9月下旬，他回县城，辗转成都，9月27日抵穗。他们三人的费用全是我从申请到的项目经费中划拨的。

覃、车离开山岩后，乌、丘把食品搬过去与乡干部一起开伙，坚持了两周撤离。修缮小学的工作结束，工程队叫来卡车，他们与民工同车到盖玉。丘去沙马乡调查树葬，之后到县城，待了几天，仍住广播电视局招待所。我给二人留下3 000元，本应调查到9月下旬，他们却在8月下旬回到各自家乡。河川帮乌找车回成都，节省了车费，司机还招待他吃饭。他们两人都没有达到预期的目的。

那天早晨，吉普车开出敏都乡大院，走了 7 公里，在更庆寺下方遇到路障，大家下车清理。我主动问："我去寺庙借把铁锹？"大家拒绝了，怕去寺庙惹麻烦。如果不拒绝，我想看看汪振宝过得怎么样。

我本以为 9 点出发，照这个速度，下午两三点到达县城，有时间见陈新华。可是，我又想错了。

车爬到雄松山顶，看见悬崖下面有三辆汽车的残骸。2006 年 8 月，徐召月带丘忆山做第二阶段的旅游调查，徐给我发邮件称："在我俩 5 月与敏都小学教师的合影照中，有几位年轻人死于这次车祸。"好像说："老师，路途凶险，别让我们赴死了！"我除了叮嘱他要小心谨慎之外，也提醒他少想有心理阴影的事。再说坐吉普车比坐货车安全得多。这条路一个月间连出两次车祸，其他老师卷铺盖走了。县政府责成公路局重修一条路，那是在去往木协乡的路上，绕过这座山到雄松去，须绕行 10 公里。即便有新路，司机还是愿意走旧路省油。

我们来到阿尼牧场岔路口，一辆丰田吉普车驶过，是县工商银行的车，两车司机互打招呼后各自开走。对面车驶入木协乡的公路，车上还有行长、他家的保姆与天津承包人。本车司机是顾书记的小舅子，他换挡时出了问题，"砰"的一声，车坏了，修了半天。对面驶来一辆小车，车主停车帮忙修理，修了 1 小时，未好，悻悻走了。只好打电话求援，到县城有几小时的路程。

同车的乡人大主席曾经当过司机，万般无奈之下，他挽起袖子用土办法尝试。他诊断引擎进了空气抽不出油，于是设法抽出油，排出空气，再封好管子发动汽车。车能开了。不久，丰田车从木协乡返回时追了上来。我们的车停下让路，一熄火又无法启动。丰田车没开远，倒回来拖拽。迎面开来一辆三菱吉普车，车牌显示为昌都公安局，车内一名司机、一名乘客。三辆车停下来。三菱司机 50 来岁，车门一开，马上下来，弄清情况后，转身就从车上拿下小扳手，立刻打开引擎盖，折腾了半个多钟头，又能启动了。

下午 6 点到了阿旺乡，5 人到面馆打尖。敏都乡人大主席买单。我了解到阿旺有条路可到芒康，租车费较贵，还是要从昌都绕过去。谁知这车走了 1 小时，刚爬上坡，又坏了。眼看要到县城，只有十几公里下坡路了。太阳落山，起风了，气温骤降。

县工商银行在沙东乡有个储蓄所，服务台要装防弹玻璃。天津包工头坐丰田车去现场查看，不想夜宿沙东，看毕连忙赶回，又遇到我车抛锚，再次拖拽，拖到坡顶，让吉普车惯性下滑，丰田车尾随其后。全体人员使劲一推，立刻各自跳上各自的汽车。我们的车子开始滑行，越滑越快，滑行 20 分钟后到了坡底的汽修厂门口。

司机与一位乡干部帮我把东西提到县政府招待所就走了。我住一间四人房，还有三张空床。掀起被子见到一条寄生虫在蠕动，我倒吸一口凉气，要了一床被套与一床垫单更换。之后赶到客运站，票已售罄，守门人告知这趟车肯定有空位，即使没有余座，也有私人的微型车，几人拼一辆，每人均摊的钱与买客车票差不多。我心里有底了，就联系上盐井村村主任，得知高微茗与吴成立住在村公所，准备过几天回穗。我说，如果你们要走我就不来了。他们说还要待 10 天。我说："我明天下午到昌都，后天到芒康，大后天赶到盐井。"

次日早去到车站，客车没有座位。这时有人拉客，一辆私人皮卡要去昌都，每位乘客 100 元，马上就走，拉了五个人，后排三人，前排两人。天津包工头坐在前排，由于昨天抛锚时我们认识了，现在他热情地聊开了，说昨晚他们的车跟在吉普车后面，看着尾灯，幸好没有救急。他们的丰田车到了县城，行长请吃饭，然后去唱歌，今天他回昌都，那里有个办事处。

天津人与乘客换位，跟我并肩坐后排。他拿出几罐红牛饮料与我对喝。中午吃饭也是他买单，司机一起吃。司机家在昌都前面的村庄。他怕有人查车罚款，所以在距昌都十几公里处召了一辆的士，送走三位藏族乘客。车上只剩我与天津人。司机叮嘱我们，如果碰到稽查，就说自己是货主。到了昌都车站，我入住粮食局招待所。晚上去拜访土呷。次日登上去芒康的长途车。透过车窗可以看到玉曲河的上游，碧土是它的下游。

下午 1 点到达左贡县城，车停在城北一家饭店门口，我进去要了点开水，解开干粮袋，填饱了肚子。回想前几年就是在此认识廖雷达。我想去县政府找王斌，经询问，各部门两点半上班，且王斌已不在民政局，调到卫生局任局长。又想去城南找泽仁彭措，时间不够。我想留住这些社会关系，以后再来调查，只可惜天不遂人愿。随着司机的招呼，乘客匆匆上车，当晚 7 点半，到达芒康县城嘎托镇。

车站靠近城北三岔路口，站内有停车场与招待所。这时已无 10 元床位的客房。我正在犹豫，一位拉客的中年妇女对我说："看你的模样是个教师，我的旅店恰好住着一位刚毕业的大学生，两人房还空着一个床位。"她许诺优惠，让我跟她走，走上左贡方向的公路 100 米，进了一栋大楼。住下，洗完澡，我用饭盒在电炉上煮方便面，吃毕到县法院找旺堆与白玛央宗，将带来的几件衣服送与他们。

翌日早去车站买票，排队拥挤，一位矮小的女子被挤出了队列。我不禁心生同情，与她搭了两句话，知其来自广东，三人结伴而行，要去盐井。我说不如在车站外面碰下运气，看有无私营车。站外果然停着一辆客车，司机说8点半开，还有40分钟。我们赶紧回各自旅店结账。我请老板帮提一件行李，送上客车。那三人也很快来了。

嘎托镇不大，客车开到镇中心，我见到有小贩卖馒头。2005年3月初，我在宗西乡调查被狗咬，撤退在此养伤，每天早晨买几个馒头就着榨菜对付。我请司机停车，下去买了四个馒头。出了城南，公路在翻新，挖得稀烂，客车开得奇慢。芒康到盐井150公里，走了7个多小时。快到盐井时，司机停车收钱。早晨出发时，我打电话给吴成立，说大约下午3点到达，在车上又借别人的电话告知推迟1小时到达。其实5点才到。他把我接到村公所，然后烧水让我洗澡。这是我进藏后第一次洗澡。其实只是简单冲一冲，擦一擦。为了欢迎导师，他向村民买了一只鸡。吴成立做饭做菜，村主任和他的两个小孙子也一起吃。村公所是两层楼，有会议室，也有卧房。我自己住一间。

我见高、吴两人已经捆好行李，就要动身返回，遂请他们汇报情况，得知两人收获甚少，无聊之余，曾邀请同业人士陈波到村公所居住。我建议吴成立先走，他是军人，不能请假太长，同时他是新生，9月份开学有个报到的问题；高微著上次与人结伴而来，待了10天，这次为写论文而来，要多调查一些材料。当问及选题时，吴说想写教育。我说，盐井的特色是天主教、制盐与教育，盐井的教育很发达，历史上给西藏培养了不少人才，当地读书当干部的人较多，但就整个文化体系而言，教育作为课题要比天主教与制盐逊色得多。我建议高写天主教，吴研究制盐。

高微著了解到天主教徒的一些事情，但叙述要点不集中，分析不够专业，我带她测量。走廊、柱子、大门各个尺寸全都要量；教堂里面的座位数量，按排数数出来；后院园子的尺寸，花的种类，饲养的动物（狗、猪、鸡）、植物种类（葡萄、果树），菜地面积，停车坪面积……讲天主教堂，放几幅照片远远不行，还要有细部的建构，包括数据的精确描述，还要用素描图细腻地重现照片。图画水平因人而异，肯动脑筋则勤能补拙，比如找张半透明的拷贝纸，蒙在照片上勾勒线条，再扫描进电脑，在软件上加工，形成电子文档。

上次我帮高申请课题，有位藏族女生参加，她在下盐井村有亲戚，故高住进了下盐井村。这次吴、高相约在昆明碰头，同车到盐井，拿着介绍信到纳西民族乡政府，巧遇汉族书记，他请上盐井村村主任腾出村公所两间房，又派车将他们送进村。吴陪高调查，自己也熟悉情况，画了标准的上盐井村布局图。因此，高在上下盐井都住过，熟悉情况。她也带动了吴成立，两人结伴有益于调查。

翌日，天下小雨，上午测量完，吃过午饭，三人走小路到下盐井村。上下盐井村隔着一条山沟，彼此看得见。我把自己认识的社会关系介绍给两人，如陈必贵一家、黎向奎一家，又如盐井中学校长嘎罗、退休干部珠扎等。

傍晚，师生散步到村口，见停着一辆客车，车顶行李架上大包小包鼓鼓囊囊的。经过了解，车从昌都来，要到中甸去，下午开出盐井，未及隔界河就遇到塌方，征得全体旅客意见，退回下盐井，住一宿再走。司机是上盐井村人，副司机是迪庆藏族人，两人估计铲土机明天会来清路，就把车开回上盐井。司机同意带我到香格里拉。

我明天就要离开，不想影响学生的情绪，就给他们交代一条时间底线："吴成立再待5天就回来报到，高微茗再待10天。"吴成立见我行李多，主动要求留下两件，帮我带回来。

早晨8点半，师生三人同车到下盐井，高、吴下车进村找人，其他乘客上车后，汽车启动。到了昨天塌方处，司乘人员见土石并未清理，就动员全体乘客搬运石头，填成平缓的路面，客车开过去，乘客再上车。走了七八公里，又是个大塌方，乘客上阵重演刚才的搬运，中午过隔界河。不料前方又一处大塌方，泥石流封住路面。司机电告道班，要求派出装载机，估计3个小时才能来。看着滚滚的澜沧江水，前不着村后不着店，乘客挥舞铁锹，轮番上阵，每个人身上都沾满泥浆。经过不懈努力，两辆越野车先行开过，客车却爬不上去。待装载机开来，把土石推到江里，很快清出路面。当晚8时到达德钦，凌晨3时到迪庆。

外面漆黑，冷雨凄风，司机允许乘客在车上等待天明。我打开睡袋躺在座椅上，将近7点离开，去到香格里拉车站。早上客车班次多，当晚10点到达昆明。休息两天，坐火车硬座回到广州。我背着包，提着仪器，挤公交，一身汗。没有买硬卧，也没有打的，心想在西藏那么艰苦都挺过来了，回到内地可不能娇弱。车到单位，我从校门一步步挪回家。

这是一次大动作，向两个偏僻的高山峡谷派遣七位研究生，除了一位拍摄影视片，其余六位都是确定选题、做认真、扎实、持久的调研，其中五人所去的地方有"野番之地"的史称，我不亲自带队、同甘共苦、物质支持、思想激励、督导结合，肯定是不行的。我这次组织人员多，内外环境复杂，跑的点多面广，大事小事颇为操心。把全体学生安全带出去，最后他们又安全地回到了学校。

五、志从高远脚踏实地

一个多月里，我由金沙江峡谷进藏，又从澜沧江峡谷出藏，帮助学生分析文献、寻找材料、提炼主题、树立目标、培养兴趣。根据整体布局的要求在两江峡谷投放力量，后来产生的系列论文表明这样做的正确性，防止了孤证研究，并拉近教与学的距离。理论联系实际的方式并非每个导师都能做到，有些人没去过实地同样指导学生论文，我的学生的田野调查点我基本上都去过，所以能够提出较为中肯的指导意见，从材料的丰厚度、观感的全面性来考察学生的能力，同时兼顾到我自己的研究，达到效益最大化。下面深入谈几点考虑：

（1）坚持田野调查就坚持了实证研究，体现了求实学风的再生产。民国学者到欧美学习民族学，陆续把西方的理论方法介绍进来，运用于少数民族和汉族的研究，在解决中国边疆、海疆社会问题中偶有所得[1]。中华人民共和国成立不久，又提出学习苏联老大哥、批判地学习和吸收西方理论的任务，从黄淑娉追溯到林耀华，我在三级师承关系中立于底层。黄先生经过 40 多年的跋涉与探索，写成专著[2]，我带学生进藏调查，就是在传承优良传统。

（2）调查是要计成本的，材料不会自动地跑到笔记本上，历经周折去到贫瘠地区，无功而返便是损失，要是人员受伤损失就更大了，把时间、精力转化为资料、感受才有意义。因此计划要实用，贯彻不走样，我们带了照相机，但无录音设备，访谈时采用了一些速记符号，每天晚上整理当天的笔记，有记漏的地方马上弥补。提问要有准备，环环相扣，不能冷场，重要的信息要多问几个人，互相印证。一场访谈下来，如果一页纸都没记满，就是不认真。

---

① 林耀华的《义序的宗族研究》《金翼：一个中国家族的史记》《凉山夷家》和《凉山彝家的巨变》便是如此。

② 黄淑娉、龚佩华：《文化人类学理论方法研究》，广州：广东高等教育出版社，1996 年第 1版、1998 年第 2 版、2004 年第 3 版、2013 年第 4 版。

（3）学生期盼导师接地气的点拨，能感受到这些点拨是真知灼见还是空泛之谈。导师的学养不仅在于奉献，对于不谙思考、喜欢借脑、到处请教的学生另有办法。总之宽猛相济，师傅领进门，修行靠个人，有时事实比说教还管用，学生吃了亏才会幡然醒悟。好文章没有不厚积而薄发的，深度的阐发来自田野灵感，一篇学位论文乃一部民族志，是主客体碰撞、直抒胸臆的结果。后记往往可以看出功夫，选题时的困惑、定题后的喜悦和一路披荆斩棘可以一笔带过，他人的鼓励和帮助绝不能不提，事实上也有人只字不提，把功劳全归于自己，对此导师只能叹息一声罢了，毕竟人生的路还很长，导师只负责送学生一程而已。

（4）教师要提高理论水平。在实践中，有些东西感觉到不能立刻理解，有些东西理解了就能深刻地感受。联想到我上专业课，对起誓、誓约、誓盟等没有切身体验，讲起课来如同嚼蜡，学生如堕五里雾中。这次经过民族间的误解，进帐篷发誓，身临其境，梳拢前因后果，从田野文本中窥视人性，对发誓有了实感，弥补了以前的不足，通过举一反三，可理解古今中外同类现象。无论公共领域还是私人场合，解决争端皆有传统文化的一席之地，集体心理底层永远留有神明的位置，因此，怎么看待田野调查的得失体现了调查员的水平高低。

（5）外界认识三岩始于宣统二年（1910），时新军攻克雄松，赵尔丰设武成县治①。民国二十二年（1933），康藏签订《岗托协定》，规划了三岩的区域界限。1951 年 5 月，标志西藏和平解放的"十七条协议"签订后，中国科学院旋即组织西藏工作队入藏进行自然科学和社会科学的调查。其中地质组 9 人，于是年 8 月至 1953 年 8 月，两年间在野外工作了 18 个月，李璞、朱上庆、魏春海考察了三岩的地质结构，报告了铁、铜、铅、石墨、滑石等矿产的分布②。1959 年春，三岩卷入西藏政治事件，1960 年 10 月中旬平息叛乱③。1986 年 7 月下旬，中美组队漂流长江，受挫于叶巴滩，随队记者报道了三岩神话传说。自 1990 年至 2002 年，有 3 篇文章和 1 本著作介

---

① 《清实录》"宣统朝政纪"、《清史稿》卷四百六十九·列传二百五十六，均载有赵尔丰及三岩的轶事。

② 中国科学院西藏工作队地质组：《西藏东部地质及矿产调查资料》，第 10、12、107－108、118、139、143－144 页，并提供了两帧照片（图版Ⅵ. 2 和图版Ⅶ. 1），北京：科学出版社，1959 年。

③ 马合坤：《中国人民解放军第 14 军简史》，《军事历史》1987 年第 2 期，第 19 页。

绍了三岩的血族等情况①。

以前未形成研究风气，有新闻报道、旅行杂记和单篇报告，系统的研究是我开启的。2006年，师生共同调查，完成内部交流资料《贡觉县民族旅游资源调查报告》。2007年，税晓洁、范河川、杨雅兰编写的《发现山岩父系部落》在中国青年出版社出版。2009年，南京工业大学汪永平教授组织调查三岩民居，发表数篇文章。

我们对三岩的社会结构与文化变迁作了整体的描述，揭示了三岩的族源、族体、丧葬、习惯法等。我们只挖了几锄头，值得研究的东西还很多，譬如，"百年间地方与国家的关系"是个倾向于历史人类学的题目，其中，"帕措头目与国家代理的领导艺术"这个分题尤其值得研究；又如，"三岩整体搬迁后的村落保护与利用"是个现实感很强的选题，反映了金沙江两岸随处可见的四位一体景观，帕措实行"聚族而居"原则，一个自然村乃一个帕措居地，但不尽然。过去常有械斗，动辄焚烧房屋，三岩建筑结实，梁枋不出头，至多40厘米，达到墙头防雨作用，雨水稀少也无须长檐。目前，南北20公里长的峡谷人去楼空，村庄自然损毁，保护民房不仅是留存旧物，而是要有人居住，使之具有活力，让山区环境复苏。

---

① 段清波：《西藏贡觉三岩之帕措》，《考古与文物》1990年第1期，第73－77页；扎呷、刘德锐：《西藏昌都四种传统社会组织调查》的第三部分"帕措、果巴"，《中国藏学》2001年第4期，第63－70页；马丽华：《走出三岩》，《中国西藏》（中文版）2002年第3期，第20－22页；范河川：《父系原始文化的活化石——山岩戈巴》，成都：四川大学出版社，2000年。

第十二章　怒俠兩江三地行

南迦巴瓦峰及其边缘的雅鲁藏布大峡谷是喜马拉雅山脉与横断山脉相切的地标。由此平行向东，以德钦县升平镇（阿墩子）为圆心，在半径150公里的川滇藏交界地带有个"三江并流"的地标，山序纵列，四山（哈巴、白马、梅里与碧罗）夹三江（金沙、澜沧、怒）。在靠近西地标的察隅县东，伯舒拉岭南延，沿着担当力卡山，接通高黎贡山，两山夹一江，形成独龙江峡谷。以上两个地标间是横断山脉的腹地。为了指导学位论文，自2004年秋起，我就开始涉足，从雅鲁藏布江到金沙江；2008年春，我的田野调查点又移到怒江与独龙江峡谷。

一、三个民族的体质测量

独龙江，原称"俅江"或"曲子江"，源于然莫日山，流至钦朗当，全长250公里。河源区海拔2 414米，沿途汇集细流合成两源，东源麻必洛，西源克劳洛。"洛"即独龙族语，"河"之义，两河在斯任相汇，交汇处海拔1 960米，始称独龙江，自此入两山（担当力卡与高黎贡山）峡谷，在钦朗当西折出境与南塔迈河汇合，水面海拔1 194米，始称"恩梅开"，"开"就是江。

独龙江与怒江双双从中国境内流出境外。境外，东濒缅北，西临藏南，为那加、阿帕塔尼、米瑞、夏尔巴等族群世居地。境内，西濒藏东南，分墨脱、察隅二县，东临滇西北，以贡山、德钦统之，世居民族有藏、纳西、傈僳、怒、独龙、珞巴。元朝以前，中原对上述区域鞭长莫及。明朝始设"三宣六慰"[①] 来改变这一状况，同时保留未勘地带以缓和边政冲突[②]，推行"以夷制夷"策略，如在怒、俅两江委任当地精英为保头，让傈僳族康普土司管俅江中游的税赋，让察瓦龙藏族土司管俅江上游的税赋，使中央、地方（土司、土著）互为羁绊。时俅江、恩梅开江与木里江（迈立开江上游）的土地与人民归孟养宣慰使司羁縻。经济上以物易物，输入盐、铁、枪等稀缺商品，输出土特产，保留家庭奴隶制，容许奴隶买卖。

这种相对独立的政治经济局面延续至清末。光绪三十四年（1908）七

---

① "三宣"是南甸宣抚司、干崖宣抚司和陇川平缅宣抚司。"六慰"是车里宣慰使司、缅甸宣慰使司、八百大甸宣慰使司、老挝宣慰使司、孟养宣慰使司和木邦宣慰使司。

② 如中缅边境北部，缅甸尖高山以北至西藏察隅南界的区域，含胡康河谷、野人山、高黎贡山、迈立开与恩梅开两条江纵向切出的江心坡及迈立开江西岸、恩梅开江东岸；中缅边境中南部，1941年签订了边界协议未来得及勘界的掸邦以东的两处争议地带［一是南坎，二是佤邦（在临沧市西盟县以西）］。

月，夏瑚奉命视察，率部下、背夫百余人到俅江、木王坝（今葡萄县，原坎底、江心坡），一路安抚百姓，宣扬政令。他任命俅江袁裕才为曲官，写下《怒俅边隘详情》[①] 一文，强调宣慰目的与政治改革十建议，如"设官、招垦、开矿、通商、练兵、兴学"等。

独龙江、恩梅开江流域，雨季长达 8 个多月，年降雨量达 4 500 毫米。两江沿岸的居民，我国称独龙族，目前 5 000 余人，其中，居于独龙江峡谷的 4 500 人，居于怒江峡谷的 500 余人，后者在扎恩与小茶腊。在中国识别为独龙族的群体，在缅甸共 4 万多人，称"都龙""恩侬"或"日旺"。支系不同，族称不同，境内外实为同一民族。1956 年，中国境内的独龙族由原始社会进入社会主义，政府组织修建了 65 公里长的驿道，沿普拉河谷西行，翻越高黎贡山，经西哨房、梅里王（米里旺）、孟当到巴坡。中缅勘界后，两边村民仍自由来往。1997 年夏，96 公里长的芒（孜）孔（当）公路通车，缅商雇车到贡山县城采购，运抵巴坡零售，公路上经常看见背夫负重出境（见图 12-1）。

图 12-1 从缅甸到独龙江采购物品的背夫

2007 年 9 月，两位博士研究生跟我学习。一位是邹运波，赣南客家人，体格魁梧；一位是丘忆山，湖北襄阳人，矮小瘦弱，均为"半路出家"，从史学转来。我经过仔细考虑，让邹研究独龙族的社会结构，让丘研究三岩

---

① 参见吴光范校注：《怒江地区历史上的九部地情书校注》第一篇，昆明：云南人民出版社，2014 年。

藏族的丧葬文化。邹的挑战大些，资料也多些。

尽管机遇与机会并存，然而不到半年，邹运波就找我商量，称打篮球弄伤脊椎，不能去遥远地方调查，还出具了医生证明，希望留在广东研究客家人。我建议他先别急，养好伤再说，不要轻言放弃。邹是个有责任心的男人，想到家人的期望，休学养伤的损耗，暗下决心：既然选择了专业，就得听从导师调遣，自古华山一条道，义无反顾走到底。

2008 年 4 月，我借赴滇授课之机，约邹一起去贡山，孩提时的伙伴刘木宝也跟随前往。凌晨夜班车停在六库检查站，武警检查证件，两名藏族姑娘被截下。当时对涉疆涉藏人员比较谨慎。车到福贡县客运站，换乘中巴，认识了车主刘海仙，车在临时检查站又被截停。原来拉萨发生"3·14"打砸抢烧暴力事件，滇西北一带是进出西藏的门户之一，乘客必须接受盘查。

我的大学同学木贞在云南省民宗委工作。他念及 4 年交情，让下属与州县两级对口部门联系。4 月 30 日，我们三人刚到茨开镇就被请到宾馆。翌日早，州县两级官员陪同前去棒当乡主持"乃仍节"（亦称"鲜花节"或"仙女节"）开幕式，中午去丙中洛，晚饭安排在丁大妈家的大院内。公路对面是白汉洛教堂，入夜有锅庄舞，次日上山观摩祭祀与竞技表演。邹运波一路了解独龙江的情况，做好充分准备。州民委官员悄悄跟我耳语：这位研究生主动性比较强。

回程途中，我们三人在怒江西岸的双拉村下车，由小茶腊组两位村民接到半山坡的木正华家，食宿按价给付。考察小茶腊组基于三点：一是此地为 50 多年前从独龙江搬出的十几户组建的村庄，历经两代人，可作为衬托独龙江乡的外部案例；二是 2000 年 2 月，云南大学派人到独龙江调查，因大雪封山无法进入，调整计划，到村里住了几十天，收集材料写成一本 285 页的民族志①，较为详细地描述了村中文化，8 年过去了，可把书中内容与现实作一个对比，为了解独龙族增添一个视角；三是当时冰雪未融化，进不去独龙江流域，不如先在此调查。

研究社会变迁需注意方向与动力。一般认为，动力源于"内推外拉"。"外拉"即国家目标的牵引，"内推"即人性的追求，当物质稀缺、制度不健全、精神空虚，一切陷入乌有状态时，就会有两种心态产生：一种是自暴自弃，一种是"穷则思变"。由于独龙族几百年来都处在物质上求温饱，难以满

---

① 参见高发元主编的"云南民族村寨调查"丛书中郑维川主编的《独龙族（贡山丙中洛乡小茶腊社）》分册，云南大学出版社 2001 年出版。

足，精神上信鬼神，难以自拔的境地，亟须外援。而不同的外部力量给予的援助亦不同。19 世纪末 20 世纪初，英美传教士送来基督教，对于"稀缺"有了新的诠释，清朝实行羁縻政策，让有地缘优势的其他民族来管制独龙族。

参加过 1956 年独龙族社会历史调查的学者指出，当时整条峡谷有 15 个父系氏族，以父系家庭公社（"其拉"或"吉可罗"）形式存在，家庭公社正处于解体阶段，新的组织形式农村公社已经出现。农村公社在土地公有共享（公有共耕、伙有共耕）的基础上产生了私有共耕。随着贫富分化，人们对劳动有了新的兴趣，原始协作（迪里哇）糅入雇工剥削的成分，每个村子里都有个别富户收养子、雇童工（学朗），其实是家庭奴隶制的萌芽。[1] 不过峡谷内部生产力低下，社会总体上还是平等的。在元明清三代，独龙族的族称"撬"或"俅"出现在官方文献中，说明当周边出现国家，外来压迫便延伸进来，文面是对社会与心灵双重压力的抗争。为了抵御外族抢亲，防止鬼神邪气夺走年轻女性，独龙族出现一种思想观念：把女孩的美丽脸庞弄丑陋，以抵御双重压迫，文了面的女性既不会被抢劫，鬼神也不会找上门来。文的部位与面积反映了压迫的力度。孔当村处在分界点，由此上溯，沿江一带的妇女多文面；由此下行，沿江一带的妇女多文颔，表明察瓦龙藏族土司的压迫强于康普傈僳族土司。过去文面的主要是百越民族的后裔，如傣、黎等。史书称黎族文面为"雕题"，我曾去过海南岛尖峰岭调研，见到文颊、文项或文颈，文者均为七旬以上的妇女，她们还是少女时就接受了文面。当双重压迫消失后，文面作为一种审美意识还会存在，黎族妇女所文面积较大，独龙族妇女所文面积较小，这不代表海南岛腹地的外压与内压大于独龙江峡谷。

回到县城，我带邹跑方志办公室查资料，介绍他认识向导，结交社会关系，这时照例要打感情牌，我买好礼物（通常是吃的），有几个访谈对象就要买几份。这就是传、帮、带的内容。因茨开镇与独龙江之间的黑普隧道积雪未消，暂时进不了，遂留足经费，让邹返回小茶腊村继续调查，待到 5 月底先入独龙江峡谷，我们到 8 月前来与他相会。我与刘木宝搭上刘海仙的中巴离开。抛下邹实在是迫不得已，若不是大雪封山，定会奉陪到底。现在只能如此。回穗后我经常打电话鼓励邹，让其调整心态，坚持下去。回顾与这位学生交往的历程，四年间，光是电子邮件，我就写了 1 000 封左右。所以，培养一个人，老师的付出是很大的。

---

① 刘达成：《独龙族》，北京：民族出版社，1998 年，第 25、28、29、32、33 页。

是年暑假实习，我率 11 位本科生来到滇池西岸高峣村，约定两位新生文思涌与韦明乐随后赶来。实习 31 天①，送走本科生，与文、韦带着测量仪，提着测量用的小板凳，从高峣到昆明，经过车家壁我顺路看望父母，去承托第一章所叙的原始动力。师生三人乘夜班车西行，翌日早，在永胜转车到六库。过了怒江大桥，联系上刘海仙，住进客运站旁边的酒店，盥洗沐浴后，上街买了两件白大褂，穿上身去搞体质测量，显得更职业化。

三人只开了一个标间，搬下床垫打地铺，美美地睡了一宿。文、韦一迭声地说从导师身上学到勤俭节约的诀窍。早上搭上刘海仙的中巴车，在怒江大桥旁合影留念，然后向贡山急驶。邹运波已从独龙江出来，在茨开镇开了一间大板房，内有 5 张床铺，每晚 40 元。邹误以为导师把他"流放"到边陲，两个月间吃了不少苦，有些憋气。我本想找他聊聊，后一转念，还是不点破为好，"严师出高徒，慈母多败儿"，不经过严格的训练，哪能获得民族学的真知呢？为了对学生负责，哪怕得罪他也要为之。

贡山为县级独龙族怒族自治地方。独龙族旧称"曲子""俅人"，怒族旧称"怒子"。以前，中外学者皆认为两族相似点颇多。2000 年，国内学者用数据证明两族的体质相似。② 我想把体质测量从俅怒两族扩大到傈僳族，先测县东北部的怒族，然后测县西部的独龙族，如有可能，再测量县东南部的傈僳族，了解怒、独龙、傈僳三族在族体上的关系，然后撰文投稿。吸收邹、文、韦三人参加，可为他们的学位论文选题做准备。师生四人趁休整的两天，在大板房重温书本知识，练习测量技术。

贡山县民宗委派车送我们到秋那桶，三人住一户民宿，白天测量，晚上总结，还参加了两次村庄集体活动，一次是葬礼，一次是教会礼拜。测完 60 个人，我们便向 4 公里外的雾里村转移。到了怒江左岸的朝红桥，岔入一条长 500 米、宽 1.5 米的窄路。这条路从悬崖上凿出，最窄处不到 1 米，横截面像老虎嘴。据说 1952 年民族识别，有位田野调查员在此掉下怒江，被旋涡吸走。几百年来，溜索与猪槽船（一种独木舟）是两岸凭渡的工具。1965 年一座铁索吊桥建起，桥面铺木板，称"朝红桥"，2004 年，在吊桥旁边建起一座斜拉索桥。过了老虎嘴，穿过一片平地就是雾里村。师生待了 1 天，测了 25 位村民。还剩 30 多人就要完成任务了。又走回老虎

① 实习过程参见何国强主编：《滇池草海西岸八村调查报告（下）·后记》，北京：知识产权出版社，2011 年，第 856－864 页。

② 李辉、潘方芳、张敏华等：《滇西北 8 个民族群体面貌特征观察的聚类分析》，《复旦学报（自然科学版）》2001 年第 5 期，第 575－576 页。

嘴，在朝红桥搭上中巴车向 13 公里外的双拉村赶去。

下车后，文、韦在原地等待，我与邹过吊桥，到怒江对岸找到双拉村村主任，原路返回。两人分头买米买菜，村主任则去叫人，我们在小学食堂借火煮饭。饭后见到 20 多位村民，赶紧在会议厅布置测量场地，测完点数，达到 123 人，超过 3 人。当晚每人拼起 4 张桌子作床，甜甜地睡了一夜，翌日早在路边等中巴回县城。

怒族的体质测量完成了，8 月 16 日，我们动身去独龙江。邹联系到一辆两吨轻卡，4 人 1 000 元。早餐后上路。在黑娃底检查站前面，我腹泻。邹赶紧拿出一种特效药，服下几粒后止住。这充分体现了师生间的互助友谊。高黎贡山起伏，局部气候变化明显，方才阳光灿烂，现在天气骤变。轻卡陷进泥泞不能自拔，师生帮忙卸货，待司机开出空车，又把放在路边的货装上车。春季少雨时，4 小时可走完单程，现在要走七八个小时。下午 2 点，轻卡走了大半程，来到海拔 3 200 米的山坡，黑黢黢的洞口赫然现于眼前，那是黑普隧道。这时阴雨连绵，寒气逼人。弟子开伞照相，以示留念。

这条隧道长约 500 米，呈东西走向，过了隧道，见到西麓植被呈别种景观，与东麓截然不同，浓雾弥漫，流水潺潺。听说每年 10 月末至次年 5 月，道口两端 20 公里的路面冰雪覆盖。2014 年，老公路改建，在黑普隧道附近，海拔 3 000 米的雪线以下凿通了一条长 6.68 公里、宽 7 米、高 4.5 米的新隧道，绕过冬季的冰封雪原，整条公路缩短 17 公里。

深夜抵达乡政府驻地孔当，敲开乡长家开的旅店，我们一行分住两间。翌日上午，乡长派车送我们到 20 公里外的巴坡，乃独龙江左岸的一块台地，乡政府原驻地，现为行政村。师生 4 人在巴坡村委会住定，到下游的罗王夺测量了几十名青壮年，然后移师孟当、梅立门等大小村庄测量。

独龙江的高山流水、葳蕤草木展示了自然的生机，峡谷耕地狭小、生活资料匮乏，但情况一直朝着好的方面变化——基础设施在营建，生产资料在配置，社会结构在调整。2002 年，高黎贡山自然保护区成立，要求村民放弃传统生计，上缴枪支、猎具，政府在帮助群众渡过困难期方面做了许多工作，如敦促退耕还林、组织劳力外出、分发救济粮、鼓励种植经济作物（花椒、茶叶、漆树、草果、重楼等）、开展家庭养殖（蜜蜂、藏猪、大额牛等），同时引导办农家乐，搞家庭旅店，改善教育、医疗、交通设施。然而，独龙江仍是物资稀缺的区域，师生两次买鸡改善生活，每只都要百元以上，比贡山县城贵一半。

邹运波独自进入独龙江时，与我通了电话，接受了"多点"方式的启发，在上游、中游和下游各选了一个村庄为田野作业点。它们是龙元、巴坡与罗王夺。两个月间，他边收集资料，边观察分析，形成一些表象认识，开始撰文投稿，逐步找到研究的感觉。① 鉴于研究有难度，我在写作构思、材料铺垫与解释框架上尽量指点，鼓励他用雅各布·布莱克－弥乔德的"稀缺"概念盘活材料②。稀缺有整体与局部之分。整体稀缺指凡是与生活息息相关的一切——无论是物质的、制度的还是精神的——完全不够，不仅数量不够，质量也不行。与此对应的是局部稀缺。他自己在看书时从英文文献中撷取了"小民族"（Small Ethnic Group）这个概念。当时国内也有一些人在使用这个概念。③ 把这两个概念运用于独龙族社会恰如其分：独龙江是个整体稀缺的社会；独龙族在我国是个人口较少的民族，但在缅甸则不是。在此条件下，人类生存的原始冲动怎么释放？

在实践中学理论，学用结合，往往效果更显著。邹从现象中聚类，拈出表象来丰富"小民族"的内涵。借用文化人类学上的新进化论术语，独龙族是从平等社会过渡到社会主义的，我告诉他，理解社会变迁，首先应抓住"分层"的概念，例如，"退耕还林"政策改变旧的所有制与分配额度，继而，某些地方干部通过政府授权，掌握了经济资源，拉开贫富差距，他们在传递国家意志的活动（分配救灾物资、推广新技术等）中利用传统符号（披毯、竹编、铓锣、卡雀哇节）凸显自己的身份，同时也给地方争取资源。学校教育在社会分层中起到重大作用，体现了上层建筑反作用于经济基础的原理，比如随着干部"四化"，一批新人占据基层政权与县级政权部门，巩固自己与家族的地位。之前我用"稀缺"思想指导乌近亲撰写论文，之后又用来串联三岩的资料，均收到良好的效果。

那天去罗王夺村测量活体。夜里下过雨，清早雾气缭绕，叶子上的水珠被膝盖撞落，浸湿了裤子。趴在草秆上的旱蚂蟥，人畜一过，凭着热感应，"嗖"地弹过去，悄然无声地贴上皮肤，吸血前分泌溶血素，延缓伤口血液的凝结，同时起麻醉作用，人畜都被咬得血迹斑斑。邹运波早两个月就尝到滋味。在他不断提醒下，我们每隔几分钟掀起裤脚、翻开袜子看一下，将吸附在皮肤上的蚂蟥扯开扔掉。

---

① 参见《小民族的生计模式变迁与文化适应——人类学视野中的独龙族社会结构变迁分析》，《阿坝师范高等专科学校学报》2009 年第 2 期，第 46－49 页。

② Jacob Black-Michaud, *Cohesive Force*: *Feud in the Mediterranean and the Middle East*, New York: St. Martin's Press, 1975, pp. 121－178.

③ 例如，何群：《环境与小民族生存——鄂伦春文化的变迁》，北京：社会科学文献出版社，2006 年。

独龙族与阿龙怒族具有一定的同源性，都带有蒙古人种西南群体的体质特征，如中头型稍圆、前面观中而宽、面窄长、眼裂中等偏窄、眼间距大、鼻狭长、薄唇、无蒙古褶居多、下巴短、面窄长（三角脸）。独龙族比阿龙怒族矮小，并具有蒙古人种以外的标志，如男性的眉骨突出、体毛甚浓，女性的毛发不纯粹是黑色。师生所测的 60 名女性中，有 2 名的头发呈棕色；60 名男性中，有 3 名的头发呈波纹状。

每到一村，我们就摆开摊子，各就各位，每人按 36 个标准测量，师生 4 人每人负责 9 个，做了 6 天，到梅立门村测量了最后一批人。上午 12 点完成任务，收拾工具，三人依依不舍地向邹运波挥手告别。走了很远，拐弯时还看见他站在路旁。

我完全是"自导自演"：自己策划了这项研究，自己向有关部门申请立项，自己组织力量，用心去完成研究。师生集体采集数据，邹运波执笔，撰写前我与他互动，成稿后投给一家学刊①，主编读后马上答应给予最高稿酬。文章发表后，我让邹领取全部稿费，缓解他的家庭负担。

与邹运波告别前，我又给他一笔调查费，叮嘱他坚持到 11 月底，把田野调查做在前面，回到学校才好消化资料。我表扬了他前一段做的工作，告诫文、韦学习邹的吃苦精神与勤于思考。邹由原先恐惧的心理到"既来之则安之，置之死地而后生"的心态，殊为不易，希望对他将来走上工作岗位有用。我嘱咐他采取三个调查点"倒叙"的方式，先下游，再中游，后上游，各待一月，然后翻越高黎贡山到怒江。

独龙江调研的意义不止于此。继邹运波之后，我又指导一位研究生拓展这一研究，完成另一篇博士论文②，此人毕业后继续钻研，2018 年获得国家社科基金的支持③。

从梅立门村到孔当村 16 公里。听说要步行，韦表态走不动，我马上雇了 2 位村民，一位给韦背行李，另一位除背测量仪外，再帮文背少许行李，5 人出发。韦挎照相机，空手走路。中间歇了一次，4 小时走到孔当。背夫接过钱一溜烟开跑，欲在掌灯时分赶回家。独龙江乡政府免费招待了我们食宿。

早晨，我们搭上一辆空载的轻型货车，下午顺利到达县城，住一宿就

① 何国强等：《贡山独龙族怒族体质特征研究》，《黔南民族医专学报》2009 年第 1 期，第 3-8 页。
② 张劲夫：《生存的动力：中缅边界独龙江流域的社会变迁研究》，中山大学博士学位论文，2013 年。
③ "滇藏交界独龙族可持续生计研究"，获 2018 年国家社会科学基金一般项目立项，批准号 18BMZ084。

租车往普拉底乡赶。目前已测得怒族与独龙族的活体样本各120例，还需再测120名傈僳族青壮年男女。普拉底当时有4 886人，乡政府位于山腰。下车后三人揣着介绍信往上爬。

办公室主任当值，正副乡长均不在。我说明来意，请求安排一间空房，方便铺设垫褥。见他面露难色，便说权且在门口那间会议厅住几天。那里摆满桌椅，可供八九十人就座，桌子拼起来就可当作床铺。主任答应了，还说可以在政府食堂搭伙就餐，并称县卫生局上午要去咪各村给妇女检查身体，可让乡政府临时助理带路，他家在咪各，借机测量。师生点头称是，赶紧准备。

会议厅负山临江，窗外有个观景台，江水在眼皮下流动，对岸群峰绵延，有座平顶山像大碉堡，别名"石星星"，前后一个山头屹立，好像哨兵站岗，平顶山中心有个岩洞，两端相通，听说月白风清时，远处可透过洞穴看到星光，好像有人在里面点灯，直到启明星出来，光亮才消失。惹得我产生一股"雁引愁心去，山衔好月来"的感觉。行李尚未解开，主任来叫："你们不是要去咪各村吗？跟这位'余七二'走！"三人跟那位青年人匆匆下山，过铁索桥左拐，向东走去。

走了4公里来到咪各村。回头一望，怒江沿岸扇形坝子错落，山势连绵，村庄若隐若现，河谷地带村庄较大，山峦中分布着小村庄。在对岸的群山中，有一座酷似坐佛的大山，乡政府位于坐佛的肚脐眼上。"普拉底"是傈僳语，意为"菩萨的住所"。咪各村在怒江右岸，村委会设在一栋青砖大屋内（见图12-2），门口停着贡山县卫生局的面包车，屋里坐着30多位等待体检的女性，她们来自各山村。师生赶紧拿出工具，体检完一人，就马上请过来测量，血压的数据是向医务人员索取的，因为她们的项目也要测血压。

图12-2　在怒江测量傈僳族女性之地

前人指出，傈僳族具有典型的蒙古人种东亚型民族特征，较接近景颇族、汉族、彝族的特性，次接近藏族、白族的特性。[①] 但其测量点与怒族、独龙族的居地较远。因此，我们选择同县不同乡的傈僳族进行测量，以便比较。那天，青砖房里的 32 位青年女性全部进入我们的测量范围，以下选出 9 位傈僳族妇女的面部观察（见图 12-3）。

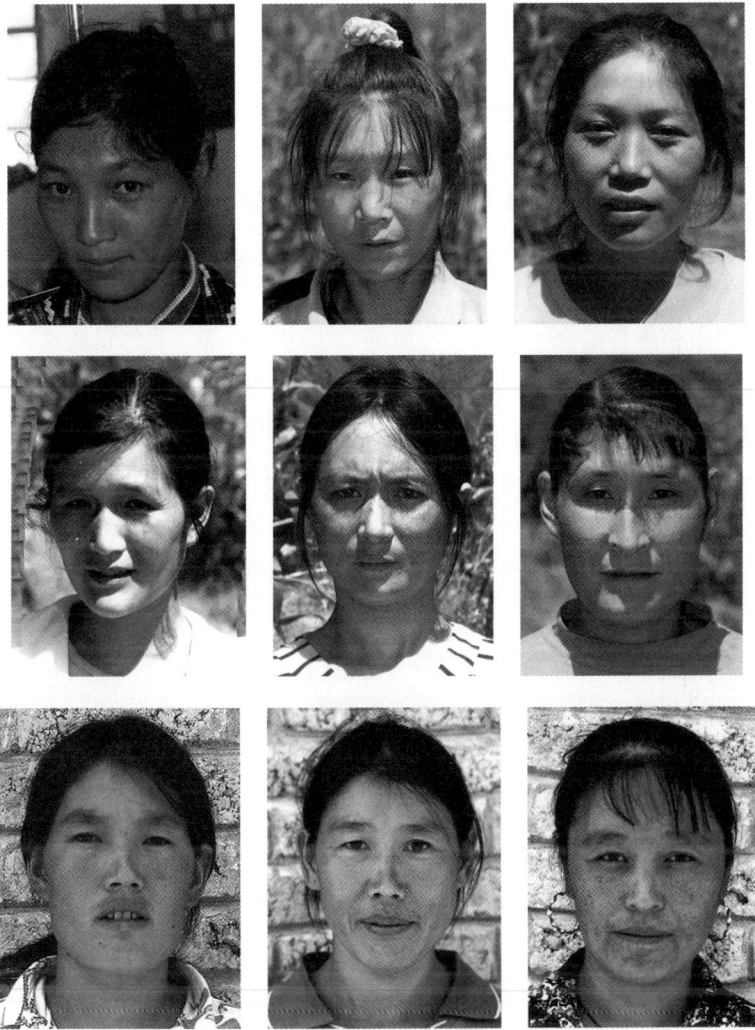

图 12-3　怒江州贡山县普拉底乡 9 位傈僳族妇女面部观察

---

① 刘冠豪、李明、余发昌：《傈僳族的体质特征研究》，《人类学学报》1990 年第 2 期，第 122-129 页；覃筱燕、严丽、杨林等：《云南华坪通达乡傈僳族面貌特征的比较研究》，《广西医科大学学报》2007 年第 6 期，第 848-850 页。

她们的面部特征为：多数人眼部无蒙古褶，鼻梁为直型，鼻根较高，为高鼻型，鼻孔多为卵形，少数人为椭圆形，鼻翼微突；口耳部，上红唇厚度以中等厚居多，下红唇比上红唇厚，耳壳很少有达尔文节。面部眉嵴微显，颧骨突出，面扁平而宽，呈椭圆或倒卵圆形，额倾斜度基本上全为中等倾斜，颌部也绝大多数为凸形。她们的头型为中等宽和中等长头型。从面宽来看，她们的面宽较窄。

傈僳族与汉族在面相上有一定的差异。傈僳族的口宽比汉族大，在下颌角间宽度上，汉族的下颌角间宽度大于傈僳族。从耳壳外形看，有椭圆形、梨形和方形耳壳，其中以椭圆形耳壳最多，方形耳壳最少。从耳垂形状看，以圆形耳垂居多。从面高和额最小宽来看，傈僳族与汉族无差别。从头型看，汉族为宽和长头型，傈僳族为中头型。傈僳族的鼻宽小于汉族，而鼻高却高于汉族。

医务人员测完规定的指标，坐车走了。师生又忙了1小时，全部测量完毕。那位家在本村的余七二却不知所向。下午3点了，我们饥肠辘辘，挨家逐户找饭吃。我从一位姓余村妇的口音中听出她可能是昆明人，经确认，果然她家在呈贡机场附近。丈夫是咪各村人，20年前在呈贡机场当地勤兵，与她由相识到相恋，退伍后把她带回咪各，他们的两个女儿都长大了。

余嫂把三人领到江边一个小台地，一所木板房遮蔽在翠荫中，右边是猪圈与鸡舍，柴火码在屋檐下。房子不大，隔成两卧一厨，从窗口可见坡下滚滚江水。她端出饭甑，里面的剩饭还有余温，炒了一碗辣椒。三人吃完，付了钱。余嫂家境贫寒，我看在眼里，记在心里。原来设想让文思涌选点调查咪各村、居住在余嫂家的念头打消了。

二、滑过溜索巧遇刘海仙

早晨，普拉底乡赶集，我们三人把测量摊子支在路口。从早到晚，测了20余人。下午，韦明乐显得心神不定，晚饭时说单位催他回去，执意翌日离开。

韦走后，我带着文思涌继续在怒江两岸测量活体。那天去其达村找测量对象，我们过了铁索桥右拐，在独龙底组测了七八例。临近中午，向房东借锅煮面，准备吃完继续前行。忽见对岸公路升起团团硝烟，紧接着传来隆隆炮声，一打听，原来是爆破大理石。我猛然想起，报道称怒江峡谷蕴藏着丰富的白色大理石资源，过去用凿子在岩石上打一排眼，然后插进楔子撑开，现在用炸药开采，抛弃了传统的劈裂技术。这么珍贵的石料岂不被震碎？不仅如此，沿公路开采，向世人暴露出一道道"伤痕"，可见环境保护没跟上。两人默默地告别了独龙底，又走了 2 公里，江岸越来越陡，来到了 40 多户人家的嘎哒组。我们见房屋依山而建，遂拾级而上，在一户小店认识了余兆光与余斯亮。两兄弟将我们引到家，在四张桌子大的空地摆好器具，将前来购物的村民请到此。测量了十几位，准备告辞，兄弟俩热情地说："江边有溜索可到对岸'力透底'北组，敢不敢滑？从那里到乡政府比原路返回近 1 公里。"

溜索代表了一定的生产力水平。横断山区的民族利用索道来承托，借助惯性跨越山箐并不稀奇。凡建溜索必有两条，一去一来，每条一高一低，由高处往低处溜。嘎哒组与力透底北村一衣带水，因生产与生活之需，也建了溜索。早先的索道用藤篾绞扭成，溜梆用硬木镂空，凡有索道的村庄都有专人维护，一是收费，二是定期更换藤篾，减少险情发生。20 世纪 60 年代，钢缆、滚动轴承与铁板支架运用于溜索，提高便捷性，降低安全隐患。上溜索的人都要提着一副溜具，溜具为三合一的装置。支架上安装两个滚动轴承充任滑轮，打开支架扣住钢缆，麻绳兜住滑行物（如人、畜等），再挂在支架上。

滑溜索与跳降落伞的原理一样，跳伞人根据降落伞的开合程度调整空气阻力，溜者通过手掌对溜索的握力调整阻力，达到减速效果。理论上可将溜索视为抛物线，将溜者视为伽利略滚动实验的小球，从而延长物体垂直降落的时间，将加速度视为匀速运动（见图 12－4）。A、B 各自代表起

图 12－4　溜索的物理学原理解析

点与终点，两点各建一个平台，台上固定一根脸盆粗的竖桩，桩上牵溜索。受加速度与倾斜度的影响，溜者在起点 A 向终点 B 滑行时，速度会越来越快，到 C 点时开始减速，但速度仍然很快。为了避免急速撞向 B 点出现事故，需要刹车装置，溜者可就地取材，抓把干草或牛皮纸，滑到 C 点时手握溜索捏紧，让干草或纸皮贴紧溜索，既保护手掌又达到减速效果。娴熟者常紧捏一下又放松一下，保证平稳落地，然后解除扣带，松开支架。

必须本着相对主义的态度理解地方文化。同一件事物，外地人认为万

分危险，本地人则不以为然。溜索高悬于江面，下面浊浪翻滚，水下还有礁石，人畜掉下去必死无疑，不是被冲走，就是卡在石缝里。许多旅游者望而却步。以前还传说有水怪作祟，会伸出长臂把人畜拉下去。滑行者除了勇敢之外还要谨慎，掌握要领。初学者最好由娴熟者护送一次，克服恐惧心理。所以，师生俩对余氏兄弟自告奋勇的襄助非常感动。

四人携带两副溜具来到江边。为了防止意外，两兄弟各自护送一人。文思涌与余斯亮先行，启程后，5 秒时间就跨过了 300 多米的江面。我与余兆光随后。我们没有使用麻绳，而是用手扶拖拉机的传动皮带。开始滑动了，脚下江水奔腾，耳边江风嗖嗖，夹杂着滑轮的尖啸，比坐过山车还刺激，接近对岸时我松了口气。

溜索是川黔滇藏省（自治区）极为普遍的交通工具。2013 年，云贵实行"溜索改桥"项目，终止了几百条溜索的使命，仅保留少量作为旅游观赏。在北印度、南美洲的偏僻山区，孩子上学，大人出行，也是赖溜索跨越天堑。千万别把溜索与贫穷落后画等号，可以将其与文化特殊性画等号。

刚走上公路，我听见有人喊，只见中巴车窗里探出一个脑袋，原来是刘海仙，她的车刚从茨开镇过来，停在江边看人滑溜索。我告诉她过两天去六库，约好下次乘车的时间与地点。

师生俩继续工作，又测了十几位，只差 30 位就达标，完成任务指日可待，看来可预订火车票了。我决定奖励自己，两个人都坐硬卧。此次远赴滇西北三事已办：三个民族的体质测量，到独龙江现场指导邹运波，为韦明乐与文思涌寻找调查点。目前考察了三处：①丙中洛乡，可在秋那桶、雾里、双拉等村庄选点；②独龙江乡，可多听邹运波的建议；③普拉底乡，可在咪各、其达、力透底等村庄选点。

韦明乐不想在怒俅两江流域选点。我对此并不在意，建议他到别处看看，譬如，翻过碧罗雪山就是澜沧江，从盐井经德钦到维西，沿线有天主教与东巴教、苯教、佛教的糅合。也许他会在这一带寻找合适的调查点。果然，后来韦明乐在德钦县燕门乡确定了自己的选题方向，研究村民集体记忆中的生产方式与上层建筑，力图揭示自然、文化与社会的互动关系。所以说，肯定和否定都是一种收获，能够升华认识。

文思涌回穗不久确定了自己的田野调查点，将秋那桶摆到两年学制的日程上。我不但帮助他选题，敦促他掌握相关资料，做好开题报告，还承担了他的全部调查费用，帮他设计研究方案，待他完成调查后，多次约他讨论写作提纲，力求铺垫缜密，行文准确。当他迷失自我、斗志松懈时，帮他摆正心态，分析利弊，澄清问题；当他避重就轻、不敢面对现实时，激发他的自信。在我的诲人不倦与无私教导下，他写出 20 余万字的硕士学位论文，后来出版。我以上说的内容正是文思涌在学位论文和出版物的后记中感谢的理由。

秋那桶的意义似乎不止于此。该村在贡山县北端，通过怒江沿岸的"挂壁公路"与西藏察隅县察瓦龙乡接通，该乡又与西藏左贡县碧土乡连通，前面第七章叙述了碧土调查的情况。这些知识在指导赵冠冲时继续发挥作用。赵是在职研究生，受我指点，于 2014 年 8 月辗转到丙中洛，住进阿洛客栈。他离家出来半个月，因不得要领，每日茶饭不香，郁郁寡欢，归心似箭。我接到他打来的电话，告诫不要半途而废，坚持找车进察瓦龙，再伺机沿着玉曲河到达碧土，一路探访至扎玉镇，并给他提供了熟人关系。通过摸底，赵获得开题的资料，为深入研究迈出了关键一步。

赵冠冲是位好学生，不足之处是性情急躁，未遵循相关步骤，草草完稿就交给我，辜负了导师的期望。我一方面帮他找出修改的"良方"，另一方面用贴切的方式与之沟通，使他懂得尊重田野材料，珍惜玉曲河获得的启蒙知识，避免用时髦理论生搬硬套地解释事实的谬误。

我从事青藏高原的田野调查迄今 26 年了，送走一个个毕业生，迎来一张张新面孔。其中有少量混文凭、无心向学的人，但是在我面前很难混下去。识时务者为俊杰，把做学位论文当作人生一课来体验，方能端正态度——这是由生疏到熟练的过程。文思涌写道："孤独与寂寞一度令我对学业失去信心，春节正是与家人团聚的日子，我却来到西南边陲，与怒族阿龙部落的人们一起生活，参与观察是那么空洞，新奇的感受消退后，代之而起的是烦闷，有时觉得访谈都很无聊。心理熬不住，身体也熬不住，不得不要求撤回。"[1] 如果不是亲历者，写不出这些词句。如果坚持不住，另起炉灶，擅自改题，损失就大了。学生可以做几个月调查，完成论文，拿到学位，以此为敲门砖觅到工作，甚至于再也不会去青藏高原研究了。我们则要坚守一辈子。

现在来说刘海仙。2008 年 4 月，我陪邹运波去滇西北，5 月回六库，两次乘她的车。她是永胜人，与盐井陈必贵为老乡。8 月再进贡山，专门坐她的车，途中做 100 分钟专访，她居然靠在座位上睡着了。到普拉底搞完测量，搭乘她的车到六库，再次做了 80 分钟专访。中巴疾驰在滇藏线上，路

---

① 《怒族社会的生计模式——以怒江峡谷秋那桶为例》，中山大学硕士学位论文，2010 年。

边的树木迎面扑来。听着一位汉族普通妇女的娓娓自述，从那双坦诚的眼睛中捕捉心灵的变化，听完她的故事，我不禁肃然起敬。

三、中介区的民族学资源

从文化上看，西藏和内地并无一条界线分明、非此即彼的鸿沟，二者间实际存在一条模糊的带状区域，里面生活着一群人，他们扮演着文化穿梭机或文化使者的角色[1]，我们由此达彼或者由彼达此必须经过中介区，切莫忽视这个群体的存在。这里娓娓道出刘海仙的故事，就是想使读者注意到模糊地带的研究价值，实际上一离开单位或大学，田野调查就开始了，虽然它们不太纯粹。

海仙来自丽江市永胜县程海湖镇，老家离县城41公里。父亲在镇中心小学任教，家中兄弟姐妹几个，她是最小的。

海仙的前夫布达在相貌、知识与品格上均无特别之处，但是会体贴人，赢得岳父母的认同。1997年，海仙放弃读高中的机会，心想与其在家闲着，不如到大理投奔叔父。叔父送她去学厨艺。第一周，前三天切土豆丝、萝卜丝，后四天在萝卜上雕花。叔父得知培训内容不过如此，就退了学费，让她到自家小卖店站柜台。一年后，婶子给她介绍了一位出租车司机，年龄比海仙大十几岁。她婉拒了，不久回到丽江老家，在父亲工作的小学代课。面对上门提亲者，她一再拒绝。

海仙口称不想结婚，实际心仪一位姓鲍的初恋。但父母对鲍家印象不佳，担心女儿嫁过去，婆媳关系不好处。两个青年人见状，心灰意冷，不久小鲍应征入伍。一年间两人鸿雁传书。当他回家探亲时，便来求婚。海仙家人干预，极力不准两人相见。小鲍吃过晚饭后又来拜访。海仙的父母、姐姐坚决不准他进屋，也不准海仙出门与他相见。几次求婚不成，小鲍家人便认为对方花心，劝他另择，小鲍复员后与他人完婚。

父母为了阻止海仙与小鲍偷偷相好，匆忙给她物色对象。海仙想，既然父母不考虑自己的愿望，那么，她就嫁鸡随鸡，嫁狗随狗吧。于是，布达成了她的丈夫。父母给了海仙一份嫁妆，除了物品，还有1万元钱。成家后，她将布达带出小镇，到丽江县城打拼。

几年间，夫妇勤劳致富，子女相继出生。起先卖蔬菜水果，后来兼搞

---

[1] ［美］玛莉·伊莱恩·赫戈兰德著，何国强译：《伊朗的仪式与革命》，《青海民族研究》2007年第2期，第6-7页。

运输。布达开车，海仙打理菜摊果档，忙不过来就让姐姐帮忙。海仙没有驾驶证，晚上跟车时，布达困了，她就扶起方向盘开一会儿，让丈夫休息。夫妇通常是买二手车经营，几千块钱一辆，如果碰到有人出高价，就把还在开的车卖出去，重新再买一辆。他们先后换过四辆农用车、一辆货车。后来才买了这辆新中巴车。买中巴的钱是向父亲"借"的，说"借"其实是"给"，免得哥姐说话，这也表明父亲偏袒海仙。

经商的原始资本来自父母。海仙从嫁妆中拿出钱来开菜摊果档。白天零钱收入纸箱，晚上清点，早晨去批发市场付整钱，年入四五万元。妇唱夫随，遇事商量。然而好景不长。

自从买了新中巴车，夫妇俩考虑放弃丽江的生意，一起到贡山搞客运。但是，布达舍不得离开家乡，与海仙的姐姐守着蔬菜水果摊档。海仙不会开车，就雇了一位司机，带着两个孩子来到六库，每天自己跟车。刚来第一个季度，人地两生，差点被一起碰瓷事故毁了。一天，两车相撞，她的新车买过保险，但保险公司每万元只负责 8 000 元，剩余 2 000 元得自理。本来按保险合同，只赔 2 万元，她想少赔一点，见对方车主愿意自付三成费用，就与他协商，交警与司机串通，结果赔了 4.2 万元，无端被骗 2 万多元。对方车主拿到钱后人间蒸发。海仙打电话给布达，丈夫生气地说："中巴车不要了，你回家来！"看着劳动成果被断送，海仙心有不甘，怎么能轻易放弃呢？竭力说服布达，受伤的两位旅客还住在医院里，再说还有儿女在六库呢！她没跟布达争执，带着两个孩子留下来了。

在老辈人的干预下，夫妻言归于好。两年后布达有了外遇，对方是傈僳族，长相一般，长海仙 5 岁，不过他俩没好成。布达从丽江回到六库跑车。事有凑巧，海仙在大理的叔父骑摩托车摔伤，医院要交 1 万元保证费。她父亲拿出 4 000 元，要求海仙夫妇承担 6 000 元。这时她才知道布达已把卡里的 1 万块钱取走。两人由争吵发展到厮打，海仙被打得鼻青脸肿。离婚后，7 岁的儿子跟父亲，3 岁的女儿跟母亲，财产平分，为了利于兄妹的成长，经法院调解，夫妇俩协商，儿女暂不分开，力求使兄妹在一起，让两兄妹轮流到双方老人家里住半年。

不到半年，布达开始打电话缠住海仙，要求复婚。往者不可谏，来者犹可追。夫妻缘分已经绝尽，做普通朋友又有何意义？今后各有各的路要走。

海仙夫妇离异，对双方家长震动很大。父母发誓再不干涉女儿婚姻，他们对海仙推心置腹地说："复婚对你的子女有好处，对你没有好处。该怎么办，你自己考虑。"过去夫妇闹矛盾时几乎不回避孩子，孩子受到的伤害最大，复婚以后，假如夫妻关系依旧，对孩子未必好。现在海仙只想找个好男人。滇西北与世界各地一样，"婚姻隐藏着许多动机，最根本的是生育"①，在农村，能否生育是评判女人的价值标准之一。

客运生意不稳定，经济时好时坏，大半年挣的钱只够吃饭。唯有年节时期客源多，尤其春运期间，乘客拉不完，经常加班。从事客运没有固定的假日，如果过春节要开车回家，会提前招徕乘客，顺路带一车乘客回去。待到初六，就开车回来，也是提前招徕乘客，带一车人回到六库。跑车比较辛苦，三更起五更眠。过去海仙在老家时生活安定，脸上没有色斑，来到六库以后，工作压力大，睡眠不好，脸上起了很多黑斑。

海仙是位涉世不深的妇女，她讲话腼腆，但经过长年客运的锻炼，逐渐改变性格，能够与人大方地交谈，善结人缘，广开客源。外省乘客对她产生极好的印象，给她介绍更多的客人。譬如，电话约车去保山机场接客来六库。海仙很少出去玩耍，偶尔会把小孩带到贡山县城来，吃几顿饭，街上转一圈。她哥哥在丙中洛乡做蔬菜生意，每当她随车到了茨开镇，给哥哥电话，他就会邀请妹妹到丙中洛，如果他有空，还会亲自来接她。

中巴车是个观察社会问题的窗口。前不久，怒江两岸大批妇女嫁到华东、华南省份，甚至有的村庄出现拐卖妇女现象，行为怪异的人都逃不过海仙的火眼金睛。她有能力辨别文化特质，认为怒江州的民族（如傈僳、怒、白、纳西、独龙、藏）中，最爽快的是傈僳族，他们的民歌很好听。这些民族都喜欢围成大圈跳舞，只有藏族男子跳舞最狂劲。她提到，傈僳族的观念与丽江、大理的纳西族、白族不同。婚后的傈僳族妇女在户外常与男子打情骂俏。妇女喝酒之后，更加放得开。傈僳族从小养成爱喝酒的习惯，什么都离不开酒。杀了鸡，切碎，下锅炒一会，就用酒煮，添进碗里，连汤里都散发着酒味。姑娘婚前也能喝，水酒、白酒、啤酒，一个样。

四、从滇藏线寻路进三岩

6月初，我未参加乌近亲、汪振宝的毕业典礼，而是带着丘忆山又去了三岩。像往常一样乘火车。我坐硬座，学生也不好坐卧铺，只得陪我。抵昆后，新生王天玉携夫来火车站接应，在饭店设宴为我们洗尘，席间交给

①　[印度]阿尼玛·慕克吉著，何国强译：《金萨人的村庄治理模式》，《青藏高原论坛》2018年第4期，第45页。

我长途汽车票①，饭后送上车，他们伉俪才离去。

这次奔赴三岩，准备先去德钦，再进盐井，然后在嘎托镇找车走新路，去贡觉县阿旺乡，再辗转木协，接着翻山到雄松。此行有五个目的：①丘忆山快毕业了，带他走一趟滇藏214国道，介绍沿途的民族学资源，拓宽其学术视野。②过去进出三岩走两条路，一是东进西出，由盖玉到敏都，再到西岸各乡；一是西进东出，由敏都过桥到山岩，再到东岸各乡，后来知道有条新路，即连通芒康县城嘎托镇与贡觉县城莫洛镇的"芒贡公路"，其中从嘎托镇到阿旺乡有130公里，亲自走一遭，取得一点经验教训，将来进出三岩又多了一个选择。③这段路要经过四个牧区乡，即洛尼、昂多、拉妥和阿旺，海拔均4 000米以上，牧区的丧葬情况值得丘忆山了解，何况四乡处在三岩边缘，具有较大的可比性。④丘忆山调查技术比较生涩，田野资料甚少，他内心焦急，却不敢独闯三岩，导师再次带他深入实地，沿途指点切磋，激励学习，呵护到目的地，使其专心调研，利于他撰写博士论文。⑤把三岩及其周边的丧葬习俗系统地整理出来，对于服务社会（如非物质文化保护、丧葬改革等）也有好处。

夜班车经过12小时的颠簸，于次日上午驶入香格里拉。我们买了正午的车票，休息2小时后上路。盘山路188公里，汽车开了5小时。抵达德钦县城后，住在一家熟人的客栈。翌日早坐上尼玛定珠的中巴车，沿着澜沧江向盐井开去。尼玛定珠是两地乘客的福星，行车力求安全准时，但也是乘客的苦主，让他们在103公里的江边公路上左偏右拐，饱尝惊吓。我们在盐井仍住蒲丁街陈必贵的客栈。刚安顿好，我立即带学生去澜沧江边观看盐田，赶老远就瞧见索朗旺姆在扫大街，原来清洁队招募了村妇，日薪15元。我介绍丘与她认识。晚上去拜访黎向奎夫妇。翌日早乘班车离开。从盐井到嘎托110公里，上坡40余公里，翻过红拉山，把澜沧江河谷抛在身后，汽车进入宁静山区，海拔骤然升高，下午3时到芒康。

住进嘎托镇一家民宿，那里便于找车进入芒贡公路。放好行李，我们两人信步朝东随意走访，在加油站看见几处民宅。一间房内有人，闲聊中得知他是公路局的退休员工，话题逐渐转到丧葬习俗。这位老人懂得颇多。我询问，学生笔录。绕什么圈、打什么结，统统都问清楚，并且拍照，要模拟照片画图。这是我第二次近距离带该生调查，许多问题他还不会提出，

① 王天玉：《论多偶婚制度下藏族妇女的角色与地位：以滇西北德钦县尼村为例》，中山大学博士学位论文，2012年。

也不敢以自己作为模型让报道人来捆缚，但是他的博士学位论文获得的评价不错，可见导师的调教多么重要。

师生俩来到一家小店吃晚饭，喝啤酒庆祝安全抵达嘎托镇。饭后去检察院和法院拜访旺堆夫妇。翌日早去县政府办公室换牒，我单位无权开到乡镇，只能开到县级，再请县里介绍下去。俗语"事不过三"，这一次张主任有点不情愿，推说需要请示。趁着有点空隙，两人去教育局询问，有人指点可投宿昂多小学。转回去找老张，又磨了半晌，方拿到去昂多乡的证明。下午，打听到明天有车。早晨盯准这辆车，不敢大意。中午见车在装货，知其要走，遂退房携行李等候。货未填满车厢，允许上人了，去洛尼村（28公里）的乘客每位15元，去吉措村（56公里）的乘客每位30元。两点半，开车了，坐在高高的货厢上颤颤巍巍，我不禁想起过去当工人时自己就是这么坐货车的。回到现实，极目草原，一片荒凉。翻过嘎次拉山垭口，一路下坡，到达昂多乡政府驻地时天已擦黑。

前方是吉措村，后面是小学。两人倒回头，走进小学，食堂正在开饭，除了几位警员，其余全是教师。校长看了介绍信，让我们吃饭。我们谢绝了。晚上住在教师宿舍。翌日早校长面带歉意地说，今天上面来人检查，你们待在学校影响不好，麻烦你们找乡政府解决住宿。我们两人来到乡政府大院。左边是派出所休息室，右边是值班室，所长让我们住在休息室。搁好行李后，到值班室等候乡长。那里有个大火炉，可煮东西吃。真是无巧不成书，我认出有个警员叫丹增，两人握手相拥。5年前他在盐井值勤，现在他是派出所副所长。正说着话，乡长来了，丹增让警员旺卓任翻译。

旺卓刚从学校毕业。他带着我们走了一遭。问他丧葬之事，不懂；问他治安情况，吓唬得神乎其神。回吉措村时，见到沿着小河站满人，原来上游发生泥石流，将河水弄浑，鱼透不过气，不断往岸上跳，这是鱼类的自杀行为。水浅无大鱼，跳上来的是小鱼，信佛的人们捡到就丢回水里。放生是为来世修行。

更巧的事情出现了。傍晚，一对夫妻走过。男的似曾相识，我定睛一看，那不是晋美吗？5年前，他在宗西乡任副乡长啊！调过来3年了，仍是副乡长。翌日早10点我去找他聊天。他热情地拿出两个白陶瓷茶杯给我们盛水喝，丘忆山不肯要，我拿走一个。走下楼，未及值班室，见旺卓走来，丹增落在后面。旺卓急切地询问："你们想不想走？门口有两辆摩托车，有空位。"原来，嘎托镇有个家庭派两人去阿旺乡办事，摩托车手正在甜茶馆结账。我问价钱，旺卓说每人160元。我摇摇头。旺卓出去了。过会儿他快步回来，说："每人 140 元，走不走？"丹增见我摇头，自己走出去。他回来报价 120 元。我仍然摇头。他又出去了，回来告诉我，他们同意让步为每位 100 元。我还是不同意，好不容易食宿有着落，正想调查几天。旺卓见状，哭丧着脸说：每位 80 元，可以答应了吧？40 元算是我替你们出！我突然反应过来：两位警员这么积极绝不是为了钱，而是"客不走，主不安"的心态，联想到昨天下午旺卓介绍治安情况时带有吓唬人的腔调，我更相信自己的判断，情况既然如此，只好同意。我的研究计划被打乱了。两人收拾好行李，晋美也来了，我把茶杯还给他，挥手告别。

摩托车走了几公里，未出吉措村地界就被暗卡拦下检查。后来得知，洛尼村发生特大抢劫杀人案，造成 6 死 1 伤，作案人可能沿着芒贡公路往贡觉方向逃亡。有关部门沿途设暗哨围堵，警员发现前方驶近两辆摩托车，突然从卡子里跳出，车上 6 人弃车狂奔，民警穷追不舍，抓获 1 名犯罪嫌疑人，为追逃工作提供了线索①。摩托车经过小桥时，看到校长在河边洗轿车，原来昨天他假托上级莅临，是想把客人推出去。昂多乡的遭遇说明在以经济建设为中心的年代，民族学的田野调查处在尴尬的位置，调查员受到冷遇，这也是见怪不怪的。

草原之旅开始了。昂多到拉妥 50 公里，拉妥到阿旺 23.5 公里，若是坚硬的柏油路，1 小时就能跑完。可这条路是柔软的草地，有些地段是烂泥，沿途无加油站、修理店、风雨亭，甚至没有电话信号，治安也不好，加上意外情况，4 个小时才到达。我们面对迷惘的前景没有犹豫，抱着淡然的心态。不久，好心情就被糟糕事弄坏了。一辆摩托的前胎被扎破，花了 1 小时修补，上路不久就是泥地，前方一辆轿车陷入泥淖，4 人施以援手，助其离开险境，又花了 1 小时。

继续行进，天气变化多端，方才晴空万里，现在倾盆大雨。骑手见路基下有涵洞，赶紧刹车，4 人钻进去躲避。待风停雨住时，二车在彩虹下追逐，经过一片湿地，芳草萋萋，波光闪烁，走了七八公里都未见一顶帐篷，估计是个轮换牧场。这时，天边乌云翻滚，一只老鹰轻巧地降落在电线杆顶，盯着颠簸的摩托车。雨夹着豌豆大小的冰雹扑面而来，打得双颊生疼，须臾地上全白。4 人赶紧下车，无处躲藏，只好顾头不顾身，鸵鸟似的，把头贴近路边土坎，利用翘起的草皮挡住雪弹子。冰雪来得急也走得快，两

---

① 参见坚赞才旦：《游荡的侠骨豪气：三岩峡谷的罪与法》，《青海民族大学学报（社会科学版）》2018 年第 2 期，第 7 页。

位车手彼此招呼，轰着油门冲上 15°高坡。霎时，山脚的牦牛群、溪边的帐篷、小山上的电视信号塔、塔下的一排白房子，缓缓进入眼帘，这就是拉妥乡。摩托车继续在草原上风驰电掣，下一段路比较平坦，走了 1 个小时到达阿旺乡。

我招呼骑手在一栋两层楼房门口停下。那是阿旺乡卫生院，付了车费，两辆摩托走了，我想借宿，里面有位女子称达娃院长不在。等了 10 分钟，院长走来，他就是达娃，矮小壮实。他看了证件，挥下手，带我们到二楼歇息。他开朗大方，介绍那位女子叫拉木措，来自青海省。

翌日，两人在街上漫步，打听去木协的车辆。傍晚，达娃突然说："外来人住在二楼不妥。"我们仅睡了一宿，就吃到闭门羹，只好跟他商量："街上没旅社，让我们待在一楼手术室吧？"他点头强调，只能待一晚，明天他要去县城。

当晚，我们挤在一张带轮子的医疗床上，各睡一头，一床单人毛毯覆在两人身上，再盖上自己的睡袋，床窄得稍不留神人就会掉地上。两人心中祈祷，希望天亮能找到车。早上 10 点，师生向一间四川面馆走去，刚巧看见院里有一辆庆铃牌的蓝色皮卡，车厢货物满载，上面覆以帆布，绳子缚紧，显得鼓鼓囊囊的。来到厨房，见两个男子在烤火，就坐下聊天。原来，清早他们从县城出发，刚到阿旺，吃完面马上走，要去木协乡曲松寺，工程队在那里施工。皮卡是双排座位，后排是空位。我给老板娘 100 元，请她煮 4 碗面条，要大号碗，多放哨子。老板娘忙碌去了，那两位见状，顺水推舟，答应吃完面一起走。

从阿旺到木协 60 公里，在阿尼牧场分岔，左拐翻过海拔 4 900 米的垭口，下了坡就是雄松，再岔向左边，下山就是敏都；右拐穿过一条西北东南走向、25 公里长的峡谷就是木协，木协谷中间是湍急的雪曲，两边尽是高山。阳坡生长着乔木林，伴着悬崖，树干笔直。阴坡覆满青冈栎，低矮密集。林子中栖息着各种小动物。皮卡快到下罗娘村时，看见马古西寺坐落于雪曲右岸，再走就是曲松寺。皮卡停下，我们拿走行李。我见后头驶来一辆小车，拦下请司机将行李带到乡政府。两人步行 1 公里，进了政府大院，只有 1 位助理员，其他人外出未归。

我们得到允许，睡在办公室沙发上。当晚两人通读了木协乡最近数年的工作报告。翌日，沿着雪曲去则达村了解丧葬习俗，走了 5 公里，前面还有 2 公里就是金沙江。第三天，陈永红书记回来了。她原是贡觉一中的老师，通过考试转任公务员。她说调查应该是约好对象，不能碰到人就问，她答应带我们去马古西寺访问僧人。该寺 1273 年兴建，是宁玛派寺庙，最近几任活佛圆寂后均行二次葬：先行火葬（捡骨葬），再将骨骸舂成粉末，调和黏土，用龟巴成型，做成擦擦，分置三处：寺前的木塔里，去拉萨朝圣的路上，本寺神龛的壁柜内。

大院里有一户四川人，丈夫管理招待所，闲时种大棚菜，妻子给食堂煮饭，儿子懂电脑，在乡政府打杂。我们在食堂搭伙，一日两餐，每餐两素一汤，每人 50 元。那位妇女和儿子也同桌吃饭，她见我们特别能吃，就开玩笑：别把我们吃垮了。陈书记回来那天，晚餐改为一荤一素，那位妇女担心菜少，夹几夹就没有了，所以不肯入桌。

木协与雄松唇齿相依，帕措间虽有竞争，但始终以和为贵。如嘎玛曲赤草场的纠纷延续了二十多年，并未激化到出人命。乡民在婚丧嫁娶、劳动分工、产品交换等方面互通有无。由于没有文化，早先实行刻木结绳记事。如，甲乙两家谈妥以一头牦牛换一块砖茶，第五天上山交付，甲用刀在木柱上刻了五格痕记，每天晚上太阳落山就削去一格；乙则用牛皮绳打五个结，每天早晨太阳升起就解开一个结。待到甲的五道痕记削平，乙的绳结解完，便各自牵上牦牛，带着粗茶，来到交易点，天公作证，喇嘛为凭。当时的足值货币是藏洋，某些商品，如牦牛、酥油、糌粑、斧头、枪支、玉石等也可充当一般等价物，通常它们的使用价值较大。

过了 5 天，我们决定去雄松。走近路需爬学木啰山，轻装大半天可以赶到，重装要走一天。走远路出木协谷，绕回阿尼牧场，再左拐，前已说过，此处不赘。近路的入口在马古西寺斜对面 1 公里处。由于找不到汽车，师生决定走近路。陈书记交代司机送我们到岔路口，到那里我们央求多送一程，司机果断回绝了。两人见状默默上路。此山海拔 4 600 米，立于两乡间，从山脚仰望，令人畏惧，公路呈"Z"字形盘旋上山，山顶有条土路，与另一条通岗托村的土路相重（见图 12 - 5）。正走着，一辆摩托车倏然而过。骑手见人拦车遂停下，但异常警觉，荒山野岭，生怕有诈，很快轰油门开走了。看来只有爬山了。行李越背越重，歇口气聊聊。我指着对面山脊的火烧林对丘说："记得你说过乌近亲根本没来过雄松。你看这片森林失火的残迹，要是他没来，怎么能在论文里写得那么真实?①"边聊边往上走了 1公里。

---

① 《三岩"帕措"研究》，中山大学博士学位论文，2009 年，第 173 - 174 页。

图 12 – 5　学木啰山的 "Z" 字形公路

天气突变，风挟雨至，冰雹压阵，淋湿了衣服，水顺着路面流，鞋袜沾满泥。挽起裤管前行，走不动时歇口气，干嚼方便面，再说几句笑话，分散注意力。丘忆山早就没力气说话。2007 年 7 月，我带他到盖玉乡帮果村看树葬，就背他蹚过降曲，现在又一次帮他背行李。他精神几乎崩溃，喃喃自语：陈书记怎么不打电话给雄松乡，不然早就有人来接应了！后来索性想让我先走，自己在山上找个洞穴等待。我不肯答应，万山丛中，野兽出没，怎么能放弃学生呢？坚持走一程，搁下行李，回去帮他一程，反复十几次，沿着陡路一步步缓行，从 8 点半到 4 点半，用了 8 个小时，终于爬上山垭口，两人一屁股坐在风马旗杆下。

前面的路全是下坡。左为腰玛却东山，右见浮云山巅，坡下田连阡陌。走到与雄松公路相汇处，右转下行，来到加腰村，下面是雄松乡政府驻地巴洛村。依山而建的一幢幢民居，底宽顶窄，逐渐收紧，颇具视觉效果。

周厚贵书记对我们来到雄松乡表示欢迎。我带了一册书给他。第二天去拜访老书记吉米次仁，又去看移民搬迁的进展。雄松乡大兴土木，政府驻地一栋栋高楼拔地而起，原来的办公场所已经废弃，很快就要荡然无存，令人感慨。我们是三岩新旧格局变革的最后目睹者。住了三日，我把丘忆山安排在吉米次仁家，给丘留下充足的费用，告诫他珍惜时光，多收集些材料回来，然后爬上一辆货车，翻过两座山垭口，来到巴依拉牧场。汽车停下来，我与两位司机在路边席地而坐，牧女提着滚烫的茶壶过来。她们身体健康，脸庞和胳膊显得又粗又黑。当晚抵达莫洛镇。我期待着与陈新华见面，了解《贡觉县志》的编纂，然后由藏入滇，去德钦县燕门乡指导韦明乐的田野工作。

本章用两个遥远峡谷区域的事迹表现了田野工作的趣味。这两个区域，一个在滇藏交界区，一个在川藏交界区，彼此相距遥远，可以看出不同族群在体质、语言与文化上的差异。一年从入滇到返穗，来回折腾。次年从进藏到返穗，24 天急赶慢赶，在西藏同芒康、左贡、昌都和贡觉四县人士交往，以耳闻目睹、时空亲历的方式获得新的认识：

（1）整体论的研究方法内在地包含着各分支学科的协同，如体质人类学研究民族的自然属性、文化人类学研究民族的社会与文化属性，这是初级；二级则是文化人类学、语言学、考古学的协同。学者的知识与精力有限，不必四个分支都懂，但至少应掌握两个分支。我在调研三岩藏族、滇西北怒、独龙与傈僳三个民族的过程中，运用了体质人类学与文化人类学两门知识，这是整体的具体表现，同时坚持田野实证、文献资料和理论方法三结合，这又是一个具体表现。我在指导学生做论文时也坚持分支学科互相支撑的观点，如要求邹运波在博士论文中运用一些测量数据，运用统计学原理增强论文的刚性支撑。

（2）其次强调两个因素的关键作用，那就是意志力与专业知识（理论与技术），二者相辅相成，缺一不可。两个因素对任何人而言都是一样，导师没有要求学生每天工作多少小时，一切都是自愿的，论文是自己的。我不仅资助他们，而且亲自带队，既作出表率，又手把手教，共享各自的调查资料，由于我在现场，所以没人会偷懒，没有人会装病回去睡觉，否则会违背初衷。由于我比较了解实情，所以指点比较到位，学生也比较信服。与有些人没有临场经验，从来不带学生做田野调查，完全是"遥控"的效果不可同日而语。

（3）过去我在课堂上讲族群性格、集体心理、社会意识时喜欢举例，如傈僳族热情豪爽，独龙族冷静沉稳等，往往没有看到另一面，因为备课的资料来自书本知识，与田野经历有距离。我们在普拉底乡咪各村，感受到性情耿直、城府不深也是傈僳族的共性。反过来看，调查中遭遇的有些困境是我们的疏忽造成的，譬如，到达咪各村时，没有给余七二买啤酒，他就不为我们安排午饭，甚至干脆躲避，如果了解他们的族群性格，就不会把关系搞僵。所以要看到族群性格的另一种作用，凡事多检查自己。某些问题的产生不是别人不尊重自己，而是我们不能把已知的东西预设到陌生的环境中去所致。要从环境中发现新的因素，新知识必须从头学起，不能满足于课堂。

（4）刘海仙的个案自有本身的价值。在认识论上，表面叙述一位不安于现状、敢于冲破阻碍追求自由的汉族女性，好像有点偏逸出西藏东南的主题，实际上更加关照主题。众所周知，我国少数民族聚居区往往都有汉族，甚至他们的人口比实行区域自治的主体民族的人口数量还要多，而与之通婚产生的后代（团结户），为了享受优待少数民族的政策，多数人填报民族成分时不选择汉族，而选择特定的少数民族。刘海仙的故事使我们看到西藏及其边缘活动着的汉族男女的影子。田野调查员关注当地土生土长的民族是对的，但也不要忘记汉族和其他非土生土长的民族。在方法论上有几点意义：一是调查员怎么对待路途经历，由于田野调查通常是不计路途时间的，但是，在路途上常常会遇到一些轶事，它们与某一主题结合会产生新的意义，放弃则是一种损失，不放弃也会带来烦恼；二是体现了调查员的细腻与勤奋，只要观察到新鲜事，就要思考出它的价值，于是收获了沿途的印象和感受，要是决定访谈或观察，可以考虑采取行动，这种心态不是猎奇，而是立足现实、留心身边的职业心态；三是可以挖掘出被人遗忘的研究对象，那就是在青藏高原活动着一种边缘群体，他们是外来者而非世居当地，他们承载着"本文化"而非"异文化"，在主要研究对象的边缘存在着次要研究对象，在异文化旁边存在着本文化，注意到这一点对研究工作是有裨益的，它给研究者"照镜子"的衬托法，一方面在某种文化的平淡无奇中发现新因素、新亮点；另一方面在几种文化的对比中加深对文化本质的理解。

（5）严格意义上的民族学研究必须到异文化地区做田野调查，只愿坐在安乐椅上发奇想，再用时髦理论包装，并自命为"民族学"的，其实不是。没有人不害怕田野工作的孤独与灰暗，这的确是一道难以逾越的"分水岭"。民族地区大多位于祖国西部经济落后地区，外地人以前很少光顾那里，最近20年，去的人多了，当地人也对外来人有所期许，主流是功利导向，欢迎投资者、支教者等等。西藏的情况还要特殊，各项工作的重心始终在政治维稳与经济建设之间摆动，使民族学的短板更加明显，如调研周期长，成果转化慢，服务经济滞后。有人不理解到农牧区调查的必要，认为没有给当地带来实惠，纯属多此一举，有意无意地把民族学看作花瓶摆设。我们师生从昂多乡到阿旺乡，从接触过的小学校长到派出所警员再到卫生院职工，他们彼此并无沟通，但对我们的态度是一致的。起先看到盖有政府红印的介绍信时，出于不了解来访者的背景，以为是上头下来的，不敢怠慢，勉强接待。经过初步分析，了解到我们的工作跟他们的期望相差太远，因此态度转变了，这些都很正常，表明民族学的尴尬，被经济的离心作用不断抛向边缘。

（6）各门学科都有扎堆现象，研究力量堆积在条件好、资源差的地方，造成浪费。民族学本来就要研究偏远民族，更不能在东部扎堆，和其他学科争夺同一个研究对象，去关注异地务工、农民工等，好像在说笑话。西部偏远山区可调研的内容相当多。木协乡有一所小学，全乡孩子在此就读。这里拥有基本的生活设施，没有喧嚣，颇有陶渊明所说的"结庐在人境，而无车马喧"的宁谧寂静。家近的有一两公里，家远的有七八公里，全是山路，孩子们从没坐过车，容易晕车，家远的孩子从一年级就住校。孩子衣着单薄，拖着鼻涕，从不洗脸。用当地水洗衣，晒干后犹如熨斗烫过，十分硬挺。老师让孩子把手脸洗干净，好像不邋遢了，可是他们叫嚷手脸发痛，表明不洗脸是有道理的。当地可能是硬水，含有较多可溶性钙、镁化合物，会残留在皮肤上，绷得难受。又如，家庭规模较大，则达村有 19户，计 112 人，平均每户 5.9 人，残疾人较多，仅则达村就有 8 人。许多类似的问题等待着研究，所以我庆幸自己没有到东部扎堆。

第十三章　为西藏调研取经索宝

人到中年，面对压力增大和精力不济的现象，往往会发怔。"中年剪刀轴"揭示了这一症状的内涵。当我跨入 44 岁的门槛时，已拿到最高学位两年，既有成功的经历，也有独立的见解，但是，我不想在"中年危机"①的空虚中得过且过，少年时代远走高飞的梦想还没幻灭，仍想挑战自我，继续释放潜能。出国，到海外去做另类田野工作，无疑能够提升我的西藏研究水平，产生一批新成果。

一、"卡城－西密"的温馨交流

出国需过外语关。通常有两条培训途径：一是国际公认的外语考试；一是教育部与国外大学约定并认可的测试。2000 年秋，我通过第二条途径拿到英语成绩单。

有了成绩单就有资格申请资助单位。第一次未成功，第二次向岭南基金会申请，获得半年期资助额。接着申请受访单位。几所大学回复了我的函件，表示愿意接受，也直率地指出，我的经费不宽裕，难免遇到窘境，建议我再去申请一项补助。这是不容易的，我好像被浇了一瓢冷水。唯有西密西根大学（简称"西密"）的话语给予我温暖。罗伯特·尤林教授②后来成为我的业务主管，他在复信中说："同仁们听到你要来人类学系访问都很激动，我要跟学校有关方面谈谈，希望能够争取到免费房间。"他去找了亚洲文化交流中心的霍华德·杜利主任，两天后告诉我交涉的结果："你的讲座免费，我们的房间也免费，双方对等！"真没想到在国外做讲座还有报酬，我乐得一口答应，问题解决了！节流与开源乃一物之两面，不用付房租，相当于又申请到一笔费用，现在我的资金变充裕了。

西密位于密西根州③的卡拉马祖市（简称"卡城"），前身是师范学院，后来成为研究型大学，国际化程度高，学生将近 3 万人，在公立大学中排名靠前。人类学系创办了 25 年，有文化、考古和体质三个教研室。尤林教授希望我 9 月动身，到校完成注册，准备一篇文章年底去芝加哥参会（美国

---

① 参见［瑞士］F. 弗尔达姆著，刘韵涵译：《荣格心理学导论》，沈阳：辽宁人民出版社，1988 年，第 82–85 页。

② 关于此人的简介，参见《理解文化：从人类学与社会理论视角》（北京大学出版社 2005 年版）和《陈年老窖：法国西南葡萄酒业合作社的民族志》（云南大学出版社 2012 年版）两本书的译序和后记。

③ Michigan 先后被译为"密执安""密歇根"与"密西根"。2016 年 11 月 18 日，密西根州州长斯奈德宣布，官方文件、广告宣传一律采用"密西根"这一官方汉译形式，还请书法家用汉字题写州名。

人类学协会每年要选定一个城市召开年会）。我去西密除了因住房免费外，另一个原因是中国人不多，有利于我迅速提高英语。

出国前，我委托单位代办签证，自己则去了一趟"八乡"，想获取点田野素材（前面第四章开头提到八乡）。潮汕沦陷期间，大量难民涌入粤东、赣南、闽西山区，沿途卖儿鬻女，人贩子浑水摸鱼，将一些女孩用箩筐挑来八乡卖给当地人做童养媳，这些"箩头妹"成人后，不少人向外发展感情。怎么看待这种现象？本来，中国华南与东南各有一个奇特婚俗，即珠三角的自梳女和闽南的"不落夫家"。八乡的情人制构成第三个奇特婚俗。三者都具有妇女反抗封建制度的功能，但同根同源不同俗。把三地的奇婚异俗捏拢，可作跨文化比较，并与国外学者对话。我这次赴美的目的是观摩教学、列席会议、参加讨论、接触先进、寻找文献，其间附带交朋友、见世面。学者最忌讳视野狭窄。克服的途径是勤奋思考、博览群书、实地调查与四方游学。在与外界对接时，自己既要虚心又要自信，才能提高认识，增加理解。

从香港起飞，中途转机，票价比从广州直飞美国便宜，转机次数依票价而定。2001 年 9 月 6 日早晨，我乘省港大巴出发，先将行李寄存在机场，然后到市区的花旗银行取钱。我显得有点土气，一是没开信用卡，随身携带现金；二是胆小拘谨，将 72 张大额美钞藏在身上，还带了几包方便面。以前进藏，县城以外没有银行，我就在内裤里面缝个袋子，尺寸比 100 元红色钞票大些，放入一沓现金，少则几百元，多则几千元，贴着小腹能有感觉，从外面看不出异样。每次拿出几张塞入零钱包，用完再取。

下午，我赶回机场。初次出国，我买了转机票，来回都要转三次，去程首尔第一站，东京第二站，明尼阿波利斯第三站，芝加哥第四站，终点是密西根州卡城。每次转机转车都要等候，前途未卜，必须专注。

飞机深夜起飞，凌晨 2 点到达首尔。我在候机厅等到下午登机，到东京羽田机场后，又等了 1 小时登上去美国的飞机，在明尼阿波利斯—圣保罗机场入关时，被一位女关员叫到小房间，原因是漏填家庭住址派出所的名称，补填之后就放行了。

我走出海关，去拉行李车。管理员走来，右手竖起食指，又张开手掌，意思是 1 美元 50 分。我找零钱递给他，拉走一辆车，嘴里嘀咕：香港免费，这里交费。担心航班飞走，无心细看显示屏，慌忙询问一位女职员。她也不清楚。一位男职工带我到柜台。值机员看了记录，说："飞机已经走了。"

我无奈地问："买一张票多少钱？"值机员安慰道："先生，不用买票，我替你改签，40 分钟后有一趟飞机到奥海尔。"我看了一眼挂钟，到芝加哥赶火车还来得及。

启程前，我给西密外事秘书多拉写了封邮件，请她帮忙订一张 301 次的硬座火车票。给尤林也写了邮件，说明行程，请他在 7 点半火车经过卡城时来接车。

我登上一架 50 座的支线客机，机舱里空着一大半，十几位乘客坐在靠前的座位上，我走到中部坐下。飞机降落后，我取到行李，推出到达厅，在快递车窗口买了票，坐到芝加哥联合车站。排队取票时因担心误车，又不敢插队，我就向警察求助。警察看看表，快到发车时间了，于是与值机员沟通，招呼我上前取票。拿了票，我迈步要走，被警察叫住，以为遇到什么麻烦。只见他拉来一辆推车，装上行李，送到车厢门口，交代列车员照应好我这位国际友人。一阵暖意涌上心头。

月台上停着单层客车与双层客车。都是"美铁"（Amtrak）经营的。纽约沿线因隧道高度不够，跑东部的都是单层列车，跑西部的主要是双层列车。我上了一列单层列车，只有四节车厢，其中半节车厢是餐车，列车员全是男性，年龄偏大。车上空座位很多，有些乘客躺下了。5 点半，列车正点开出。窗外景物充满异国情调。

列车在卡城车站停稳，列车员让我下车，从车上递给我行李。这时一位戴眼镜、年近五旬、面容清癯、头发呈棕榈色的白人走来，欠着身子问："你是弗兰克吗？""是的。"弗兰克是我的英文名。我们握手问好。来者是尤林教授，沙哑的嗓音带着沧桑。

两人出站上了小车，尤林关切地询问了几句我的情况。汽车穿过了灯火辉煌的卡城，停在一个自动柜员机旁边，他隔着车窗取了点钱，开车转过小山包，说："到了！"前面是一堵红砖墙，墙面固定着三排英文字母，两排小字，一排大字，顶端是圆形校徽，在灯光照射下金光闪闪。车开进校门停下，我们拖着行李进入一个宿舍区，这里离学科大楼和图书馆很近。只见楼房整齐排列，都是两层，屋前不远处是斜坡，一片小树林延至上方公路，汽车急驶而过，听不到呼啸声，哦，小树林的隔音效果真好！公路上方是礼堂与剧院，有配套停车场，屋后是草地，间有几棵枫树，房前有条窄廊门。远近路灯明亮，十分幽静。

我们来到 N 座，进入 M6 号房间——两室一厅带卫生间。厨房在厅里，客厅在厅外，以冰箱与方桌间隔。炉灶背靠墙，右侧靠冰箱，左侧靠窗，灶下为橱柜，内有拉篮，里面放着各种餐具，方桌下面放着两把座椅。客厅铺了地毯，墙上是壁画，室内电视机、电话机、茶几、座椅、沙发、柜子、衣帽架等一应俱全。尤林打开啤酒，递给我一瓶，自己拿一瓶喝了一口，说："劳瑞特（见图13-1）小姐前两天收拾过房间，还满意吧？"我连连点头，只是搞不清楚，原说给我单间，现在变成套房。尤林看出我的惊愕，连忙解惑："你是中国改革开放之后第一位到访的内地学者，应该享受这样的待遇。"我环视房间，有点惊喜，感谢校方的安排。

翌日上午，尤林来接我，孩子也在车上。父子三人陪着我在市区转了一圈，又看了农贸市场，然后回他家吃顺路买的威尼斯馅饼。我递给女主人英格·梅弗特礼物：四岁的长子亚历克斯获得一本集邮册，一岁的幼子乔纳森得到一架玩具飞机，尤林夫妇的是衣服与茶叶。

尤林把我送回宿舍，郑重交代："明晚罗拉要举办家庭派对，你一定要去噢！在那里可以碰到系里的师生。"我点点头。午休后，我漫步于校园，看草木葳蕤、松鼠跳跃，听秋虫嘶鸣，生命的躁动触及着我的感官；再观树下、草坪上埋首读书的学子，赏栩栩如生、材质不同的雕塑，感到这里充满人文精神；遥见艺术、体育场馆人声鼎沸，讲学厅高朋满座，还有图书馆的巨大藏书量以及馆际互借机制，我对这所学校充满了期待。回想昨天下午才完成飞越洲际航程，今天晚上又要和外国同事相见，并相处半年，我对未来抱着美好的期望。

西密人类学系有两位名叫罗拉的女教师。大罗拉40来岁（见图13-1），德裔美国人，带有东方女性的端庄娴静。小罗拉30来岁，俄裔美国人，身材婀娜，貌如月季。大罗拉的夫君名叫约翰，两人同校同专业，都在安娜堡的密西根大学读考古学，博士毕业后携手去了俄克拉何马州立大学。校址在埃德蒙市，俄州到处是荒野、油田与牧场。随着孩子出生，他们想跳槽到芝加哥的城市群。约翰擅长南美洲考古，曾在安第斯山脉发掘，成果突出，投档给西密时被选中。西密为了吸引人才，特地网开一面，将夫妇俩一起聘用：约翰去历史学系，大罗拉在人类学系。约翰待到妻子的工作稳定了，自己复又跳槽到伊利诺伊大学（"伊大"）芝加哥校区去了，每两周回卡城一次。那天晚上参加派对，我觉得一切都很新鲜，尤其感到美国同事独立性强，又讲团队精神。美国的教职晋升有一套运作方式，教师工会享有初级评审权，每位正式教师有发言权，意见反馈给系主任，再递到学院走程序。开家庭派对可以联络全系同仁的感情、聚集人气。

图 13 - 1　与劳瑞特、大罗拉在西密教工活动中心门口

　　卡城的森林覆盖率很高，密林中隐藏着一栋栋民居。大罗拉夫妇租赁了一栋 150 多平方米的房子，加上地下室共有 300 平方米。为了准备派对，夫妇俩提前到超市和果园采购，制作了颗粒冰块、雪糕，还做了沙拉，饮料分为冰镇的和常温的，厨房、大厅与走廊的平台上放着塑料桶装的牛奶、果汁，还有易拉罐和软包装的饮料，均为自助食品。

　　下午 5 点，尤林开车载着家人来接我。在大罗拉家门口停车时，讲师姆斯丹佛过来与我相识。他是土耳其人，威斯康星大学的博士，主要研究非洲肯尼亚。他太太是当地部落的黑人，名叫蒂图芭，两人婚后育有一女一子。两家人各自带来做好的招牌菜。单身学生、单身教师不用带，所以参加派对的每个家庭要多准备一点，合在一起就餐。大罗拉仪态优雅，站在门口迎客。在尤林的引荐下，我与她结识，得知她研究过古代菲律宾与中国的关系，曾在东南亚发掘，还去过缅甸。不一会儿，她介绍留着络腮胡的丈夫约翰与我认识。

　　屋后的平台上坐着十几位师生，在烤炉上烘烤香肠，边吃边聊。我过去与他们打招呼，然后用流畅的英语跟一位大男孩模样的研究生聊起来。我走马灯式地跟众人交谈，认识了女教师小罗拉、杰西卡和亚瑟教授、迈克尔副教授。

　　星期一早晨，我便到了摩尔堂（Moore Hall）。这幢学科大楼有 9 层，容纳了科学与艺术学院的十几个系，人类学系在一楼。我见到办公室秘书劳瑞特小姐，从她那双蓝眸联想到德国血统，一问果然是德裔。密西根州的德裔居民比较多，约占全州人口总数的五分之一。尤林的夫人英格是德裔，前面提到的大罗拉也是。劳瑞特给我办公室的钥匙，要求我每天待在这里，外出必须在门上贴小纸条说明。西密已经将我的资料发布在校园网，凡是对我的研究范围感兴趣的师生皆可跟我讨论问题。接着，她带我逐一拜访同事。当拜访到安妮时，这位端庄娴雅的女士自告奋勇地带我去图书馆，告诉我人类学书籍的架位，还带我去办校园卡。路过外事处时，我把订火车票的钱还给了秘书多拉。

几天后的一个下午，我约见杜利主任，在他办公室里交换了礼物。杜利是史学教授，负责学校的对外交流，后回归教师队伍，2019 年退休。这时，我认识了熊存瑞和他夫人李晓青。熊教授年轻时在西双版纳当知青。我多次穿针引线，请他来中山大学参会或办讲座，2015 年初夏，陪他回访阔别 34 年的军垦农场。我们至今依然联系，双方都很享受这份友情。

短短时间内我已融入西密正常生活，每周一至周五在办公室等待来访者，或者去图书馆查资料。我把本馆的人类学、社会学图书都翻看了一遍，人类学期刊目录也都浏览了，哪些是重点，哪些要阅读，哪些要馆际互借，已经心中有数。每周去超市购物一次：通常买一桶牛奶、两打鸡蛋、一纸箱墨西哥方便面、一袋土豆、一小袋大米与一些蔬菜、肉类。平常早晨喝一杯牛奶，吃几片面包夹一些果丁或蔬菜、热狗。中午吃头晚的剩饭，配一锅新鲜土豆汤，掺入少量胡萝卜丝与肉类，如果没有剩饭就煮墨西哥方便面，同样掺入胡萝卜丝与肉类。晚餐是米饭，菜肴相对丰富些。邀请美国同事来用餐一般是在中午，下午他们下班后就要回家。每次请 1 人，单独聊天。10 点半开始准备，11 点烹饪，半小时做好，放在锅内保温等待来客。佐餐喝红酒，饭后吃水果、喝茶。对待第一次造访的客人，喝完茶还要送一件小礼物，如一包茶叶或一把扇子等。有时不请吃饭，而喝午茶或晚茶。午茶是下午 4 点，请同事来下榻处，茶、咖啡随意，加上甜点和水果、雪糕等，聊到 5 点再回摩尔楼办公室。晚茶是约同事 7 点半至 8 点携眷来下榻处聊天，吃糕点。我感觉到他们对我的印象很好。

一天下午，亚瑟来找我，说："弗兰克，我夫人莫妮卡来了，你不是想见她吗？"我跟着他进了办公室，见到一位年近五十、化着浓妆的女性（见图 13 - 2）。握手过后，莫妮卡说："中国是罗马尼亚的老朋友，希望我们能够成为新朋友。"

亚瑟在西密工作了三十载，学校给他颁奖。他对我影响较大。我看到两种类型的教师：一种类似于约翰，不断地跳槽；一种类似于亚瑟，任劳任怨，执着于西密的教学与海外研究。研究西藏特别需要后一种态度。

圣诞节过后第三天下午，亚瑟夫妇带我去拜访人类学系老主任、70 多岁的詹姆斯·弗雷拉教授。他和夫人克里斯汀·弗雷拉于 20 世纪 80 年代中期在天津南开大学任教①，老两口见到我很亲切，不停地询问中国人类学的近况，还表示对西藏研究很感兴趣，届时要来参加我的讲座。

西密的学术活动频繁，每学期各院系都有一些讲座。我用中文给中国内地学生联谊会与东方语言学系师生各讲了一次西藏主题，用英语给人类学系师生讲了三次不同的主题。这五次讲座的消息均张贴在公告栏，相关信息被发布到校园网络。两次中文讲座较为随意。三次英语讲座精心准备，写出讲稿演练，还制作了一个演讲单发给听众，印上讲座题目、演讲提纲、参考文献和问题思考。

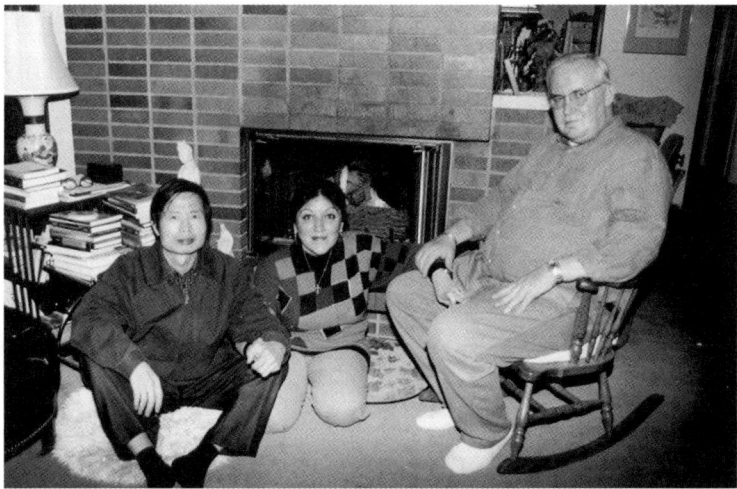

图 13 - 2　与亚瑟和莫妮卡

第二次讲座是在汉学家黎天睦（Timothy Light）教授家里，学术活动与家庭派对合一。在这里，我认识了一对山东夫妇崔红燕和张翰墨。限于篇幅，很多趣事就不展开了。

第三次讲座在人类学系的小型会议室进行，教师济济一堂。我以摩尔

---

① 谷启楠：《回忆南开外文系英专的外籍教师——纪念南开外语学科创立 100 周年》，http://www.ourenglish.org/NKAlumni/Waiyuan/ForeignTeachers122619.html。

根的两个例子来分析原始社会史与中国实践的关系：一是"土地保有权"和"生活中的共产制"的观点①；二是他认为人类血缘群体在群婚状态下可能存在十种基本亲属关系，即主妻、副妻、主夫、副夫、母亲、父亲、女儿、儿子、兄弟、姊妹。白雷曼在喜马拉雅山脉南坡西段金萨社区观察到这一现象，即金萨人的核心家庭保持着十种亲属关系②，证明了摩尔根的观点是正确的。我的研究指明一个新方向，即西藏的多偶婚核心家庭（兄弟共妻和姊妹共夫）只有九种亲属关系。整个讨论大家听得挺专心，轮到安妮提问，她想了解中国民族学界对进化论的看法，我介绍了我们在婚姻家庭、亲属称谓、财产关系等方面受到古典进化论与新进化论的影响。最后满屋掌声，亚瑟还伸拳与我碰了一下，祝贺讲座成功。

第四次讲座在一间教室进行。讲毕，有位教师用他在安第斯山区的调查材料来佐证，赞同我用生态学模型解释兄弟共妻家庭的视角。

第五次讲座是讲社会结构的，遵照尤林的要求深入浅出，讲了亚细亚生产方式、农村公社、贡赋制社会等概念在中国的体现，结合分工合作开展阶层阶级关系分析。学生听得很专注，表现出良好的素养，适时的鼓掌说明他们听懂了讲座。

讲座是我主动对外介绍自己的方式，听课与教学观摩则是被动的方式。西密外事处把我当成西密的一员，凡有重大典礼都会向系里下通知，请我出席。我参加了毕业典礼、音乐会、年终教学总结会、教师颁奖会、圣诞联谊会，一窥西密的教学运作，对某些问题产生了换位体验。我俨然成为人类学教师群体中的一员，外校教授来讲座，全体教师到卡城吃饭，有人为我买单；年底研究生答辩，全体学生到卡城 AA 制聚餐，他们的导师替我付钱。

我选听了几位教师授课，他们的备课态度与讲课风格各有特色，效果亦不同。例如，尤林擅长理论，学生上尤林的课要打起精神，生怕提问。大罗拉谙熟发掘，上课自由度较大，弄几张图片，复印一些资料就上台开讲，学生思维比较活跃。西密的教学楼未安装投影设备，但设有教具室，教师可办理投影机或幻灯机借用手续，用架子车推进课室。课件制作在教学中很重要，艾伦教授上"考古学通论"课时投影内容相当精妙，极大地

---

① ［美］保罗·博安南：《导论》，见［美］路易斯·H. 摩尔根著，秦学圣、汪季琦、顾宪成译：《印第安人的房屋建筑与家室生活》，北京：文物出版社，1992 年，第 7 - 8 页。

② Berreman, G. D., The Polyandry in Himalayas, *American Ethnologist*, 1975 （2）: pp. 127 - 139.

提升了教学效果。通过观摩教学，我获益匪浅。

我经常泡在图书馆里翻书，不遗余力地寻找资料，无论书籍、文章、照片，凡是有价值、方便携带的，都会收集。我不仅通览了馆藏的人类学书籍，还旁及社会学等学科文献，并从馆际互借渠道收集到一批资料。我把有价值的材料全部带回国慢慢消化。

在此期间，我与戈尔斯坦通过几封邮件。他的研究侧重西藏史与喜马拉雅山区的民族学。他培养的藏族博士班觉于 2001 年 5 月通过博士论文答辩，研究的是与当前西藏兄弟型一妻多夫制相关的社会经济因素与文化因素①。戈尔斯坦还告诉我，他很喜欢中国的盆景。这句话是双关语，表示见微知著。

带着自己在中国多地（粤、藏、滇）田野调查的资料出访，半年的学习交流为我的访学画上了一个圆满的句号。通过与美国同行相处，我丰富了人生阅历，提升了学术水平，明晰了专业方向，获得了前所未有的动力，自信心满满，理解力更加成熟。我不仅完成了见世面、交朋友和找资料的任务，而且开拓了以个人为载体的学术互动，留下了美好的记忆，其中不少值得反思。

此行我最大的收获是完成了英语由学到用的转换。我每天听、说、读、写、想全用英语，并且带着探究学术的想法，专业英语水平提高很快。3 个月，我就有一篇译作完成，投给《西藏研究》②。因超脱名利世俗之争，一如在孤寂之地调查，心无旁骛，过了两个月，我又完成一篇译作③。此外，我阅读与翻译专业领域的英文作品从未间断，水平一直在上升。坚持到现今，已发表译作 40 篇，出版译著 10 部，这在国内设有人类学、民族学、社会学的大专院校教师群体中是不多见的。

我的第一本译著是翻译尤林的《理解文化：从人类学和社会理论视角》。此书字数多达 31 万，涉及学派众多，理论性强。翻译的动力来自三点：首先是学者的使命感，中国人类学需要理论资料，自己责无旁贷；其次，不少大学者都从事过译介工作，既能充实提高自己，亦能锻炼外语运用能力；最后，从个人角度，译书是对尤林邀请我的回报，没有他的邀请，

① 班觉著，王旭辉译：《太阳下的日子：西藏农区典型婚姻的人类学研究》，北京：中国藏学出版社，2012 年。此书即博士论文答辩后，英译汉，重拟书名出版。

② ［美］戈尔斯坦著，坚赞才旦译：《利米半农半牧的藏语族群对喜马拉雅山区的适应策略》，《西藏研究》2002 年第 3 期，第 113 – 120 页。

③ ［美］戈尔斯坦著，何国强译：《巴哈里与西藏的一妻多夫制度新探》，《西藏研究》2003 年第 2 期，第 107 – 119 页。

就没有我在西密的故事。

回国后，我先译出两章，打磨好作为联系出版社的样本，然后一边译，一边找出版社。张翰墨给我介绍了出版人高秀芹。在高秀芹的推动下，按规定支付了 2 000 美元版权费，办好了手续才出版。

翻译著述可以促进中外学者交流。礼尚往来只是人际交往的表层，通常是容易做到的。事业上的惺惺相惜与学术上的互相支持就不容易了。我凭着良好的功底、坚韧的毅力，用了 1 年译完该书。尤林收到中文版后，立刻给我写信，溢满赞美与谢词。后来我又帮他译了一篇文章①和半部书②。

此行我的收获还有自我意识的提升，包括经历、自信、眼界、判断等。对于我在西藏的人类学研究乃至其他领域的人类学研究有几点影响：①青藏高原的田野工作受主体意识差异的影响，表明真理是具体的、有条件的。访学期间我找到很多英文资料，了解到不少理论模型，接触到不少新鲜经验，拓展了思维空间，提升了水准，业务上增长了见识。等再回到西藏调查同样的对象，我就可以根据新的认识，对原来的研究部署作出相应的调整，避免因原方案不当给研究带来负面影响，从而得出不同于以往的解释，争取获得最大的成功。②我在美国看到与西藏截然不同的景观，凸显差别的同时把握了共同性，从而增强了信心，借提升主体来改变研究的内容与结果，即改变研究者的思想与感情，改变他们的认识方法、态度与途径，从而改变他们的理论观点。③通过国外研究成果来提升自己对西藏乃至其他领域人类学的兴趣（它们是总体研究方案的一部分，彼此相连，相辅相成），提升自己的科研水平，以便维护中国学者的话语权，与国外同行积极交流与碰撞，必要时还可反驳某些别有用心者的抹黑。

美国有些现象值得思考：①城乡物质与能源浪费很严重，如厕所里的纸随便扯，喷泉不分昼夜地喷水，走道开着长明灯，厕所对接中央空调，抽风机似乎永不停止转动。我从小接受厉行节约的教育，在西藏农村看到缺水缺电十分普遍，增强了节约的观念，美国人的大手大脚应引起反思：人类学家的判断可能是对的，我们真的需要生产那么多的能源吗？②在高离婚率社会，人一生可能会有不同的配偶，从而产生不同的亲属关系，如异辈的"继父母"与"继子女"关系，平辈的"同父异母或同母异父的兄

---

① ［美］罗伯特·查尔斯·尤林著，何国强译：《论利科对当代人类学的影响与贡献》，《中山大学学报》2006 年第 6 期，第 77－82 页。

② ［美］罗伯特·C. 尤林著，何国强、魏乐平译：《陈年老窖：法国西南葡萄酒业合作社的民族志》，昆明：云南大学出版社，2012 年。

弟姊妹"，这两种亲属关系与"亲生父母"与"亲生子女"关系，以及"同胞兄弟姊妹"关系并列，可动态地使用民族学上"一夫多妻"或"一妻多夫"模型来解释。③此次访学发生在新旧世纪之交，当时所看到的美国的教学科研条件，无论硬件还是软件都很先进，也是国内许多院校没有的。过了 20 年，现在来看，我国高校的硬件方面已经追上来了，软件方面不要求与国外齐一，我们的高等教学要为培养社会主义新人服务，坚持优秀的意识形态，在制度与教材上体现中国特色。

二、"厄本勒－香槟"的记忆幽香

"厄本勒－香槟"是伊利诺伊大学的一个校区，处于两县相邻的地带，以公路分界，左边叫厄本勒，右边叫香槟，合成一个镇。2006 年，我有幸来到风景秀丽的伊大校园。这次成行得益于许多条件，其中女儿及时通知、学校主管部门支持和美方代表重视不可或缺。

弗里曼学者项目由私人赞助，委托伊利诺伊大学厄本勒－香槟校区管理，主要资助中国人文社会科学领域的中青年学者赴美交流，有国际认证标准的英语成绩、获得博士学位的申请人优先。1998 年和 2005 年，我都申请过，头次是由本单位组织评审，没有成功。第二次是由美方组织评审，侥幸成功。虽然成功，想起来仍有点心惊肉跳，因为报名的三个条件——年龄不超过五旬，有英语成绩与业务水平强，前两个对我极为不利。

我没有超龄，英语认证成绩过期，不过英语能力并不低，前文提到，2005 年还推出一本 31 万字的译著。我打电话询问职能部门，他们很快对条款作了柔性处理，接受没有英语成绩的教师报名。因为托管弗里曼项目的东亚－太平洋研究中心的主任曾造访中山大学，校方接待他时建议采纳更加灵活的标准，让更多有英语实用能力、不一定有认证成绩的中年教师获得机会，减少英语教师与青年教师的名额。这获得中心主任的同意。

可是美方的新旧主任换届，新官可理旧账？学校张艳梅副处长熟悉业务，知道政策调整，在与新主任南希对接时告诉她："今年我校有两位申请者没有国际认证成绩，但有英语实力的物证。"南希是位外紧内松的管理者，她敦促申请人赶紧报名参加考试。张处长与她保持沟通，告诉南希：中国的大学放假了，教师已离校，可否等您看过材料再决定。南希没有坚持，毕竟美国高校也一样，放假就找不到人。

弗里曼学者项目提供的条件是每年访学 11 个月，能够享受 2.74 万美元的资助单，大致为两项待遇，一项由访问学者自行支配，主要是 11 个月的月薪，每月 1 600 美元，计 17 600 美元，免税。另一项是各种直接、间接地服务于访问学者的费用，计 9 800 美元，如中心给每位访问学者配备一对老年夫妇，俗称"an American family（美国家庭）"，帮助访问学者融入美国文化，向这对夫妇资助 2 000 美元。我的"美国家庭"是安妮夫妇（见图 13－3），待我相当好，隔三岔五找我，不是请到家里，就是开车带我去玩耍，还介绍新人扩大我的朋友圈，帮助我了解到美国社会的许多事情，如美国人收养中国弃婴、夫妻分属不同党派时怎么相处等，我的家属赴美探亲时，安妮开车接去家里吃便饭，当她们离开伊利诺伊大学回中国时，又开车将她们送到火车站。以上两项待遇，按 2007 年的汇率计算，相当于人民币 21.2 万元。

图 13－3　学者团成员家属与安妮夫妇

其他，如来回机票费、凭 IC 卡享受的福利等，是与本校师生一样的。早先的政策与现在不同，当时国内生活水平还不高，出国后原单位照发工资，带回物质上的收益，更不用说得到业务上的长进。由于待遇特别优厚，许多人对弗里曼学者项目很感兴趣。

弗里曼学者项目每年定点给教育部辖下的八九所大学的相关学科安排名额，每所大学一至两个，从中征集 15 位学者，与伊大香槟校区相应的学科专业对接，它们是人类学、古典文学、传播学、社会学等。访问学者配对的本校学者均来自以上专业，配对经历可作为晋职的参考。

南希看了我的申请材料比较满意，就问历史学系的华人教师邵丹，是否愿意跟我这位中国民族学工作者作配对伙伴。见邵丹爽快地点头，于是南希给我发函，6月赴美，培训1个月英语，然后启动项目。这些细节我是后来才知道的，当时我在西藏自治区贡觉县。感谢本校职能部门的竭诚服务，特别是中心主任南希的邀请，她本人就是人类学教授，自然倾向于接纳一位中国同行。

我从田野调查点回来，临阵磨枪，恶补英语，通过了美国驻穗总领事馆的面试。来不及为片刻的成功沾沾自喜，赶快利用启程前的一个月去昆明西郊调查，再带点新鲜材料出去。抗战初期，美国人类学家奥斯古德在高峣村待了35天，1963年出版该村的民族志①。我第一次访美时从西密复印回来，花了5年快要译完，带着译稿去村中重访，可获得一些新材料。我约了高微茗，她是当年我招到的一位硕士生，多租一间房，师生俩毗邻而居，一起调查。恰逢第18届世界杯，晚上可看足球转播，调剂生活。两周后，各自回府。在新生入学前就带她一程。

我单位有位教师刚从中心归来，把餐、炊、饮具和床上用品留给了我，还借给我一个大箱子。尽管如此，我的行李仍不轻，我带了很多礼物，包括三段氆氇，这种毛料较重。拿到机票后，只有两三天了，我赶紧请人吃饭，完善人际关系。

我仍选择第一次赴美的航线，从穗到港，乘机经首尔转机，但未停留东京与明尼阿波利斯。到了芝加哥的奥黑尔机场，联系中心秘书艾米莉，她建议坐快线车过来，并给调度打电话。开车的胖司机把我带上车，途经普度大学、印第安纳大学，3小时后到了伊大厄本勒－香槟校区。到了目的地，胖司机卸下行李，给艾米莉打电话。我付了钱，司机走了，但很快折回汽车终点站，退给我几块钱，说钱给多了。

不一会儿，艾米莉与丈夫鲍勃开着一辆面包车来了。艾氏60多岁，鲍氏70多岁，顺路到一家名叫"远东"（Far East）华裔老板的小店购买中国食材，价格比超市稍低，为了避税，只收现金，不刷卡，以免产生交易记录。除了这一间，附近还有"韩国老板"（AM-KO）和"绿色联盟"（Green Union）等亚洲店铺。等于带我认路，因为美国大学不像国内院校有

---

① Cornelius Osgood, *Village Life in Old China：A Community Study of Kao Yao，Yunnan*，New York：The Ronald Press Company，1963.

学生食堂、教师饭堂，吃饭必须自己煮。

中心共5位行政人员。副主任安恩和秘书艾米莉为常任，主任南希和两位助理为兼任。有位助理叫戈卉，与大家沟通较多。她来自新疆，曾在深圳工作，赴美后在丹佛大学读研究生，继而随导师转入香槟校区作博士生，研究移民问题。

鲍勃夫妇提醒我最好买够两三天的食品，因访问学者到齐才会组织购物。鲍勃是一位老兵，1951年入伍，派驻韩国。他开车拐入东亚－太平洋研究中心，我拿到那位教师存放的纸箱。艾米莉说，各大学每届访问学者就是这么传递的。她还说："今年人民大学申报条件较好，录取了三位，一位是你的室友。有所大学全军覆没，腾出一个名额给人民大学。"

汽车开到一个住宅区，以前那里是一片苹果园，学校买下土地建了公寓，取名"果园街"。打开车门，一阵热浪扑来。鲍勃提着小箱，我提着大箱，上了二楼套间。房间一大一小。室友先来，大间被他占据，内有一张双人弹簧床、一个书柜、一个胸柜。小间留给我，里面有一张硬床、一个壁柜。客厅、厨房与卫生间共用。我住了半年后就搬到大板房。小楼房租较贵，月租600多美元，两人分担。大板房后面是原野，位置极佳。设备简单一点，客厅与厨房共一间，卫生间随时有热水，月租400多美元，也是两人分担。

厄本勒－香槟的伊利诺与安娜堡的密西根、旧金山东湾的伯克利三校齐名。它所获得的研究经费在全美名列第一，2 400万册的巨量藏书在全美排行第二（仅次于哈佛大学），国家超级计算机应用中心一直处于世界领先地位，校区设有逾80个研究中心、实验室及研究所，教员多是国家级学术机构的杰出成员[1]，还有威拉德机场、博物馆、美术馆、文化艺术中心、大型体育场馆以及占地10 700亩的阿勒顿公园，2015年外国留学生达到1万名，2018年为1.1万余名，其中，中国学生最多，2019年有6 000余人，占留学生总量的56.2%。如果我愿意，我在该校不讲英语也能生活，但是在五年前的西密如果我不讲英语则根本不行，因为那里只有几十个中国人。

学校十几条公交线路辐辏于绿街。那里有个慈母广场，它以一座巨大的雕塑为名，校训"求知与劳动"在雕塑中表现得淋漓尽致，只见"母亲"

---

[1] 截至2007年，厄本勒－香槟分校有24位教授或校友获诺贝尔奖（11位自该校毕业），2位校友获图灵奖（计算机科学界的诺贝尔奖），1位教授获菲尔兹奖（数学界的诺贝尔奖），17位校友获普利策新闻奖，11位教授获美国国家科学奖章，现任教授中有22位美国国家科学院院士、28位美国国家工程院院士。

从座椅上站起，张开双臂欢迎新生及回到母校的校友，她身后是两名学有所成的儿子，象征学校的诲人不倦与师恩深重。世界各地学子云集于此，创造了全美国际化程度最高的公立大学。

果园街住着许多留学生。透过窗户，遮不住的田园风光尽收眼底。行走在一望无际的黑土地上，常常想起中国东北的黑土地及随风摇曳的大豆高粱。一些中国学生把父母接来，向校方承包小块土地种菜。每年拖拉机把旧地犁一遍，拉线划出小块土地，编上号码，申请者交 12 美元管理费，抽签获得一小块土地的使用权。那些中国学生的父母不谙英语，荷锄带孙，余菜出卖，有人一年获利一两千美元，积攒回家的机票钱绰绰有余。

3 天后，国内 9 所重点大学的 14 位教师到齐，即使其中 6 位是英语教师，他们同样要接受外语强化。中心聘请了两位女教师，一位是 38 岁的涅齐米叶，美籍阿尔巴尼亚人，热情开朗、性格奔放，喜欢巴尔干半岛的民族音乐；一位是 32 岁的阿伊莎，土耳其人，在读博士，感情丰富。她们每天陪着学员操练英语，严格检查，抓细节，让学员交叉结对练习，每个人的英语能力提高很快。

第一周事务琐碎，要照单人半身相，挂在校园网公布信息，这张照片也用于制作印刷品和办理 IC 卡，还要到移民局办理业务，到银行开户，等等。与此同时进行英语强化。结业考试要提前一周准备，根据赴美交流的内容选做幻灯片。涅齐米叶演示利用 PPT 模板的技巧，每人宣讲 20 分钟。轮到我演讲时，大家开玩笑说：压轴戏来了。我用鲜活的材料和严密的分析叩开了人们的心扉，流利的英语进一步感染了大家，听众踊跃提问，涅齐米叶给我打了最高分。

访学转入正轨。从 7 月 15 日至翌年 6 月 22 日，访问学者团按计划展开交流学习。在开班典礼仪式上，14 位团员与伊大香槟校区的配对教师见面。我见到邵丹，她时年 35 岁，南京大学历史系本科毕业后在伊大香槟校区法学院获法学硕士学位，又在加州大学圣塔芭芭拉分校研究清史，获历史学博士学位，继而在哈佛大学费正清中国研究中心做博士后，专攻满族研究，时为东亚语言文化系的讲师。做博士后期间，她感到美国研究清史与满族的资料委实有限，教授掌握的专门史知识单薄，就回国到社会科学院历史研究所进修了 1 年清史。

中心每周举办一次论坛或座谈会，两个学期共 15 次，每次 2 小时，提前告知主题，围绕着某个主题用英语发言，先请伊大香槟校区的教授讲，或请相关专业的访问学者讲，要求对比中美文化。主题涉及城乡、教育、医疗卫生、宗教、政治、法律、民族、种族、妇女、现代与传统、全球化等，大家都要讲，不能冷场，但要显示学者风度，有时间观念。每次我主要从人类学角度来阐述。

学者团格外珍惜这次访学与交流的机会，没有无故缺席的。中心对团员的管理也很到位，要求半年向主任汇报一次，先交书面报告，再约谈，叙述自己做了什么事情，后半年还有什么计划。南希挑选一些内容写进总报告，再向基金会汇报。要求团员一年至少选修三门课程，跟本科班听课、参加讨论、做作业、考试拿成绩。学者团选出一位班长，平时自我管理，不允许无所事事地混日子。

我在中心规定的职责范围内做了两方面的工作。

（1）调查研究：第一，尽量接触自己研究领域的前沿性资源，如社会文化理论、田野调查、客家和藏族研究等。第二，联系了五六位作家，力图获得版权赠予，将他们的论著介绍到中国。第三，选择了伍锐麟作为研究课题，伍先生在加拿大温哥华长大，20世纪20年代毕业于加州大学（今洛杉矶分校的前身），后来到伊利诺伊大学香槟校区读研究生，继而到岭南大学工作，该校1952年与中山大学合并。在戈卉的帮助下，我查询到陈序经与伍锐麟（二人既是校友，又是连襟）的学籍，还到俄亥俄州首府哥伦布斯拜访了伍先生的长子。第四，两次向国内申请研究青藏高原的基金，均获成功。第五，发表了几篇译文与论文。

（2）交流与教学：第一，选听"东南亚文明"和"法律与文化"等课程，感受学习氛围与授课水平。有位中年教师名叫费伦，讲课声如洪钟，提问恰到好处，每次都留时间给学生讨论。他显示出的底气，源于早期扎实的训练、多年的理论知识和长期的教学实践，还有对学生的责任心，这些因素推动他利用高科技，灵活自如地控制投影、音响、灯光。科技因素反过来为他口若悬河、纵横捭阖的授课提供了舞台，帮助他紧扣问题、延伸主线，这些给予我深刻的印象，慢慢琢磨如何运用于自己的岗位。他同意我旁听，但希望南希主任亲自沟通，尽管共享师资是各院系的原则，但是职称似乎起决定性的作用，南希是教授，费伦是副教授，两人见面时南希口气硬朗，费伦较为谦和。第二，观摩了几次博士论文预答辩会议，跟博士候选人与校内外学者交往。第三，利用校内教学资源完成中心组织的跨文化会议和研讨会。第四，保持与国内学生的交流，给他们以鼓励。第五，与访问学者团成员、"美国家庭"保持互动。

我的起点较低，求学途中不敢松懈，自己很少休息，与孩子玩耍也不多，因此有一种亏欠感，想让家属寒假过来，到美国各地游玩，今后出外做田野调查，更能得到她们的理解与支持。2007年1月，家人赴美探亲，安排时间外出，女儿维维安想参观名牌大学，陪她去了芝加哥大学，接着去东部城市游览，参观常春藤大学，然后去俄州首府哥伦巴斯。因香槟校区开学在即，一家人分开，我回校，母女俩去田纳西州纳什维尔市参观范德比尔特大学。在美旅游不算贵，就是比较辛苦。借此机会让家属认识了我在异国他乡结交的朋友。格鲁根是果园街大板房附近那个教堂的负责人。他热情好客，每个星期三拜访我，跟我聊天，开车带我周游，向教友介绍我，给我高度赞誉。与格鲁根交往为我了解美国文化提供了一条捷径。我家属来时，格鲁根请我们到中国餐馆吃饭。

中心允许每位访问学者报销会议费1 200美元。若去西部城市开一次会，这些钱用不完，想省开支，还可去一次较近的城市开会。谁能料想得到，我足足开了5个学术会议，带来一股崭新的感受：

甲会，2006年11月，从香槟坐火车到芝加哥，乘飞机中转科罗拉多州丹佛市，再飞加利福尼亚州圣何塞市，参加美国人类学第105届年会，原路返回，中转丹佛，来回6天；

乙会，2006年12月，在厄本勒－香槟校区参加邵丹的文化边界研讨会，1天；

丙会，2007年3月，从香槟校区坐火车到芝加哥市，直飞华盛顿州西雅图市，参加人类学与图书情报研讨会，返回时乘坐灰狗巴士，来回5天；

丁会，2007年4月，从香槟校区坐火车到芝加哥市，转乘火车去密西根州安娜堡镇，参加密西根大学的中国学者论坛，返回时途经卡城下车，当日下午续行，原路返回，来回4天；

戊会，2007年5月，从香槟校区坐火车到芝加哥市，转乘火车去密西根州卡城，参加西密面向东方/面向西方学术综合研讨会，返回时乘坐灰狗巴士，来回3天。

以上，甲、丙、丁、戊在校外，其中两个在西部，两个在中部。要住九到十天，诀窍是省下住宿费就够开支。第一个会议，我在友人家住了四晚。第三个会议，我在塔科马机场候机楼待了两晚，把田野调查知识运用到异国。美国不少大机场夜晚不清场，允许乘客在那里待到天明，里面安全舒适，到处是摄像头，有公共直饮机、空旷的长椅和保安值班。第四个会议，在举办方的学生宿舍住了两宿。第五个会议，坐夜车凌晨到达，在园廊的廊道上对付了几小时，翌日晚到以前的美国同事家住了一夜，第三天凌晨回到香槟校区。

学术会议丰富了我的专业知识。第一个会议是美国人类学第 105 届年会，主题是文化边界，浓缩了 500 个议题，传统与现代兼顾，兼有动态与成果的展示，来自世界各地的 8 000 多名师生参加，其中一半是注册会员，提交论文 4 000 多篇。会议在一个大酒店召开，布置了百多个大小会场，连开 5 天，学术研讨、教学研讨、影视展评贯穿始终，最后两天有图书展览、工作招聘、商务洽谈等活动，出版社派人来参会，听取学者发言，评估出版的价值，推销专业书籍。厅堂中摆放了葡萄酒、茶点、咖啡。各个论坛我都去听了一下，未听到有涉及西藏的，说明国际人类学界缺乏青藏高原的民族文化调查，也说明我自己的工作起到弥足珍贵的作用。期待中的事情发生了，我见到西密的尤林与姆斯丹佛。中午尤林请我吃饭，希望为他翻译处女作，就是前面提及的那本关于法国葡萄酒的书。该书第 300 页回顾了与我的邂逅。会议期间，中山大学校友载我去旧金山、金门桥、渔人码头、斯坦福大学等处参观。

第二个会议是配对教师邵丹组织的，在厄本勒－香槟校区召开。国外评职称需要具有主持学术会议的经历。邵丹邀请了几所兄弟院校的同仁。我在受邀之列，做了主题发言。来自卫斯理学院的帕克研究珠江流域的文化，偏重于滇桂，如云南的铜矿开发，矿区周围的文化变迁，矿藏通过两广的运输。他用"中间场"观点串起云南的三个事例。

事例 A 是东川铜矿和东川的发展。东川位于云南东北部，有两千多年的铜矿采冶史，帕克在解读矿区文化时，聚焦于外来移民。光绪年间东川大量招募工人，一方面系因铜产量上升，另一方面人群聚集，形成系统的住宅区，发展了基础设施，逐步成为城市，反映了一种城市的形成模式。

事例 B 是西双版纳的封建领主召片领，为了与汉族统治者和睦相处，他带头接受汉官的册封，穿汉服、学汉语，送子女到汉人学校。

事例 C 是战国时期，楚将庄蹻入滇，归途被秦军阻断了，部下"变服从俗"，进步的楚文化与原始的西南夷文化达到融合。

文化融合的事例不胜枚举，18 世纪北美五大湖周边出现印第安文化和欧洲文化，后者又分法国、西班牙、德国等，都进入资本主义，印第安人尚处于野蛮社会，两种文化有了融合的趋向。理论上可用"中间场"来概括同一地域各种异质文化相混的现象，这个概念是引自莱斯利·怀特的学说：两种文化合起来就会产生第三种文化，即 $A + B = AB$，新文化是中间要素重组。我注意到，同样的研究，中国人倾向于经验理解，重实用性，外国人倾向于理性把握，非要概括出共同性。

第三个会议在西雅图召开。2007 年 3 月 17 日上午 8 点半，与会者陆续来到会场，他们肤色不同，着装不同，面带微笑，先后坐下。9 点钟，主席宣布开会，嘈杂的大厅立刻鸦雀无声。主席报告说，会前共收到 200 多篇论文，经过初步遴选，向 300 多位学者发出邀请，他们来自五大洲四大洋，这是一次难得的盛会，他嘴里发出清晰的语音"welcome"，大厅里响起雷鸣般的掌声。开幕式用了不到 1 小时就结束了，没有照集体照，很快转入宣读报告的过程，代表们走进 6 个分会议厅。我在亚洲组，始料不及的是下午轮到我发言，幸好之前我演练过，我把 U 盘交给程序员，里面有投影材料，然后我走到麦克风前，掏出一张打印纸，连说带比画，一刻钟讲完，接着回答提问。会议安排每位代表只能讲半小时。

回程坐灰狗巴士，场外收获大于场内，我实现了 3 000 公里横贯美国中西部的梦想。待我风尘仆仆地回到香槟校区时，已是第五天上午。这趟旅游不比乘飞机便宜，但是很接地气，因为乘客大都来自乡村，白人与有色人种皆有。营运"驿站"式，由多个短途拼接成一个 38 小时的长途，每位司机跑一个城市，到了区间站，乘客换另一辆巴士，第二位司机开到下一个城市。乘客在每一个区间站都有时间休息，如果转车时间长，还可到附近溜达。我在爱达荷州府博伊西市、犹他州府盐湖城、科罗拉多州府丹佛市、密苏里州府杰斐逊市和伊利诺伊州春田市都下车在市区转了一下。沿途与司机、乘客聊天，遥想早期人类活动的遗迹，对比北美的山河与青藏高原的景观。

在盐湖城转车。车到密苏里州，中途停车在草坪上休息，我给车上一对男女拍照，让其站好，掀快门，他们突然一齐转身，翘起屁股对着镜头，令我忍俊不禁，颇有感慨，美国人是挺幽默的。灰狗巴士奔驰在水牛城那段高速公路上，我坐在司机座后两排右边，隔位与司机聊了一阵。司机曾到中国旅游，对长城赞不绝口。车停靠在一个小站，美国乘客直接开水龙头喝水，司机知道中国人不喝生水，友好地到调度室为我端来一杯开水。

灰狗巴士进入伊利诺伊州，车上几位年轻人有点放肆，司机提醒不要影响别人休息，连说两遍，那几个人置若罔闻。司机大为恼怒，威胁要叫警察。我觉得这一插曲为旅途平添了节目，反映了人的本能，年轻人憧憬自由，司机尽忠职守。

巴士到区间站时，我见到一对黑人姊妹，姐姐开车载妹妹到车站，妹妹抱个婴儿，姐姐带着三个孩子相送，轿车停在路边，孩子顶不住毒辣的太阳而躲进车里。姐姐看着妹妹验票上车，两人隔着车窗抹泪，灰狗巴士开动了，扬起灰尘，姐姐站在尘土中招手，目送巴士远去。这一幕深深地震颤了我，每当夜深人静时，我常常回想这幅画面：民族文化是呈结构性的，表层是特殊性，底层是共同性。

第四个会议是在安娜堡召开的，由中国学者主办，提供两夜住宿。我从人类学视角解读西藏的婚姻制度。这个话题有点吸引力。会议安排接送，我借道参观校园，回程途中重访卡城。

这次会议令我对海外学子的境况了解更深。与会的中国留学生朝气蓬勃，学习压力大，每门课老师只讲四成，剩下六成由学生看参考书讨论把握要领，不看书的人非但不能形成观点，也不能评论别人的观点。在课堂上，学生表述观点，老师评判与归纳，防止闭门造车。讨论占课程成绩很大的比例。谁也不敢偷懒，借用现代社交软件与人聊天的现象几乎没有。因此学生比较孤独，也必须学会承受孤独。当重压之下，喘不过气来，才有片刻聊天，或者到公园享受宁静，释放寂寞。

与会代表绝大多数是华人，多为来自美、加和中国香港、大陆的学生。大陆学生中女性居多，一位来自河北省的女生任会议组织者，从审理材料、发邀请函到跟中心联系包干到底，显得游刃有余。那天晚上 11 点多我在安娜堡火车站下车，她开车来接，送到男生宿舍，两位男生待我洗盥完毕、躺在地铺上，才熄灯就寝。这次会议没有招待，吃饭实行 AA 制。

安娜堡离卡城不远，我已订好回程火车票，在卡城下车，利用 7 个小时空闲拜访老朋友。在安娜堡上了火车，我看着窗外的晨景，心旷神怡：一是演讲成功，还回答了别人的提问；二是马上就要与老友重逢。

第五个会议在卡城的西密召开，那是一次颇富戏剧性的旅程，晚上从香槟校区坐火车到芝加哥联合车站，在候车室等待时，一位 50 来岁的中国人插队，身边的旅客议论，我心里很不是滋味，觉得应该注意自身形象，不要影响到他人。转乘到底特律的火车，到达卡城下车已是凌晨 2 点半。车站离西密有 4 公里，我拎着皮箱移步市郊公路，还没走出城门，见前面红灯闪亮，警察拦车检查。警官让我出示证件，得知我是访问教授，刚下火车，要去几公里外的大学开会。他诧异之余，又招来一位警官，两人耳语几句。那警官彬彬有礼地对我说："朋友，今夜发生命案，封闭了所有路口，围捕持枪杀人者，路上有危险，我开车送你去好吗？"他见我点头，便打开后门。我跨进后发现，前排司机座右边的座位上放着通话装置，没有空位，后排是关犯人的地方。警车开了，我隔着细铁栅与警官聊天。七八分钟就到了西密。我向他行礼道谢。警车消失在夜幕中。

这时凌晨 4 点多，伫立在熟悉的校园里，仿佛一草一木、一沙一石都在跟我打招呼。我步入园廊，躺在廊道座位上，快到 7 点，起来洗盥，去会场签到，用自助餐，然后找个座位看发言稿。科学与艺术学院的院长讲完话，会议就开始了。

我跟艾伦教授讲好，晚上 9 点半在大礼堂门口见面，然后去他家过夜。

当晚大礼堂有文艺演出，西密华裔教工的夫人与大学生同台表演。她们组织了一个团体，平时自娱自乐，排练民族舞和广场舞，逢西密举办学术活动时倾巢出动，让会议增色不少，举办方补贴她们一点经费。几位华裔教师坐在观众席上欣赏夫人表演。我旁座是齐德文教授，在造纸与印刷科学所工作。台上响起了《康定情歌》，两个演员翩翩起舞。他笑问我的感受。我说到好的，他笑逐颜开；说到不足的，他低头思索。

这时，我感到肩膀被人拍了一下。原来，艾伦来到我身边，我们上了车，夫人快下班了，他先去接她。见面后我惊叹 5 年来她还那么苗条，夫妇俩很享受我的美言，把我带上家里二楼，交代一番后就走了，他们还有一套房子。

艾伦正在研究中亚考古，培养了一位硕士在新疆考古所工作。他想去塔吉克斯坦交流，但不熟悉对方的情况，这位学生灵机一动，以单位名义邀请艾伦来新疆，然后去塔国。艾伦接到邀请就写报告要钱，按程序一级级上报。他成功了。艾伦想从土耳其去塔国，经费不够。我建议他到香港或广州来，再飞乌鲁木齐，飞机多，机票便宜。我还帮他牵线，返回时来学校做讲座。

翌日早，艾伦开车送我到会场。首先发言的是来自内蒙古大学的一位地理学教授，他夫人与就读于西密的儿子赶来捧场。紧接着轮到我讲西藏。我在 15 分钟的发言里，用第一手资料说话，提纲挈领的分析、清晰的思路和有力的话语赢得一阵阵掌声。讲完后有人问了个简单的问题，我回答得妙趣横生。一位西班牙女教授在我之后发言，她显然受到激励，讲得抑扬顿挫，同样获得好评。午餐会上院长总结，点名表扬了我和几位发言人。

下午两点半，我依次拜访了几位熟人。熊存瑞教授送我到车站。我请求他兜到 N 座 M6 号上方，在汽车缓行中，我仰望着住过半年的房间，想到不知何时还能再来，不禁有点失落。在车站坐上灰狗巴士，几位印度与会者同车，我们到芝加哥分开，用了 1 小时衔接，乘上另一趟灰狗巴士，回到香槟总站已临近子夜，乘公交到慈母广场，走回大板房宿舍。

除了五次学术会议，我还参加了一次"马克思主义与社会"演讲会。那是春季学期，校园里贴出"马克思的'生产方式'模块"演讲会广告。没想到香槟校区竟然有此课，我怕人多没有座位，早早吃过晚饭坐在第一排。学生接二连三地进来，一个容量50人的教室很快爆满，一些没抢到座位的同学在室内走道上席地而坐。举办方是芝加哥市某社会主义小组，来了三人，中年人主讲，两位青年协助。他简单阐述了生产方式的要义和意义，偶尔询问学生自己是否讲清楚了。讲了半小时，中间休息一次，继续讲，讲完开始捐款，两位学子举托盘顺次走过座位。看得出是民间学术活动，运作费用来自集资。

这次住在厄本勒－香槟校区，我两度重访卡城，拜访老朋友。第一次是坐"美铁"从安娜堡到卡城。刚出火车站，见莫妮卡在远处扬手，快步向我走来，我也迎面走去。5年间，彼此没有太大的变化。女儿桑德拉驾车停在路边，也远远招手致意。待两人坐稳，桑德拉一踩油门，车子唰地飙出去。单凭这一点，我就判断她刚学会驾驶。

我坐在桑德拉旁边，侧身问后座的莫妮卡，亚瑟的身体怎么样。她眼睛马上红了，哽咽着说，老天对亚瑟不公，他原有心脏病、高血压，退休后又患了肥胖病，成天坐在书房里，小腿肿得厉害，要人搀扶才能走动。我听了情绪有点低落，瞅了一眼桑德拉。5年前我俩在饭桌上讨论问题时有过激辩，当时她17岁，在伦敦读高中，放寒假到卡城探亲。那天，她要回校，亚瑟载我们去奥黑尔机场。4人站在出发大厅，等她办好登机手续，莫妮卡突然呜咽起来，桑德拉一下子抱住妈妈，然后拥抱继父，最后轮到我。她过了安检，回眸看了一眼母亲，便头也不回地走进候机室。莫妮卡哭得伤心欲绝。亚瑟默默地抱住莫妮卡，她依偎在丈夫怀里抽泣。这是人性的表现，生离死别时特别明显；这就是安抚，女人再坚强，感情脆弱时也需要别人的臂膀。

现在，桑德拉在纽约就读于一所医疗专科学校。她长大了。我问准备何时结婚。她说男朋友在布达佩斯，来不了美国，不敢结婚。我劝她先结婚再递交移民申请。桑德拉把车开上一条老路，绕着西密校园走，好让我睹物思情。接着，她把车子开到艾尔琳家。艾尔琳是舞蹈教师，身材、气质均佳。5年来，我们从相识到相熟，我通过她的言谈举止和信件了解到她的经历，进而分析出美国文化的若干特点。我们饮茶叙旧，拍照留念。过后，她送我到莫妮卡家就走了。我在书房见到亚瑟，握着他的手。他用微弱的嗓音叫莫妮卡赶紧做午饭，别让艾尔琳久等。莫妮卡做了牛扒，我吃过不久，艾尔琳就开车来了。

我与亚瑟全家道别。艾尔琳开车，15 分钟就到了火车站。我和她并肩进了候车室，只有零落两三个人，时针指向下午 3 点，还有 1 小时火车才来。我们找了空位，坐下待了 1 刻钟，我期待着圆满的谢幕：火车进站，两人拥抱分手。这一幕没有发生，两人挥手道别。

第二次重访去了人类学系。尤林与劳瑞特共用一套办公室。我在外间与劳瑞特相见相拥，进了里间，又与尤林拥抱。劳瑞特显得更年轻、更有活力。尤林打开电脑，展示 200 多封见证了我与他的友谊的邮件。我在香槟校区时，尤林寄来一封信，写明《陈年老窖》版权的变化及授给我翻译权的细则。鉴于信中遗漏了利润分成的条款（尽管现在还没有产生利润），我建议重拟一份。这次我带来旧信，交给尤林，拿走新信。后来我与人合作完成该书的汉译工作。这时我提议去室外照相留念。三人在西密校园转悠。话题转到我的家庭，劳瑞特问我为啥不带家属来卡城。我回答：她们只有 14 天假，计划排满了，维维安收到纽约市耶史瓦大学爱因斯坦医学院的录取通知，将在那里待 5 年读博士学位，届时我们一家就可来卡城拜访老朋友。此前，我也将维维安的事告诉了学医的桑德拉，亚瑟他们全家听了都为我感到高兴。现在这条消息同样使尤林和劳瑞特喜形于色。

中心组织了 5 次参观旅游，顺次是密苏里州的马克·吐温故居、圣路易斯市郊的卡霍基亚台基群（Cahokia Mounds）和市区大拱门、田纳西州孟菲斯市的猫王故居"雅园"、印第安纳州伯尔尼阿米什社区、芝加哥市区。外出期间，多数是两天，住一晚汽车旅馆，标间，约 80 美元一晚，包早餐，少数是当日来回，早出晚归。

马克·吐温故居在汉尼拔镇，旁边是湍急的密西西比河，跨过一座造型优美的钢梁铁桥，离圣路易斯华盛顿大学不远，前辈学者吴汝康在该校获得人体解剖学博士学位①，1982 年受聘中山大学②。我读过他的论著与教材，为其真知灼见所折服，每当那颗小行星——"吴汝康星"飞过苍穹时，令人产生学术贡献与日月同辉的联想，当时我暗下决心，一定要把藏、怒、独龙、傈僳、苗等少数民族的体质测量搞下去。所以，才有后来三岩与滇

---

① 佚名：《吴汝康教授来穗讲学》，《广东解剖学通报》1982 年第 1 期，第 126 页。
② 李路阳：《吴汝康传》，上海：上海科技教育出版社，2004 年，第 90 页。

西北的体质测量，之前搞过贵州兴仁苗族的活体测量。

阿米什人是北美的族群，分布在宾州、爱州、俄州、威州等以及加拿大的安大略省，拥有 300 年的信仰史与自给自足的社会模式。中心组织访问学者去印第安纳州伯尔尼看过一个观光农场，由于我的专业是民族学，对此印象很深。

阿米什社区崇尚传统的宗教教义，承袭农耕生活，不参与民主选举，拒绝大部分现代科学技术，没有洗衣机、电视机、手机等，女性一生只剪五次头发，已婚男性留大胡须。孩子在公校读完 8 年级就回乡，农忙时帮家里干活。我叫一个男孩去鸡窝掏蛋，他麻利地伸手进鸡窝掏出几个蛋来。大多数孩子不想读大学，他们知道成年后将沿着父母走过的道路在家乡服务，不愿离开乡土去博取高学位。西藏也有类似的情形，生活方式与宗教信仰水乳相融，群体内部赖传统文化引导成员的感情，保持社区的稳定。可以说这种价值观为世界各地群体所分享。没有通过教育的升降梯来改变自身社会地位的奢望，这样做是否顺应社会发展潮流？表层结构好像是与当今社会潮流背道而驰的，深层结构却又不是。例如，威州法律规定全体学生接受学校教育直至年满 16 岁，如 6 岁开始读书，在校则要读完 10 年。1972 年，旧秩序阿米什教派和保守阿米什门诺教会的教徒因拒绝送子女入学接受 8 年级后的教育而被指控违法，案件上诉到联邦最高法院。最高法院支持父母诉求，认为这项州法律侵犯了阿米什人的宗教自由权，并且侵犯了美国宪法尊重公民自由的权利①。

我从这场官司得到若干启示：第一，事物的结构是辩证的，好与坏相对立而存在，相斗争而发展，一项政策法令对绝大多数人好，对极少数人可能不好，阿米什人的宗教信仰与生活方式相融相契，破坏一方就会伤及另一方，因此社会应该有一定的包容性；第二，教育传递的价值观念是多元的，让所有儿童接受同样的价值取向是一种简单而危险的做法，因此，必须更多地了解教育不同文化背景下的儿童，尤其是贫困儿童的方法和途径；第三，在经济发达、科技普及、自动化程度高的社会，仍然存在人工紧缺的问题，在多数人都想做白领的情形下，仍有不少人愿做蓝领，因此任何时代都需要体力劳动者，读书少的人通常就是受雇对象，受雇不等于被剥削，反而是一种双赢的局面，是社会分工体系的需要。

---

① ［美］劳伦斯·罗森著，何国强译：《作为专家证人的人类学家》，《青海民族大学学报（社会科学版）》2018 年第 3 期，第 58 页。

无论是中心组织的旅游还是私人出访，我都大长见识。美国只有两百多年历史，人们却分外重视美国史，也重视印第安人的历史文化，众多博物馆乃证据：有印第安文化博物馆；有行业博物馆，如邮政博物馆；有战争主题公园，如华盛顿国家广场中的独立战争、南北战争、两次世界大战、朝鲜战争、越南战争等主题，形形色色的雕塑表现着战争的宏伟与残酷，大理石上刻着牺牲者的名字。在雕塑群中行走，会有身临其境之感，即使没有雕塑群，如阿灵顿无名将士墓，也给人以极大的现场感染力。这推动着我思考，怎么把西藏各民族被遗忘的那些历史文化挖掘出来，把现有的掌故整理成系统的知识，编写进书籍中，或者建设博物馆来承载它们。

访问学者团的生活充实而紧张，穿插着舒适散漫的片段。在完成中心规定任务的前提下，成员可以自由安排，有人带配偶来美国生孩子，图一种身份待遇。有人持续发信，想到其他大学访问。多数成员长胖了，我却瘦了6公斤，瘦骨嶙峋，同伴称"仙风道骨"。我主要是超负荷工作，承担了一些额外任务：一是用电邮与网络电话指导国内的研究生，访学期间写了1 000多封电子邮件，打了100多次国内电话，访学造就了我写邮件的良好习惯，20多年来，我保持与美国同行通信、互赠书，这些书信反映了我的学术活动和广泛的联系，也包括了对某些理论问题的阐述；二是写标书1个月，申请到国家社会科学基金项目①；三是到处奔波，寻找前沿材料带回国，尽量争取获得权限。因此我觉得自己比同一届的其他团员活得更滋润、更有目的性，那就是为西藏调研取经索宝。

这两次访美我都惦记着将优秀学术成果带回国内，我勤于阅读，悉心探访，许多优秀论著国内闻所未闻，凡是好东西，能够拿到，我就想弄回来，在图书展销会上买到好书，就会请售货员代为联系作者或出版商，用各种方法获得翻译成中文的权利。有一本书联系了半年，作者好像不置可否，后来才回信说，因夫人生病，工作繁忙，迟复为歉。接着两人就翻译权与稿酬等交换意见。对方寄来一册带签名的新著，并拟定11条规定，知识产权明晰对双方都有益，即使这一代人没有利益关系，但可能牵涉下一代人。我在这个框架下翻译出版了中译本②。

尤林的《理解文化》一书在北京大学出版社出版，编辑想放一张作者

---

① 2007年，"三江并流峡谷的民族文化和社会结构变迁研究"获得立项，批准号07BMZ022。
② ［美］托马斯·C. 帕特森著，何国强译：《马克思的幽灵：和考古学家会话》，北京：社会科学文献出版社，2011年。

照片，尤林闻讯发来（见图13－4），估计是当时拍摄的，可惜编辑未兑现诺言刊载。我向尤林表示歉意，他大度地说："很好嘛！我在中国读者眼中不是更加神秘了吗？"现在他将《陈年老窖》的中文翻译权授予我，付梓前，责任编辑请我索取作者新照，他又慷慨答应了，那帧照片插在《陈年老窖》的扉衬页内。

图 13－4　西密的访学监护人罗伯特·C. 尤林教授

民族学是舶来品，老一辈学者辛勤翻译，为后辈树立了楷模。我常想要是没有两次赴美的经历，就不会推动我在西学东渐的路上奋力追求，我也不会有十本译著和几十篇译文。首次访美归来，我认识到滇池草海西岸的高峣村是个风水宝地，开始派遣研究生驻村追踪调查。在此之前，已发生了几件事。改革开放之初，两个戴墨镜的外国妇女拿着一本书来寻根。十年之后，斯佩姬又来光顾。2003 年 4 月，保罗·霍金斯到访。由于中国学者未读过此书，因而没有研究热情，成为推动我把此书译出来的动因。第二次赴美之前，我去村中调查，得到保罗在美国的家庭地址和电话，后来与他联系上了。当时，他受聘香港某大学，在珠海市买了房子。我回国后与他见了几次。尤林与保罗知道我负有翻译使命，极力向作者遗孀游说，促成此书的中译本在上海出版①。

这次通过一年游学，在国际前沿呼吸学术空气，我对民族文化的体悟更加深刻，在评判别人、看待自己时更有分寸。美国人民对待中国学者的友好态度，国际同行崇尚实证、讲求双赢、尊重民主、孜孜以求的学风令我受益无穷。我在学术论坛上的表现使自己增强了信心，激起新的交流欲望，采借到更多实用的因子带回国，推动着我对青藏高原的研究。

我有限的学术生涯只有几十年，其中这两次访美所占时间更短，但能把西藏研究放在国际舞台上比较，有了纵深感与方向感，我知足矣！勤奋是许多人都学得会的，出国访学却是可遇不可求的，即使不出访，我也很

---

① ［美］科尼利尔斯·奥斯古德著，何国强译：《20 世纪 30—40 年代中国的农村生活：对云南高峣的社区研究》，上海：复旦大学出版社，2017 年。

勤奋，但先天差距难以弥补，犹如取一个高空挂物，任凭你怎么踮起脚尖、伸长手臂都够不着。两次出国相当于修炼到两张小板凳，将其叠放在一起，人再踩上去，就能探囊取物，充实自己的学术空间。我计划今后在消化资料的基础上，组织研究生进入现场，为西藏乃至藏区的研究注入活力。

人们难以想象我的信心与经验的增长，因为他们不知道我去过的地方与接触的事物，没有看到我带回来的资料，不懂得它们对于西藏研究的意义。有了这些经历，我更加谦虚谨慎了，"圣笔严褒贬"，既尊重别人，又不抬高别人，而要抓住要领。

专业不同的人出国的感受截然不同，较之于英语教师，我是带着专业去的，又脚踏实地在农村做过调查，经历丰富、见闻颇多，青少年时期的曲折不仅对理解民族地区有益，对理解国外也有好处。有的人能讲外语，但没有专业；有的人有专业，外语又不行，只好每天躲在宿舍里背单词；还有的人心理封闭，羞于与人交流。我与这些都不沾边。

美国并不是天堂。我过惯了中国的生活，融入陌生环境的能力挺强，然而去到美国还是觉得相当孤独，我与艾尔琳、大罗拉、亚瑟等人算是够融洽的了，但还是感觉到有局限，尽管谈得来，大家其实都是务实的。因此，出国的获得是有代价的。

只要有成功的欲望与敬业的态度，就不会虚度光阴。物质清贫没什么，只要精神充实。高纬度地区的寒夜长，易衬托出单调、孤独与寂寞，此时志向与信念的支撑特别重要。这种感觉我在西藏调查时就有体会，只是心中的告诫不同。出国访学的目的是深造、学习、提升，要带回先进技术、理论知识和前沿资料。我一定要保持执着的期盼，做出成绩报答国家的培养和基金会的支持。

我考虑最多的是，尽快把国外的经验与成果运用于教学研究。英语好的学生抢先分享了我带回来的外文资料，推动团队的研究。我发表的译文和出版的译著，拓展了国内同仁的学术视野，师生也将外文资料用到论著中，取得理论联系实际、学科对话的成效。我认为自己能够站在研究前沿的原因，除了坚持田野调查，再有就是外语较好。年轻时在工厂，多数工友热衷于吹牛聊天或干私活（如制作家具），我就开始温习英文单词，恢复高考后更是奋起直追，三十多年从不放松。专业与英语是我的"金刚钻"，青少年时代吃苦耐劳、坚持锻炼，获得强健的体魄，是承担繁重工作的物质基础，知足常乐的心态，精神饱满，松紧自如，即使熬夜赶工，我也能睡能吃，体能恢复较快。

　　在频繁的调研以及交通改善、仪器装备先进的条件下，我体会到研究者的劳动强度虽降低了，然而与异文化打交道的基本功没有变——丰富的专业知识、踏实的态度、严谨的学风、良好的沟通技巧、负责任的精神，是所有在藏区从事调研的人们所必备的。这些品格在中外学者身上没有区别，有区别的是研究区域与内容。我两次访美的所有感受集中到一点，就是要不断学习，不断完善自我，保持开放的心态，才能不断取得成功。

后 记

年近七旬时，常有人规劝我：不要再去西藏调查了，因为这项工作对你已不太重要，尽管你的身体承受、意志支撑能力还可以。快把你的经历整理出来吧，穿插时代印记、传承西藏文化，让年轻人多点成功少点失误，这才是一件功德无量的事情啊。

此话有些逆耳，因为有些调查员七八十岁还在做田野工作。我一心想走得动就要坚持去青藏高原调研。最近我去了三次，每年一次，每次待一个月，在澜沧江的江源地区，靠近西藏丁青与类乌齐，海拔 3 700 多米。然而，我觉得他们讲出文化传承的需要，因此是对的、好的。文化最精细的部分是精神，我在西藏从事田野调查确实有个精神支撑问题，本书就是在这一思想的指导下写出来的。它一方面继承了民国以来内地人进藏的激情，另一方面描绘出改革开放以后进藏工作者的乐观向上。

回首往事，1996 年，我独自来到江雄河谷，从此高原情怀就播种在我的心田，至今已 26 年多了。我的调研范围从雅鲁藏布江流域转移到四江（金沙江、澜沧江、怒江与独龙江）并流地区，平均每年要去一次，西藏的名山大川都去过，调查范围囊括农牧区乡镇。现在我主要是在青海省玉树州与西藏自治区交界处做田野工作。跟我当时与后来一起进藏的同伴，有些人已"金盆洗手"彻底放弃，我却不弃微末、不舍寸功，继续攀登，尤其利用了教书育人的平台，先后带领 24 位年轻人到青藏高原选题，鼓励他们发表短篇论文或调查报告。他们在完成学位论文过程中，我给予适量的补贴，施以智慧和感情上的援手，促其写成专著，助其出版，为后续研究抢救与资料提出相关建议。

有的人取得学位后离开了研究阵地。给我印象最深的是 2009 年 6 月，两位博士生刚刚通过论文答辩，不约而同地抱着一大纸箱资料来到我的办公室，搁下纸箱，二话不说，扭头就走，好像有一种解脱之意。我叹了一口气：走吧，希望你们发展得更好。我可还要吃西藏研究这碗饭哪！结果两位进入大学工作。其中一位改弦更张，完全放弃专业，好在另一位及时回头，调整心态，重新捡起甩掉的内容，翻开新的一页。也有个别人属于另外的情形，对此我抱以淡然的一笑。

毕业之后与我保持联系的学生不在少数，一些友好人士也参加进来。我的学术团队经过吐故纳新，形成了拳头效应，概而言之：聚焦于青藏高原，多渠道、多方式地申请研究经费，"各炒一盘拿手菜，共办一桌好酒席"，这样每位"入席者"都可以尝到多种味道。在研究项目上，除了9人毕业后以博士论文为基础申请到国家或教育部项目以外，我也在开辟新的资金来源，帮助推敲问题，完善标书。例如，立足于四川理工学院的中国盐文化研究中心先后给予项目支持，资助我们研究青藏高原的泉盐文化圈，都是一人获得信息，互相介绍，共享资源与智慧的例证。在出版资金上，我们与出版人合作，分别于2015年、2016年与2019年获国家出版基金立项，先后有20种书稿（计550万字的作品）列入国家重点图书规划，保证高水平的研究得到高水平的出版，有7种图书在台湾出版繁体中文本，这表明在特定条件下存在审美的共同性，我们对西藏的有些研究跨越了时代、阶级与社会的界限。所以，当别人规劝我时，我也想有朝一日介绍自己，以飨后人，因为我想说的不是自己，而是一个研究团队的故事。

2019年11月，学院敦促我办理退休手续。我协商，能否暂时不收回办公室，待我把几名博士研究生培养毕业。尽管学院房子较多，并不缺我这一间，但实际某些人还是难以协商的，我只得将图书下架、打包，准备搬走，公家的其他东西，如办公桌、台式电脑、高速网络、空调机等一应照旧。就要离开熟悉的环境，惆怅之余，我竟找不到去哪里写作的答案。无奈中暗下决心，反正做好了完璧归赵的准备，只要现在不驱赶我，我就不主动撤离，一定要早日完成这本书。我顾不得诸事缠身和眼睛疼痛，每日在键盘上敲字，写作使我排除干扰，镇定下来，回到过去。

2020年1月，新冠疫情打乱了日常工作程序，交还办公室一事被推迟了。没有人干预我的写作。我每天早出晚归，风雨无阻，寒暑无碍。多年来我养成了写日记的习惯，无论有多忙，都要将有意义的事情整理成文，放进文件夹妥善保管。所以，当我从电脑中调出资料时，那种感觉只有自己才知道。重组记忆的碎片，用某一主题贯穿，赋予崭新的意义，也许就是记忆的涅槃重生。写作并非一帆风顺，我曾被两事打断，移情他物几十天，归来后更加敬业，潜心谋篇布局。有时也会感到力不从心，于是，用音乐调整心态，冲淡紧张，享受片刻欢愉。拼搏了一年多，基本完稿，又经过数次压缩调整。

我在上大学前爱读文史作品，大学期间仍徜徉于文史海洋，无意中借鉴到一种叙事手法。本书为求通俗生动，没有绕过现代小说的"双峰"，我专门把《金庸作品全集》和《张恨水全集》找来浏览，原想用章回形式阐述田野轶事，后来觉得有些突兀，与学术体例不协调，又细读了《瓦格纳论音乐》和朱可夫的《回忆与思考》，琢磨他们的写作特点，我具体借鉴了以主导动机拖出矛盾链、在时间流中穿插叙事等方法。

本书用十三章叙述了一个大故事，结构上有四个层次：

（1）故事的起点。说明我在逆境中成长，锻炼出强健的体魄，养成坚韧的人格与锤炼出远大的抱负，这为我后来在高海拔地区吃苦耐劳打下基础，这种吃苦耐劳并不是目的，只是获取原始资料的手段，以期在学术界占有一席之地，所以第一章与后面十二章存在内在联系，没有这一章就不好理解我的原动力。

（2）故事的经过。就是第二、三、四章讲的内容。我独自进入江雄河谷找到有趣的研究目标，持之以恒地研究，穿插了几个细节：从依托格勒的课题与拉萨工作站的资源，到抛弃"拐杖"，不再受制他人，独立展开调研，揣摩出西藏民俗文化的五条根基：一条是在山南地区，一条是在日喀则地区，一条是在阿里地区，一条是在昌都地区，一条是在林芝地区。对于最后两条需要展开摸底调查，第六章介绍了这个问题，给江雄的调研暂时画上休止符，拉开了横断山区调研的序幕。

（3）故事的转折点。指横切进来的事件，两次出国访学，推动我大跨距摸底，然后带学生转战左贡、芒康、贡觉、白玉四县的乡村，既使中国资料与西方模块珠璧相连，又把田野调查的剧情推向高潮，使第五、六、七、八、九、十、十一和十二章获得意义，此处不赘表。

（4）故事的终点。第十三章把两次访美捏拢，叙述不是田野调查的田野调查，不是体会异文化的体会异文化，类似于重复旋律：第一次柔情似水，从与外国同事相处到利用馆际互借机制找资料，并在校内外做讲座，频频介绍西藏情况；第二次粗犷遒劲，到处奔波，参加数个国际学术会议，通过信件、面谈、发言、讨论等方式与同仁广泛交流，并且走出去体会美国文化。两次均带回大量前沿资料，经过消化整理，找出有用的成分，给予实证研究以理论支撑，促进田野调查的深入发展。我回国后急切地组织学生调查，带他们到不同区域，起初是三岩、滇西北，后来是三江并流峡谷、重访雅鲁藏布江流域、进入林芝地区。有些文献还在消化，提出并检验了一些预设。

本书没有写入我在西藏的全部调查经历，也没有写入我在邻近的川滇青藏区调查的经历。最近四年，我的调查重点转移到青海玉树，这些正在演绎的人生经历等待以后再写。三年前，我还两赴西藏，先后去林芝市调查珞巴族，到日喀则市萨迦县雄玛乡了解当地的婚姻家庭制度。这些也留待适当的时候补充。

本书也没把我所指导的研究生的田野调查情况写进去，一是他们自己会提到这些情况，二是我不太熟悉某些学生的田野调查经历，三是"代沟"多少是存在的，自从 1970 年玛格丽特·米德在《文化与承诺》一书中着力阐发了这个概念，现在全世界的社会科学家都用来概括代际的矛盾。我带学生（本、硕、博）去青藏高原调研，多数人接受了考验，也有极少数人由畏惧到放弃或者逃逸。所以，有些话欲言又止还不如不要提。总之，西藏东南的田野之旅是我人生的一次"夸富宴"，对某些人也是一样，对另外一些人则是一场梦魇。见仁见智，随个人理解去吧。

我在前言中提到"怎样才能成为合格的民族学工作者"，徜徉于书斋最多只能培养出半成品，必须到广阔天地去完善自己的另一半，不是只去一次，而是多次实践，因为船锚是不怕埋没自己的，每次它沉下去，然后被提出水面，又沉下去，民族学家就是这么炼成的。

何国强

2023 年 2 月

于中山大学康乐园榕树头